現代語訳「阿含経典」
長阿含経

第3巻

ひたすらにまさに勤めて修行し
仏の真実なる智を習うべし
たといさとりを獲ずとも
功徳はなお天に勝る

【訳注者】
丘山新
神塚淑子
辛嶋静志
菅野博史
末木文美士
引田弘道
松村巧

平河出版社

十上経
増一経
三聚経
大縁方便経
釈提桓因問経

現代語訳「阿含経典」——長阿含経

第3巻

現代語訳「阿含経典」

——長阿含経

第3巻

目次

本文

注

凡例

一――本シリーズは全六巻で、『長阿含経』二二巻三〇経について、それぞれ解題・現代日本語訳・原文・注を収める。第3巻は『十上経』、『増一経』、『三聚経』、『大縁方便経』、『釈提桓因問経』を収めた。本シリーズ全体の意図や方針については、第1巻のはしがきを参照されたい。また、『長阿含経』全体については、第1巻の解説に記した。

二――底本としては、高麗大蔵経所収本（韓国東国大学校影印版、第一七巻）を用いた。校本としては、『大正新脩大蔵経』第一巻所収本の校注に収められた宋・元・明三本、及び磧砂蔵本（台湾新文豊出版影印版、第一七巻）を用いた。底本の文字を改めた場合は、本文に＊を付し、注にその旨を記した。なお、参考までに、本文欄外に大正蔵本の頁・段を注記した。

三――訳文は、訳者によって相違するところがあり、必ずしも無理に統一を図らなかった。しかし、同一経典内では、主要な用語に関して可能な範囲で統一を付けるようにした。

四――注においては、必要に応じて略号を用いた。

（1）――全体に関する主要な略号は以下の通り。

赤沼『固有名詞辞典』　赤沼智善編『印度仏教固有名詞辞典』　法蔵館

慧琳『音義』	『一切経音義』百巻・唐・慧琳撰（大正蔵第五四巻）
織田『仏教大辞典』	織田得能『仏教大辞典』　大蔵出版
『漢語大詞典』	『漢語大詞典』十二巻　漢語大詞典出版社
玄応『音義』	『一切経音義』二十五巻　唐・玄応撰
元本	元版大蔵経
高麗蔵本	高麗版大蔵経
三本	宋・元・明版大蔵経
『辞源』修訂版	『辞源』一九七九年修訂版　北京・商務印書館
聖語蔵本	正倉院聖語蔵本（天平写経）
磧砂蔵本	磧砂版大蔵経
『雑阿』	『雑阿含経』五十巻（大正蔵第二巻）
『増阿』	『増一阿含経』五十一巻（大正蔵第二巻）
宋本	宋版大蔵経
蔵訳	チベット語訳
『大漢和辞典』	諸橋轍次編『大漢和辞典』十二巻　大修館
大正蔵・大正	『大正新脩大蔵経』
『中阿』	『中阿含経』六十巻（大正蔵第一巻）
明本	明版大蔵経
『仏教語大辞典』	中村元『仏教語大辞典』　東京書籍

『梵和大辞典』	萩原雲来編『梵和大辞典』　講談社
望月『仏教大辞典』	望月信亨編『望月仏教大辞典』増補版全十巻　世界聖典刊行会
AKbh.	Pradhan(ed.), *Abhidharmakośabhāṣya*
AN.	*Aṅguttara Nikāya*
BHSD.	F. Edgerton, *Buddhist Hybrid Sanskrit Grammar and Dictionary*
CPD.	*Critical Pāli Dictionary*
DA.	*Dīgha Nikāya Aṭṭakathā(Sumaṅgala Vilāsinī)*
DN.	*Dīgha Nikāya*
DPL.	R. C. Childers, *Dictionary of the Pāli Language*
DPPN.	G. P. Malalasekera(ed.), *Dictionary of Pāli Proper Names*
Franke	O. Franke, *Dīghanikāya*
Hōbōgirin	『法宝義林』
MN.	*Majjhima Nikāya*
MW.	M. Monier-Williams, *Sanskrit-English Dictionary*
P.	パーリ語
PTSD.	*Pāli Text Society's Pāli-English Dictionary*
Rhys Davids	T. W. and C. A. F. Rhys Davids, *Dialogues of the Buddha*
S.	サスクリット語
SN.	*Saṃyutta Nikāya*

（２）――経典名など、通常用いられる略称に従った。例えば、鳩摩羅什訳『妙法蓮華経』は『法華経』と略した。

（３）――漢訳経典は原則として『大正蔵』を用いた。（大正二・二六七上）とあるのは、『大正蔵』第二巻二六七頁上段のことである。

（４）――パーリ語テキストは、原則としてパーリ聖典協会（Pāli Text Society．略称 PTS）刊行のものを用いた。

（５）――その他、必要に応じて各経典ごとに異本・訳・研究書など略号を用いた。それについては、各経典の解題を見られたい。

五――本シリーズの原形が『月間アーガマ』に連載されてから、すでにかなりの時が経っている。その後の研究成果は補注の形で多少加えたが、必ずしも十分なものではない。

【解説】

『十上経』解題

本経は『長阿含経』の第十番目の経典で、その第九巻に収められている（大正一・五二下〜五七中、本文三七〜七三頁）。法蔵部所属の本『長阿含経』は仏・法・僧・世界の四部構成からなるが、この経はそのうちの法の部に入る。本経はパーリ本、梵本・漢訳異訳がある。

1――パーリ本

"Dasuttara-suttanta", *Dīgha-nikāya*, PTS ed. vol. Ⅲ（1971）, pp. 272–293.

これはパーリ長部経典の最後に置かれている。これには、他の諸経同様、英訳・独訳・伊訳・和訳があり、またブッダゴーサの注釈がある。さらにパーリ聖典の論書 *Paṭisambhidāmagga*（ed. by A. C. Taylor, PTS London, vol. Ⅰ 1905, vol. Ⅱ 1907）は、この経を敷衍したものと言われている（Bhikkhu Ñāṇamoli, *The Path of Discrimination*, PTS London, 1982 の A. K. Warder による introduction を参照）。

2――梵本

東トルキスタン発見の梵文写本で、次の二種類があるが、いずれも説一切有部に帰属する。

1　ドイツ探検隊が Šorčuq, Kyzyl, Sängim で発見して将来した写本。この校訂出版として、

Kusum Mittal, *Dogmatische Begriffsreichen im älteren Buddhismus I, Fragmente des Daśottarasūtra aus zentral-asiatischen Sanskrit-Handschriften*, Akademie Verlag, Berlin 1957（一法から八法を校訂）.

Dieter Schlingloff, *Dogmatische Begriffsreichen im älteren Buddhismus Ia, Daśottarasūtra* IX-X, Akademie Verlag, Berlin 1962（九法と十法を校訂）.

Chandrabhāl Tripāṭhi, "Die Einleitung des Daśottarasūtra, Revidierter Text," *Indianisme et Bouddhisme, Mélanges offerts à Mgr Étienne Lamotte*, Louvain 1980, SS, 353-358（Kusum Mittal の校訂本の部分的修訂）.

2　Douldour-Aqour で発見された Pelliot の将来の写本で、八法の一部分を含む。

Bernard Pauly, "Fragments Sanskrits de Haute Asie (Mission Pelliot)", *Journal Asiatique*, 1957, pp, 281 ff.

なお、説一切有部では、この経を〝長阿含経〟の第一経に置いていた（cf. K. Mittal, *op. cit.*, S. 13）。

3――漢訳異訳

安世高訳『長阿含十報法経』二巻（大正一・二三三下〜二四一下）。宇井伯寿『訳経史研究』（岩波書店、昭和四六年）にこの経の書き下し文がある（二四五頁以下）。この経は前記梵本とほとんど一致し、この漢訳（以下「安訳」と略す）が、説一切有部所属の経典と分かる。しかし、前記の K. Mittal と D. Schlingloff の梵本校訂本は、この経を全く利用していない。

以上、本経・パーリ本・梵本・安訳の比較研究として、次の論文がある。

平野真完「Daśottarasūtra（十上経）について」（『宗教研究』第36巻第三輯、昭和三八年一月、一一二〜三頁）。

J. W. de Jong, The Daśottarasūtra,『金倉博士古希記念　印度学仏教学論集』一〜二五頁。京都一九六六。

後者は、これら四本の記載内容の異同を詳細に比較した論文である。

また、後の諸論書は『阿含経』をしばしば引用しているが、それぞれの部派がそれぞれの論書を記す場合、当然、その部派所有の『阿含経』を使う。だから、例えば、説一切有部の論書『倶舎論』はこの経典を幾度か引用しているが、それは梵本・安訳と一致しているし（注17・19）、パーリの論書 *Paṭisambhidāmagga* の記述は当然パーリ本と一致するわけである。では、本経と同じく法蔵部に帰属する論書があるであろうか。

『舎利弗阿毘曇論』（大正二八・五二五〜七一九）がどの部派のものか議論があったが、Bareau や水野博士が証明したように法蔵部の論書と見て間違いあるまい（André Bareau, "Les origines du Śāriputrābhidharma śāstra", *Muséon*, t. LX-Ⅲ, 1-2, Louvain 1950, pp. 69-95.; 水野弘元「舎利弗阿毘曇論について」『金倉博士古稀記念　印度学仏教学論集』一〇九頁以下）。この論書（以下「阿論」と略す）には、『阿含経』からの引用はないのだが、そこに列挙された法のカテゴリーの記述は、この法蔵部『長阿含経』と一致するものが少なくない（注50・91・99・107・124・190・198・201など）。そこで本訳注では、阿論の記述も参照することにした。

次に経題について。

P. Dasuttara-suttanta, S. Daśottara-sūtra は難解だが、「十ずつ増す経」とでも訳すべきもの（cf. K. Mittal, *op. cit.*, S. 10, Anm. 2）。それはこの経で、仏の教えの主要な概念を一法（一つのことがら）から十法まで順次説き、その各法が十項目ずつあるから、「十ずつ増」して、計五百五十項目を説くからである。『十上経』という経題もこの方向で解釈できよう。同様に『増十経』という訳例もある（『増一経』解題参照）。他方、安訳の『十報法経』という経題は未詳だが、あるいは、S. Daśottara nāma dharmaparyāya の訳かも知れない（注5参照）。なお、安世高は、Daśottara を「十ずつ増す」経ではなく「一から始まり、十法に至る」経と解釈している（注5・7参照）。

次に内容について。

ある時、仏は鴦伽国の瞻婆城市に到り、伽伽池のほとりに宿られた。十五日の満月の晩に、野外に座られ、一晩中、法を説かれたが、疲れたので、長老舎利弗に命じて代わりに説法させた。舎利弗は涅槃へと導く〝十上法〟を説こうと言って、上述の様に五百五十項目を列挙した。舎利弗の説法が終わると、仏は彼の所説を印可し、比丘たちは歓喜した。

本経の冒頭の部分は『衆集経』と『種徳経』の表現と同じで、それらから借用したものと思われる（注1・2）。本経と『衆集経』は、仏の所説ではなく、舎利弗の所説であり、極めて特異なものとなっている（『自歓喜経』も大半は舎利弗の所説）。だからこの二経の成立が比較的遅いと考える向きもある（Johannes Bronkhorst, "Dharma and Abhidharma," *BSOA*, vol. 48, pt. 2, 1985, p. 316;『衆集経』解題）。しかし、いずれにせよ、舎利弗がこの二経で、仏法の主要な概念を簡潔に述べたという設定が、後のアビダルマ（仏教教理の理論）仏教で、教理に関する論書を舎利弗に帰する結果となる（例えば、前述の *Paṭisambhidāmagga*,『舎利弗阿毘曇論』。詳しくは、André Migot, "Un grand disciple du Buddha, Śāriputra", *BEFEO*, XLⅥ, pp.405–554,esp. p.519ff.）。

一法から十法の各法は、「比丘たちよ。〇の成し遂げるべきことがら、〇の修養すべきことがら、〇の目覚めるべきことがら、〇の消去すべきことがら、〇の減退すべきことがら、〇の増進すべきことがら、〇の理解しがたいことがら、〇の生ずべきことがら、〇の知るべきことがら、〇の証得すべきことがらがある」（〇の部分に一から十が入る）という定型文で導かれ（注9参照）、これら十項目を列挙したのち、「比丘たちよ。以上が〇のことがらであり、あるがままで、いつわりでない。如来は知り、平等に説法する」（〇の部分に一から十が入る）という文で締めくくる（注40参照）。これは漢訳『十上経』・パーリ本・梵本・安訳ほぼ一致している。しかし、梵本には、五法の第八項目の終わりと、八法の第一項の終わりとに、当該事項の内容を要約した antaroddāna が入るが、これは他本にはない（K. Mittal, *op. cit.*, SS. 9–10, 70, 86,『衆集経』注22も参照）。

また、本経の末尾には、仏が舎利弗の所説を印可承認したとあるが、パーリ本・梵本・安訳にはない（注226参照）。

次に四本間の異同について。

このように、大きな枠組みは、四本ほぼ同じなのだが、一法から十法の各項目を比較すると、かなり異同がある（別表を見よ）。しかも興味深いことに、その異同がそれぞれの部派の主張を反映している場合があるのである（注99参照）。個々の部派がそれぞれ伝え持っていた原典〝十上経〟を、部派の主張に合わせて改変した結果が、法蔵部の漢訳『十上経』、セイロン上座部のパーリ本、説一切有部の梵本・安訳と言えるわけである。全体的な傾向として、漢訳『十上経』とパーリ本は近似していて、これは法蔵部とセイロン上座部との関連を反映しているのであり、『長阿含経』全体についても同様で、さらに同じ傾向は律（Vinaya）や論に関しても言える（cf. E. Waldschmidt, *Bruchstücke buddhistischer Sūtra*, Leipzig, 1932, S. 229; A. Bareau, *op. cit.*, p. 94）。

部派がそれぞれの主張にあわせて、原典〝十上経〟を改変した事実に関しては、次の様な証言がある。説一切有部の論書『順正理論』巻四では、譬喩部（経量部）の者（説一切有部内の異端派と考えられている）の無表色を否定する立場を攻撃して「譬喩部師憎無表色、製造安置『増十経』中。如是展転、更相非撥、便為壊乱一切契経」（大正二九・三五二下）と述べ、譬喩部の者が、自分たちの主張に合うように『増十経』（＝『十上経』）を書き換えたことを伝えている（譬喩部師の『増十経』は現存しないし、「無表色」に関する記述は、ここの四本には見えない）。

このように異端を責める説一切有部正統派にしても、彼ら自身、原典〝十上経〟を改変したであろうし（注99参照）、他の部派も多かれ少なかれ似たことをしているに違いない。

このように、部派仏教の論書が書かれる時代になっても（上記、譬喩部の者の活躍した時代は紀元後一、二世紀頃か）、『阿含経』の書き換えがなされていたわけだから、『阿含経』の記述が全て、アビダルマ論書の記述より無条件に古いと考えることはできない。逆のケースも考えられるのである（cf. J. Bronkhorst, *op. cit.*, esp. pp. 317f.）。

次に漢訳『十上経』に見られる改訳について。

法蔵部の漢訳『十上経』と、説一切有部の梵本・安訳とで、列挙された内容が一致しない項目がかなりあることはすでに述べた。他方、漢訳『十上経』でも、底本（高麗蔵本）・金蔵広勝寺本・房山石経本・聖護蔵本と、三本・磧砂蔵本とで列挙内容が異なる項目があり、それは三法と四法に集中している。しかも、興味深いことに三本・磧砂蔵本の列挙内容は梵本・安訳のそれと全く一致している（注30〜51参照）。これは何を意味するのであろうか。

別表の様に、一〜二法、五〜十法にも、漢訳『十上経』と、梵本・安訳との間で一致しない項目がかなりあるから、当然、三・四法でも一致しない項目があったと考えられる。ところが、三本・磧砂蔵本の三・四法の記述は梵本・安訳と全く一致している。だから、むしろ、底本・高麗蔵本・金蔵広勝寺本・房山石経本が本来的で三本・磧砂蔵本は改訳された形を伝えていると考えるのが自然であろう。しかも、その改訳者は、原語（サンスクリット語にせよ、俗語にせよ）で書かれたテキストを手にして、内容が明らかに異なっている部分だけ、本経に改訳の手を入れたと考えられる（注30・50参照）。そして、そのテキストは、梵本＝安訳と同じ系統のもの、すなわち（根本）説一切有部のテキストに他ならない。しかし、なぜ三・四法だけを改訳したのか。また誰がしたのか（改訳語を見る限り唐代以前と思われる）。どうして、三本・磧砂蔵本にのみ伝わるのか。疑問の点が多い。しかし、この事実から、『十上経』に限らず、『長阿含経』全体に亙って、三本・磧砂蔵本は、訳出後の改訳を伝えている可能性があり、安易にそれらの読みを採用するのは慎まなくてはならないと言える。さらに言えば、この場合と同様に、一度訳出された漢訳経典を、後に別の原典（サンスクリット語や俗語で書かれた）を手に入れた者が、部分的に改訳した事例も、意外とあるのではないかと思われる。

なお、注で使用した略号は次の通り（ここに列挙したもの以外は従前通り）。

阿論――『舎利弗阿毘曇論』

安訳――安世高訳『長阿含十報法経』

Behrsing ―― Siegfried Behrsing, "Das Chung-tsi-king des chinesischen Dīrghāgama", *Asia Major*, Ⅶ (1932), S. 1–149.

梵本―― Daśottaro-sūtra

de Jong ―― de Jong の前掲論文

本経――漢訳『十上経』

M ―― Mittal, Kusum

M校訂版――Mの梵本校訂本

パーリ本―― Dasuttara-suttanta

T論文――M校訂本に対する Chandrabhāl Tripāṭhi の修訂

＝――一致しているという記号

≒――近似しているという記号

／――一致していないという記号

別表：漢訳『十上経』とパーリ本・安訳、梵本の項目対照表

次の表は、漢訳『十上経』（本経）と、パーリ本・安訳・梵本の項目を対照した表で、本経の項目順序を1、2、3、……10とした場合、他の本では、それに対応する項目が何番目に挙げられているかを示したものである。本経の項目と内容が違う場合は、その内容を簡単に記した。例えば、本経では三法の第九項目に「三出要界」を挙げているが、パー

リ本では、それが第七項目で説かれて、安訳・梵本にはそれへの言及がなく、代わりに第三項目で、独自の「三種の存在形態」を説いている、などと見る。

安訳と梵本はほとんど一致するので、併記した。また、前述の様に、三・四法では、本経の三本・磧砂蔵本の改訳が安訳・梵本にほぼ一致するので、それらと併記した。

梵本で「写欠」とあるのは、写本が欠落していて、内容が不明だということである。（辛嶋）

一法

本経	パーリ本	安訳	梵本
1不放逸	1	1	
2常自念身	2	2	
3有漏触	3	3	
4有我慢	4	4	
5不悪露観	5	5	
6悪露観	6	6	
7無間定	7	7	
8有漏解脱	8不動智慧	8令意止(?)	8時愛心解脱
9衆生皆仰食存	9	9	
10無礙心解脱	10	10	

二法

本経	パーリ本	安訳	梵本
1知慙知愧	6＊	6＊＊	6
2止与観	2	2	
3名与色	3	3	
4無明愛	4	4	
5毀戒破見	5＊＊＊	5不愧不慚	
6戒具見具	1意識と分別をもつこと		
7有因有縁…	7	9	
8尽智無生智	8	8	
9是処非処	9二つの界	7	
10明与解脱	10	10	

＊ sovacassatā ca kalyāṇamittatā ca（注25参照）。＊＊「第六、両法難定。両法不当爾爾」（注25参照）。＊＊＊ dovacassatā ca pāpamitta-tā ca（注24参照）。

三法

本経	パーリ本	安訳 梵本	本経の三本・磧砂蔵本
1親近善友…	1	1	1
2三三昧		2三種の三昧	
3三受	3	9	9
4三愛	4	4	4
5三不善根	5	5	5
6三善根	6	6	6
7三難解	9三界	7三昧の三つの様相	
8三相	8三種の智慧	8三解脱門	
9三出要界	7	3三種の存在形態	
10三明	10	10無学の三明	10

四法

本経	パーリ本	安訳 梵本	本経の三本・磧砂蔵本
1四輪法	1	1四天人輪	
2四念処	2	2	2
3四食	3	3	3
4四受	4四つの奔流	4	4
5四扼	5	5四つの失敗	5
6四無扼	6	6四つの成功	6
7四聖諦	9	7	7
8四智	8	8苦・集・滅・道に関する智	
9四弁才	7四種の三昧	9四種の知覚	
10四沙門果	10	10四つの証得される法	

五法

本経	パーリ本	安訳	梵本
1五滅尽枝	1	1	
2五根	6	6	
3五受陰	3	3	
4五蓋	4	4	
5五心礙結	5	5	
6五喜本	2完全な三昧の五つの要素	2五種の禅定	
7五解脱入	9	9	
8賢聖五智定	8	8	
9五出要界	7	7	
10五無学聚	10	10	

六法

本経	パーリ本	安訳	梵本
1六重法	1	1	
2六念	2	8	8写欠
3六内入	3	3	
4六愛	4	4	
5六不敬	5	5	
6六敬法	6	6	
7六無上	9	9	
8六等法	8	2	
9六出要界	7	7	
10六神通	10	10	10写欠

七法

<table>
<tr><th>本経</th><th>パーリ本</th><th>安訳</th><th>梵本</th></tr>
<tr><td>1 七財</td><td>1</td><td>1</td><td>1 写欠</td></tr>
<tr><td>2 七覚意</td><td>2</td><td>2</td><td>2 写欠</td></tr>
<tr><td>3 七識住処</td><td>3</td><td colspan="2">7</td></tr>
<tr><td>4 七使法</td><td>4</td><td>4</td><td>4 写欠</td></tr>
<tr><td>5 七非法</td><td>5</td><td>5</td><td>5 写欠</td></tr>
<tr><td>6 七正法</td><td>6</td><td>6</td><td>6 写欠</td></tr>
<tr><td>7 七正善法</td><td>7</td><td>10</td><td>10 写欠</td></tr>
<tr><td>8 七想</td><td>8</td><td colspan="2">8 七三昧具</td></tr>
<tr><td>9 七勤</td><td>9</td><td colspan="2">9</td></tr>
<tr><td>10 七漏尽力</td><td>10</td><td>3 七有</td><td>3 写欠</td></tr>
</table>

八法

<table>
<tr><th>本経</th><th>パーリ本</th><th>安訳</th><th>梵本</th></tr>
<tr><td>1 八因縁</td><td>1</td><td colspan="2">1</td></tr>
<tr><td>2 賢聖八道</td><td>2</td><td colspan="2">2</td></tr>
<tr><td>3 世八法</td><td>3</td><td colspan="2">3</td></tr>
<tr><td>4 八邪</td><td>4</td><td colspan="2">4</td></tr>
<tr><td>5 八懈怠法</td><td>5</td><td colspan="2">5</td></tr>
<tr><td>6 八不怠</td><td>6</td><td colspan="2">6</td></tr>
<tr><td>7 八不閑妨修梵行</td><td>7</td><td>10 八漏尽力</td><td>10 写欠</td></tr>
<tr><td>8 八大人覚</td><td>8</td><td colspan="2">8</td></tr>
<tr><td>9 八除入</td><td>9</td><td colspan="2">9</td></tr>
<tr><td>10 八解脱</td><td>10</td><td colspan="2">7</td></tr>
</table>

九法

<table>
<tr><th>本経</th><th>パーリ本</th><th>安訳</th><th>梵本</th></tr>
<tr><td>1 九浄滅枝</td><td>2</td><td>2</td><td>1</td></tr>
<tr><td>2 九喜本</td><td>1</td><td>1</td><td>2</td></tr>
<tr><td>3 九衆生居</td><td>3</td><td colspan="2">3</td></tr>
<tr><td>4 九愛本</td><td>4</td><td>4 九結</td><td>4 写欠</td></tr>
<tr><td>5 九悩法</td><td>5</td><td>5</td><td>5 写欠</td></tr>
<tr><td>6 九無悩</td><td>6</td><td colspan="2">6</td></tr>
<tr><td>7 九梵行</td><td>9 九次第定</td><td colspan="2">8 九次第定</td></tr>
<tr><td>8 九想</td><td>8</td><td>7 九依住</td><td>7 写欠</td></tr>
<tr><td>9 九異法</td><td>7</td><td>9 九不応時</td><td>9 写欠</td></tr>
<tr><td>10 九尽</td><td>10</td><td colspan="2">10</td></tr>
</table>

十法

<table>
<tr><th>本経</th><th>パーリ本</th><th>安訳</th><th>梵本</th></tr>
<tr><td>1 十救法</td><td>1</td><td colspan="2">1</td></tr>
<tr><td>2 十正行</td><td>2 十遍処</td><td colspan="2">8 十遍処</td></tr>
<tr><td>3 十色入</td><td>3</td><td colspan="2">3</td></tr>
<tr><td>4 十邪行</td><td>4</td><td colspan="2">4 十内外蓋</td></tr>
<tr><td>5 十不善行迹</td><td>5</td><td colspan="2">5</td></tr>
<tr><td>6 十善行</td><td>6</td><td colspan="2">6</td></tr>
<tr><td>7 十賢聖居</td><td>7</td><td colspan="2">7</td></tr>
<tr><td>8 十称誉処</td><td>8 十想</td><td colspan="2">9 十力</td></tr>
<tr><td>9 十滅法</td><td>9</td><td colspan="2">2</td></tr>
<tr><td>10 十無学法</td><td>10</td><td colspan="2">10</td></tr>
</table>

『増一経』解題

この『増一《ぞういつ》経』（宋本には『増益経』とある）は『長阿含経』の第十一番目の経典で、その第九巻に収められている（大正一・五七中〜五九中、本文七五〜九〇頁）。『長阿含経』は仏・法・僧・世界の四部構成からなるが、この経はそのうちの法の部類に入る。『長阿含経』のうち、この経は『三聚経』『世記経』とともに、パーリの *Dīgha-nikāya*（長部経典）に対応をもたない。このことはいかなる意味をもつのであろうか。

仏陀の死後、仏弟子たちが集まって、経典の編纂をなしたこと（第一結集）が知られているが、律の文献には、大迦葉（マハーカッサパ）の要請で、優波離（ウパーリ）が、律を誦出し、阿難（アーナンダ）が釈尊の語った法を暗誦したことを伝えていて、仏典が成立した時の状況が良く分かる。例えば、パーリの律蔵では、「マハーカッサパはアーナンダに向かって、Brahmajāla（『梵網経』、『梵動経』）について、どこにおいて、誰のことにちなんで仏が説かれたのかと、その因縁を問い、アーナンダはそれに答える。同様にして、Sāmaññaphala（『沙門果経』）について、その説かれた因縁が明らかにされ、この方法によって、五つの経典群（nikāya）について問答が交わされた」とあり（*Vinaya-piṭaka*, ii, p. 287）、nikāya の成立事情を伝え、*Dīgha-nikāya* の最初の二経について言及している（同様の記事は、パーリ系の律の注釈書とされる『善見律毘婆沙』巻一、大正二四・六七五中にもみえる)。

また、『根本説一切有部毘奈耶雑事』巻三九（大正二四・四〇七中〜下）、『十誦律』巻六十（大正二三・四四八中〜四四九中）、『摩訶僧祇律』巻三二（大正二二・四九一下）にも、阿難が、大迦葉の求めに応じて、長、中・相応・増一阿含や雑蔵を誦出したことが記されている。

さらに同様な事情を伝える化地部所伝の『五分律』巻三十には、

「迦葉即問阿難言、仏在何処説『増一経』。在何処説『増十経』・『大因縁経』・『僧祇陀経』・『沙門果経』・『梵動経』。何等経因比丘説。何等経因比丘尼・優婆塞・優婆夷・諸天子・天女説。阿難皆随仏説而答。迦葉如是問一切修多羅已。僧中唱言、此是長経今集為一部、名『長阿含』此是不長不短、今集為一部、名為『中阿含』（中略）名『雑阿含』。此是従一法増至十一法、今集為一部、名『増一阿含』。自余雑説、今集為一部、名為雑蔵。合名為修多羅蔵」

とあり（大正二二・一九一上）、さらにまた、法蔵部所伝の『四部律』巻五四には、

「大迦葉即問阿難言、『梵動経』在何処説。『増一』在何処説。『増十』在何処説。『世界成敗経』在何処説。『僧祇陀経』在何処説。『大因縁経』在何処説。『天帝釈問経』在何処説。阿難皆答。如長阿含説。彼即集一切長経、為『長阿含』。一切中経、為『中阿含』、従一事至十事、従十事至十一事、為『増一』。（中略）集為『雑阿含』。（中略）集為雑蔵」

とあり（大正二二・九六八中）、化地部と法蔵部の『長阿含経』には『増一経』が含まれていたことがわかる（『増十経』は『十上経』Daśottarasūtra に、『大因縁経』は『大本経』Mahānidāna-sūtra に、『僧祇陀経』は『衆集経』Saṃgīti-sūtra に、『世界成敗経』は『世記経』Loka-prajñapti〔-sūtra〕に比定できる。これら『長阿含経』の諸経典とともに列挙されているところから見て、「増一（経）」は本経をさすと考えられる)。

以上のことから、『増一経』はパーリの *Dīgha-nikāya* には相当する経典をもたないが、特定の部派の伝える『長阿

含経』には含まれていたことがわかる（この漢訳『長阿含経』は法蔵部所伝の可能性が高いと言われている）。しかし、この『増一経』や『世記経』（『世界成敗経』）などが、阿難の誦出時に『長阿含経』に含まれていたのか、それとも部派に別れた後に、特定の部派が、これらの経典を『長阿含経』に含めたのか、はっきりしない。

なお、『増一経』の対応サンスクリットとしては、Ekottara-sūtra あるいは Ekottarika-sūtra が考えられる。

この経の内容は、『衆集経』『十上経』『三聚経』と同じく、法のカテゴリーを列挙したものにすぎない。内容としては無味乾燥なものであるが、これらの経典に述べられている法の体系が、後にアビダルマ仏教として結実するのであり、その意味で、思想史的に重要な意味をもっている。

また、各部派がそれぞれの阿含経典をもっていた以上、それらの経典に展開する法の体系も、子細に見れば、部派の対立を反映しているはずである。その相違点を見出すには、本経や『十上経』・『衆集経』など、端的に法数（法のカテゴリー）を列挙した経典は、大いに役立つと思われる。

さらにまた、法数の漢訳語を検討することも重要なことである。法数を訳す場合、漢訳者は、一つの概念に対して、一語もしくは数語をもって当てねばならず、言語と漢訳語の対応がはっきりしている。対応するサンスクリット語やパーリ語が分かっているから、それらの漢訳語とを並べれば、一つの翻訳語辞典ができる訳である。

なお、上述のように、パーリの *Dīgha-nikāya* やサンスクリット仏典には、この『増一経』に対応する経典が無いので、訳注に当たっては、多くの場合、この経と同様の内容をもつ『十上経』に対応する、パーリの *Dasuttara-suttanta* やサンスクリットの *Daśottara-sūtra* を参照した（注3を参照）。また、『衆集経』に対応する、パーリの *Saṅgīti-suttanta* ならびにサンスクリットで書かれた注釈 *Saṃgītiparyāya*（Valentina Stache-Rosen, *Das Saṅgītisūtra und sein Kommentar Saṅgītiparyāya*）も随時参照した。（辛嶋）

『三聚経』解題

『三聚経』は『長阿含経』の第十二番目の経典で、その第巻九に収められている（大正一・五九中～六〇上、本文九一～九九頁）。第九経の『衆集経』以下、『十上経』『増一経』『三聚経』と同性質の経典が続いている。すなわち、基本的なカテゴリーを一から十まで、数に従って配列したものである。そのうち、『増一経』と本経はパーリ本に対応するものをもたない。この両経はいずれも舎衛国祇樹給孤独園での仏の説法という形をとっており、冒頭と結びの部分が極めて類似している（注1・32参照）。

さて、本経では一から十までの法数（数によってまとめられたカテゴリー）のそれぞれについて、(1)悪い境界（悪趣）に向かうことがら、(2)善い境界（善趣）に向かうことがら、(3)涅槃に向かうことがら、の三つずつをあげてゆく。『三聚経』という経名もここに由来する。このうち、(3)は仏教の修行の項目であるが、それに対し、(2)は世俗的な善行、(1)は悪行である。(3)については、すべて『衆集経』『十上経』『増一経』などに見える項目であるが、(1)(2)については、それらのいずれにも見えない本経独自の項目も少なくない。形式を整えるために無理に作られたように見られる項目もある。

本経は上述の四経のうち最後に位置し、最も短いものである。上述のように、先の三経と重複する項目も少なくない

ので、注は簡略にし、前三経の注に譲れるところは譲るようにした。（末木）

『大縁方便経』解題

『大縁方便経』は『長阿含経』の第十三番目の経典で、その第一〇巻に収められている（大正一・六〇上～六二中、本文一〇一～一二一頁）。本経にはパーリ語長部経典（ディーガ・ニカーヤ）の第一五経『マハーニダーナ・スッタンタ』（『大縁経』）が対応するほか、漢訳異訳経が三経、さらに僅かながら中央アジア出土のサンスクリット写本の断簡が存在する。

1――パーリ本

"Mahānidāna-suttanta", *Dīgha-nikāya*, PTS ed. vol. Ⅱ (1974), pp. 55–71.

これにはブッダゴーサによるパーリ語の注釈（aṭṭhakathā）、および複注（Ṭīkā）があることはこれまでと同様である。

このパーリ本に関しては、『南伝大蔵経』第七巻所収の現代語訳『大縁経』のほか、Rhys Davids の英訳、K. E. Neumann の独訳、Eugenio Frola の伊訳があることも従来と同じ。

2――サンスクリット写本断簡

"Mahānidāna-sūtra", *Bruchstücke buddhistischer Sūtras aus dem zentralasiatischen Sanskritkanon*, Leipzig, 19

32, SS. 8–10, 54–57.

ただし量的には、パーリ本の第一五節の一部に対応するものなど、極めて僅かである。

3――漢訳本

本経には次の三種の漢訳異訳本がある。

『仏説人本欲生経』一巻、後漢・安世高訳。大正一・二四一下〜二四六上。――以下、略称『人本経』。

これには、次の東晋・釈道安による注釈がある。

『人本欲生経註』一巻。大正三三・一上〜九中。

この『経註』には経本文も含まれている。そして、これには次の訓読・注釈がある。

宇井伯寿『訳経史研究』（岩波書店、昭和四六年）三六頁以下。

この研究の「註記」には随所に『大縁方便経』との対比がなされている。ただし、『人本経』は原本の漢語が難解だけに、本研究には残された問題が多い。

異訳本の第二として次のものがある。

『大因経』一巻、東晋・僧伽提婆訳。『中阿含経』巻第二四、「因品」第四所収。大正一・五七八中〜五八二中。

これを訓読したものとして次のものがある。

立花俊道訳『国訳一切経』阿含部五、六七頁以下。

なお、パーリ語中部経典（マッジマ・ニカーヤ）には対応する経典はない。

異訳本の第三として次のものがある。

『仏説大生義経』一巻、宋・施護訳。大正一・八四四中〜八四六下。

これらのパーリ本、漢訳四本は互いにほぼ対応しているが、特により古い後漢・安世高訳と東晋・僧伽提婆訳とが他本に比べて詳細に説いている点が注目される。

*

次に、本経の経題と内容について簡略に述べておく。

まず経題「大縁方便」であるが、「大縁」はパーリ本 mahānidāna「大いなる原因（に関する経）」に対応したもの。本経は、仏教の中心思想のひとつである「縁起説」を詳論することから、この経題がつけられたのであろう。後世の仏教では、この縁起思想を表わすのに paṭicca-samuppāda/-°samuppanna（縁って生じること／縁って生じたもの）や idappaccayatā（これを縁とすること）などの言葉が好んで用いられるが、「甲に依って乙がある」という一般的表現において、「…に依って」にあたるところを示す語としては、-°gati, -°paccaya, -°saṃbhava, -°upanissāya, -°paṭicca などと共に、この-°nidāna が最も古くから用いられていた（中村元『原始仏教の思想』下、六四頁以下）。

ところで、漢語「縁」には「由来する」、「依存する」の意があり（たとえば『荀子』正名篇「則縁耳而知声可也、縁目而知形可也」）、それが仏典の漢訳に際して用いられたのである。仏教の縁起思想は一般には「縁起」もしくは「因縁」の語であらわされるが、本経では「縁」一字でそれをあらわす例も見られる（大正一・六〇中「未見縁者」）。このほか本経での「縁」一字の意味としては、「何等是老死縁」のように「理由、原因、もとづくもの」の意味で体言として用いられるもの、「縁痴有行」のように「……に由来して」の意で用言として用いられるもの（この場合、「取由愛、縁愛有取」のように「縁」は「由」と同義、また「因愛有求」のように「因」とも同義）、また「我以此縁知」という句が「我以此義知」と全く同じ文脈で使われていることから比定されるように「……のこと」といった極く軽い意で用いられるものなどがある。

さて経名「大縁方便」の後半「方便」は漢訳仏典造語であり、仏教では一般に upāya「近づく、到達する」→「てだて、手段」の訳語として定着しているが、本経の経名としてそれでは不自然である。経中に「方便」なる語は一例もあらわれぬために確定的なことはわからないが、「方便」なる語は upāya の訳語としてのみ使用されるわけでなく、paryāya（仏教梵語としてはやはり「手段、方法」の意）などの訳語としても用いられる。そしてこの paryāya は具格で用いられる場合に漢訳語では「因縁、縁」（こういうわけで、の意）のように訳出されることが多い。これらの状況から、本経の訳者の頭の中に「方便」＝「因縁」という認識があり、「大縁」のみでは解かりにくいため、「方便」なる語を同義のつもりで説明的に加えた可能性が強い。

本経の内容を概観するに、前半では仏教の中心思想のひとつである縁起説を詳論し、後半でそれに基づいて諸種の有我論（実体的な不変の自我が存在するという論）を論破し、最後に修行者たちが安らうべき九種の意識界（七識住と二入処。ただし後二処は意識も消失する）を説明する。

＊

次に本経で留意すべき点を挙げておこう。

本経の主題はなんといっても縁起の思想であろう。縁起の説は、古来仏教における中心観念のひとつと考えられている。『律蔵』マハーヴァッガの冒頭、および相当漢訳本などの叙述によると、世尊はウルヴェーラー村の、ネーランジャラー河の辺の菩提樹の下にあって、足を組んで坐したまま、七日の間、解脱の楽しみを受けていたという。ところでその時さとりを開くために観じたのが縁起の理法であるという。このほかにも、縁起を観じてさとりを開いたという説明は聖典のうちに散見される。しかし、ブッダガヤーにおける釈尊のさとりの内容については聖典自体のうちに種々に異なって伝えられており、必ずしも一定しておらず、右の伝説を歴史的事実として信じることはできない。これまでの研究で明らかにされているとおり、縁起説はかなり遅れて成立し、殊に十二の項目を立てる縁起説は最も遅れて完成したものである。このように縁起説にはその成立過程があるが、本経には奇妙なことに「老死」より「愛」に至る五支縁起（の残痕）、「老死」より「識」に至る九支縁起、その途中に「六入」を加えた十支縁起、そして「老死」より「癡」に至る十二支縁起が混在している――ただし詳論されるのは九支縁起――。このことからも釈尊がいわゆる縁起の思想によってさとりを開いたとする伝説がよりうたがわしくなる。

しかし、だからといって縁起の思想が釈尊のさとりと関係なく、後世の経典記述者のまったくの創作だと考えるのもやはり誤りである。それは釈尊の（そしてそれは私たちにも関わってくるのであるが）出家求道の動機が、恐らくは現実の苦に満ち満ちた世界と人生の直視にあり、その原因探究という発想が広義の縁起思想に連なっていることからも知られることである。また、その成立過程で特に有力であったと推定される五支縁起の基本構造が「苦←渇愛」であり、それがやはり初期仏教経典における基本思想のひとつである四諦説の「苦諦―苦集諦」（苦悩とその原因である渇愛に関する真理）と同一構造になっており、これらの基本思想はいずれも、解脱への「戒・定・慧」の三学の実践の前提として現実の苦の直視とその原因をあるがままに理解する必要性を示しており、このことを欠いては解脱への道は成立しなくなってしまう。さらにまた、五支縁起乃至十二支縁起として成立してゆくのは部派仏教の時代にせよ、二支（要素）の依存関係（たとえば「苦←執着」、「輪廻←渇愛」）は、その支の内容をさまざまに変えつつ、古層の経典である『スッタニパータ』の比較的古い部分にもすでに見られ、いわゆる「縁起説」にはなっていないが、いわば「縁起的発想」は相当古くからあり、かつ基本的な発想であったと考えられるのである。

ところで、初期仏教経典の中には多くの縁起説が説かれているが、それらは次のものに資料を網羅しつつ、まとめて検討されている。

渡辺楳雄『仏陀の教説』（三省堂、昭和一〇年）四九二〜五二八頁。

三枝充悳『初期仏教の思想』（東洋学術研究所、一九七八年）四七二〜五九一頁。

さらに、縁起の思想はインド、中国、日本においてさまざまな思想として展開してきたが、それに関しては次の書に詳しく論述されている。

宇井伯寿『仏教思想研究』（岩波書店、昭和一五年）

また、十二支縁起の各項を現代語にいかに訳出するかは難しい問題であり、本稿でも注釈中に若干の考察を加えたが、西洋の諸学者も苦労しつつそれぞれに訳出している。それらについては、次書に主要なものが対比されている。

中村元『原始仏教の思想』下（春秋社、昭和四六年）九〇頁以下。

右書四三ページには、西洋の代表的な研究書も挙げられている。

縁起思想は仏教の基本思想のひとつであるだけに近代の研究書も多く、また宇井伯寿・和辻哲郎と木村泰賢、赤沼智善らによる論争も有名であり、その解釈をめぐっては今だに問題が残されている。本稿では、とりあえず本経をより忠実に訳出することを心掛けたため、その必要な限りにおいてのみ近代の研究書を参照した。それらは右に挙げたもののほか、特に『大縁方便経』を直接の資料として用いている次の二書である。

宇井伯寿『印度哲学研究』第二（岩波書店、大正一五年）二六一頁以下「十二因縁の解釈―縁起説の意義」。

和辻哲郎『原始仏教の実践哲学』（岩波書店、昭和二年）一七三頁以下「縁起説」。

最後に、歴代の主要な訳者の十二縁起の訳語例を対照しておく。ちなみに「因縁」なる訳語は仏教の中国伝来以前、すでに『史記』田叔伝などに現われているものを借用したもので、後漢の安世高、支婁迦讖からすでに用いられている。他方、「縁起」なる訳語は漢訳仏典造語のようであり、安世高訳にはまだ見られないが、三国呉の支謙訳の仏典にはすでに見られるようになる。（丘山）

安世高	老死	生	有	受	愛求／愛	痛痒／痛	更／致	六入	名字	識	行	癡
支謙	老死	生	有	受	愛	痛	更楽	六入	名像	識	行	癡
竺法護	老死	生	有	受	愛	痛	更	六入	名色	識	行	無明
僧伽提婆	老死	生	有	受	愛	覚	更楽	（欠）	名色	識	（欠）	（欠）
鳩摩羅什	老死	生	有	取	愛／渇愛	受	触	六入	名色	識	行	無明／癡
竺仏念	老死	生	有	取	愛	受	触	六入	名色	識	行	癡
求那跋陀羅	老死	生	有	取	愛	受	触	六入処	名色	識	行	無明
真諦	老死	生	有	取	愛	受	触	六入	名色	識	行	無明
玄奘	老死	生	有	取	愛	受	触	六処	名色	識	行	無明

注　安世高は、『人本欲生経』と『陰持入経』。支謙は、『太子瑞応本起経』。竺法護は、『普曜経』。僧伽提婆は、『中阿含経』。鳩摩羅什は、『中論』。竺仏念は、『大縁方便経』（本経）。求那跋陀羅は、『雑阿含経』。真諦、玄奘は、ともに『倶舎論』（ただし、これは各翻訳者の訳語の一例にすぎず、彼らがほかの訳語を使っている例もある）。

『釈提桓因問経』解題

『釈提桓因問経《しやくだいかんいんもんきよう》』は『長阿含経』の第十四番目の経典で、その第一〇巻に収められている（大正一・六二中〜六六上、本文一二三〜一五三頁）。本経にはパーリ語長部経典（ディーガ・ニカーヤ）の第二一経『サッカパンハ・スッタンタ』（帝釈問経）が対応するほか、漢訳異訳経が三経、さらに中央アジア出土のサンスクリット写本の断簡がある。以下、主要なテキスト・翻訳・研究書を、注記において用いた略号とともに記しておく。

1――パーリ本

"Sakkapañha-suttanta", *The Dīgha Nikāya*, ed. by T. W. Rhys Davids and J. Estlin Carpenter, vol. Ⅱ. London, The Pāli Text Society, 1974 (reprinted), pp. 263–289. ――略号『パーリ本』

これには五世紀上座部のブッダゴーサによるパーリ語の注釈がある。

Buddhaghosa, The *Sumaṅgala-vilāsinī* (Dīghanikāya-aṭṭhakathā), PTS ed. vol. Ⅲ, 1971 (2nd edn.), pp. 697–740. ――略号「パーリ注釈本」

これにはさらに複注がある。

Dīghanikāyaṭṭhakathāṭīkā Līnatthapakāsinī, PTS ed. vol. Ⅱ, 1970, pp. 310–350.

このパーリ本に関する現代語訳の主なものとして次のものがある。

〔和訳〕

小野島行忍訳「帝釈所問経」、『南伝大蔵経』第七巻、一九三五年、二九七〜三三四頁。

〔英訳〕

T. W. and C. A. F. Rhys Davids, *Dialogues of the Buddha*, Sacred Books of the Buddhist, Part Ⅱ, 1977 (4th edn. reprinted), pp. 294–321.

〔独訳〕

K. E. Neumann, *Die Reden Gotamo Buddhos, aus den längern Sammlung Dīghanikāya des Pāli-Kanons*. Bd. Ⅱ, München, SS. 386–421.

R. O. Franke, *Dīghanikāya*, Das Buch der langen Texte des buddhistischen Kannons,Quellen der Religions-Geschichte, Göttingen 1913, SS. 256–259.

このフランケ訳は訳注も詳しく、学術的にも進歩を示し、種々の問題を提供するが、残念ながら本経に関しては前半のみの部分訳である。

〔伊訳〕

Eugenio Frola, *Canone Buddhista*, Discorsi lunghi, Torino. 1976 (ristampa), pp. 536–588.

なお、アルゼンチンの学者による左記のスペイン語訳が全六巻の予定で進められているが、本経にあたる部分は未刊である。

Carmen Dragonetti, Dīgha Nikāya Diálogos Mayores de Buda, Buenos Aires-Caracas, Monte A'vila, 1977 (First Part), México, 1984 (Second Part).

2——サンスクリット写本断簡——略号〔W本〕

"Das Śakrapraśna-sūtra", *Bruchstücke buddhistischer Sūtras aus dem zentralasiatischen Sanskritkanon*, Herausgegeben und im Zusammenhang mit ihren Parallelversionen bearbeitet von Ernst Waldschmidt, (Kleinere Sanskrit-Texte Heft Ⅳ) Leipzig, 1932, SS. 58–113.

この経典のサンスクリット本は完全な形では伝わっていないが、今世紀初頭に中央アジアからサンスクリットの原典の断簡が発見された。これをドイツのヴァルトシュミット教授が出版したもの。第一部はサンスクリット断簡を整理したもので、第二部はそれを、パーリ本、漢訳『長阿含経』所収本（本経）、同『中阿含経』所収本と対照したもので、漢訳二経は独訳されている。ただし量的には全体の約三分の一程度である。ヴァルトシュミット教授の調査では、このサンスクリット写本断簡は漢訳『中阿含経』所収本にやや近く、パーリ本は逆に『長阿含経』所収本に一致する点があると推定されるが、それは大別した場合に言えることであって、細かな点では問題が多く今後の研究を必要とする。なお、このテキストに関しては、次の論文がある。

"Central Asian Sūtra Fragments and their relation to the Chinese Āgamas", by Ernst Waldschmidt, *Die Sprache der ältesten buddhistischen Überlieferung* (Symposien zur Buddhismusforschung, Ⅱ), hrsh. von Heinz Bechert, Göttingen, 1980, SS. 136–174.

3——漢訳本

「釈提桓因問経」、『長阿含経』巻第一〇、大正一・六二中〜六六上（本文一一三〜一五三頁）。

ここに訳出するものである。『長阿含経』は、後秦の弘始一五年（四一三）、罽賓の沙門仏陀耶舎が誦出、涼州の沙門竺仏仏念が訳出，漢人の道含が筆受したもの。その原本は、ガーンダーリー語で伝えられ、法蔵部に属していたと言われているが、なお確定はしていない。

これを訓読したものとして、

石川海浄訳『国訳一切経』阿含経七、一九三二、二二七〜二三六頁。

異訳本として、次の三本がある。

「釈問経」、『中阿含経』巻第三三、大正一・六三二下〜六三八下。——略号〔漢一〕

『中阿含経』には、三八四—三八五年に兜佉勒（トハリスタン、もしくはクシャーナ国）出身の曇摩難提が誦出し、竺仏念が筆受（訳出）したもの（『出三蔵記集』大正五五・九九中、「曇摩難提伝」の項）と、三九七—三九八年に罽賓の僧伽羅叉が誦出、僧伽提婆が訳出、漢人の道慈が筆受したもの（『出三蔵記集』大正五五・六三下〜六四上に収められた道慈「中阿鋡経序」による）との二本が存在したといわれる。このことに関しては、水野弘元「漢訳中阿含と増一阿含との訳出について」（『大倉山学院紀要』二、昭和三一年、八八〜九〇頁）、および榎本文雄「阿含経典の成立」（『東洋学術研究』第二三巻・第一号、一九八四年、九三〜一〇八頁）があるが、私見によっても、やはり榎本論文が結論づけるように現存『中阿含経』は僧伽提婆訳とする方が妥当であろう。この「釈問経」と「釈提桓因問経」の訳語とを比較しても、やはり同一の竺仏念の訳出とはいい難いことも一つの証左である。なお、『中阿含経』の原語（ガーンダーリー語と推論されている）や、成立地・伝承地、さらに帰属部派（説一切有部系と推論されている）に関しては、前掲の榎本論文に詳しい。

この「釈問経」はここに訳出した「釈提桓因問経」の訳出に先行すること二〇年ほどしかなく、また中国訳経史上に最高の地位を与えられる鳩摩羅什の長安における翻訳活動期間（四〇一〜四一三）の直前と直後に翻訳されたものだけに、それらの語彙の比較研究は訳経史研究に極めて興味ある問題を提供している。

漢訳四経を比較すると、この「釈問経」が量的には一番長い。また訳語・内容的にはここに訳出した「釈提桓因問経」と最もよく対比しうるものである。これらの理由で本経の訳注には、この異訳本を絶えず参照した。

なお、この「釈問経」には訓読したものがある。

立花俊道訳『国訳一切経』阿含部五、一九三〇年、二二九〜二四五頁。

さらに、右に掲げたヴァルトシュミット本には、サンスクリット写本断簡に対応する部分の『中阿含経』所収「釈問経」が独訳されている。

なお、この「釈問経」が収められている『中阿含経』に相応するパーリ語中部経典〔マッジマ・ニカーヤ〕には、本経に相応する経典はない。

異訳本の第二として次のものがある。

「帝釈問事縁」、『雑宝蔵経』巻第六、大正四・四七六上〜四七八中。――略号〔漢二〕

この『雑宝蔵経』は西域の沙門吉迦夜が元魏、宋明帝の世、すなわち四七二年に曇曜と共に訳出し、劉孝標が筆受したものである。現行本、諸経録に巻数の相違があるが、それに関しては、常盤大定『訳経総録』九二八―九三一頁を参照。

これを訓読したものとして、
岡教邃訳『国訳一切経』本縁部一、一九三一年、一〇七〜一一五頁。

さらにこの漢訳本には次の仏訳がある。

Édouard Chavannes, *Cinq Cents Contes et Apologues*, Tome Ⅲ, Paris, 1911, pp. 53–69.

本経は量的には漢訳四本のうち最も短いもので、用語も比較的独特のものが多く、前訳二本を参照したとは考えられない。他の漢訳三本とは最も対応しにくい。

異訳本の第三として次のものがある。

『仏説帝釈所問経』、大正一・二四六中〜二五〇下。——略号〔漢三〕

宋の法賢が勅命により、一〇〇一年頃に訳出したものである。量的には『中阿含経』所収の「釈問経」に次ぐ長さである。他の漢訳三本の訳出年代とは六〇〇年前後の隔たりがあり、使用される語彙・語法にも変化は見られるものの、大きな相違はなく、他の漢訳三本とも対応はつく。

＊

次に、本経の経題と内容に関して簡単に述べる。

まず経題であるが、「釈提桓因問経《しやくだいかんいん》」の「釈提桓因」は、P. Sakko devānaṃ Indo, S. Śakro devānāṃ Indraḥ「神々の帝王であるシャクラ」に相応する音写語である。この漢訳語の推定中古音は śiäk-d'iei-γuân-jĕn（後述カールグレンに依る）であり、「釈」が Śak(ro),「提—桓」が de-vān(ām),「因」が In(draḥ) に相応すると考えられている（詳しくは、宇井伯寿『訳経史研究』四八二頁）。また、神々の帝王である釈（シャクラ）という名の神、すなわち中国語で天という意味で「帝釈」または「帝釈天」とも言われ、日本にも馴染み深い神名である。インドの聖典『リグ・ヴェーダ』に登場するインドラは個人名をシャクラと呼ばれ、主として武神として崇められ、神々の王 devarāja とも呼ばれた。このインドラ神が仏教にとり入れられ、忉利天、すなわち須弥山の頂にある欲界六天の第二天を支配する神となった（さらに詳しくは、中村元『原始仏教の思想』下、二〇二〜二〇三頁を見よ）。この帝釈天は初期仏教経典においてはいうまでもなく、後の大乗経典にもしばしば登場し、脇役ながら重要な役割を果たしている。本経の経題『釈提桓因問経』は字義どおり、この帝釈天が世尊を訪ねてこの世界に争いが絶えないのはなぜかを問うたことに因むものである。

なお、パーリ本の経題は Sakka-pañha suttanta「サッカ（すなわちシャクラ）の問いに関する経」とあり、帝釈の名が簡略であるが本経名と同じ意である。さらに、サンスクリット写本断簡に経名は見られないが、『マハーヴァストゥ』に

この経名が Śakra-praśna (P. Sakka-pañha) として引かれ (*Le Mahāvastu*, éd. par É. Senart, Tome I, p. 350, *l*. 8.)、また後秦・弗若多羅訳『十誦律』巻第二十四にも「釈迦羅波念(?)奈、晋言釈問経也」(大正二三・一七四中)とあることより、これらパーリ語、サンスクリット語の経名は、僧伽提婆訳の「釈問経」に符合する。

次に内容の注目すべき点について簡単に触れておく。

ある時、仏は摩竭(マガダ)国にある毘陀《びだ》山の頂きの因陀婆羅《いんだばら》という石窟中にいた。帝釈天は仏がそこに滞在しているのを知ると仏に会いに行こうとするが、まず音楽神である般遮翼《はんしゃよく》に先に行かせる。彼は琉璃の琴を奏で美しい声で詩歌を唱え、仏を満足させる。その詩歌は般遮翼が思いを寄せる跋陀《バッダー》に対する熱烈な恋心を、さとりを求める心に事寄せたもので、これほど美しく男女の愛を歌ったものは仏典ではめずらしい。

さて、仏の心が楽しんだのを知るや、帝釈天は支配下にある忉利天の神々を引き連れて仏を訪ねることとなる。帝釈天が心に懐いていた疑問は、神をも含めてありとあらゆる生きものたちが互いに武器をとりあって戦い、傷つけあい殺しあう根本原因は何なのか、ということであった。それに対して仏は、あらゆる生きものが武器によって互いに殺しあうのは、彼らの果てなき欲望、ひいてはその根源にある根本的妄想に起因することを説く。この点が詳細に記述され、本経の中心をなす。

帝釈は仏のこの説法によって宗教的にめざめ、次のように述懐する。すなわち、自分がこれまでに得てきた無上の喜びは、すべて武器に依る勝利にもとづくものであった。しかし、今、仏の説法を聞き、得られたこの喜びは、武器による喜びを遙かに超絶する無限の歓喜である、と。帝釈天は古来、武神・軍神として崇められてきた神であるだけに、この言葉には実感的な重みがあり、感動的でさえある。これは過去の夢物語ではない。今に生きる私たちの心に永遠に安穏をもたらし、この現代の世界に完全なる平和を実現するために、あらゆる武器は放棄されねばならない。そしてさらに私たちの心の深底に潜む欲望と根源的妄想を克服してゆかねばならないのだ、と訴えてくる。仏と帝釈とのこの問答は、時空を越えて現代に生きるすべての人間に、真の喜びとは何か、平和とは何かという根本的問いをさらにつきつけてくる。

さて、この仏の説法に満足した帝釈天は般遮翼を褒め讃え、彼の願いどおりに跋陀との恋を実現させ、音楽神の王に任じたところで本経も大団円を迎える。

なお、本経をはじめ、異訳諸経に、瞿夷釈女《くいしやくによ》（ゴータミーという名のシャカ族の娘）が仏と比丘を供養し、女身を厭い男子とならんことを求め、次生で忉利天に生れ、帝釈の子となったという物語は、後世の「転女身、変成男子」の思想の阿含・ニカーヤにおける唯一の根拠をなすものとして注目されてきた。

また、先に述べた本経の中心をなす仏の説法の部分が、諸本間の相違が甚だしく、いずれもが教理的にも明瞭でない。用語・訳語を含めて今後の教理的方面からの研究を必要とする。ただし、先に述べたように、仏と帝釈天との問答の基本的視点はいずれの経によってもはっきりと読みとれるはずである。

＊

今回の訳注にあたっては、従来どおり漢訳仏典特有の語法に注意を払ったが、すでに述べたように特に僧伽提婆訳「釈問経」との語彙の対照に注意した。また重要語に関しては同時代の鳩摩羅什の訳経語彙との異同、および古訳時代の注目すべき仏典漢訳者である三国呉の支謙の用いた語彙との関連に注目した。これらは、不十分ながら今後の語彙による訳経史研究の準備作業でもある。

また難解な語、教理的に重要な語に関しても従来どおり唐・慧琳の『一切経音義』を始め、いくつかの音義書も参照したが、やはり時代的隔たりが大きいため、本経と同時代の鳩摩羅什訳『維摩詰所説経』に対する注釈書『注維摩詰経』などにより、当時の中国の人びとがそれらの語をいかに理解していたかを探ることに努めた。そして、訳経に使用されている語彙が仏教伝来以前の中国古典といかなる関係にあるかにも出来うる限り注意した。

さらに、漢訳仏典にあらわれる音写語に関しては、宇井伯寿『訳経史研究』の研究や、ヨーロッパの学者の研究も多少あるが、中国音韻学の研究も進展してきており、今回は本経に出てくる音写語のうち主要なものには注意を払っておいた。その際、次のものを主として参考にした。

Bernhard Karlgren, *Grammata Serica, Recensa*, reprinted from the Museum of Far Eastern Antiquities, Bulletin No. 29, Stockholm, 1957.

董同龢『上古音韵表稿』、重印版、一九四七年、中央研究院歴史語言研究所単刊甲種之二十一。

中国の方言に関しては、B. Karlgren の Études sur la phonologie chinoise の中国訳である、

高本漢著、趙元任・李方桂合訳『中国音韻学研究』

がある。なお、音韻の表記に関してはカールグレンの方式に従った。

またサンスクリット、および俗語に関しては遺憾ながら次の二書のみに依った。

R. L. Turner, *A Comparative Dictionary of the Indo-Aryan Languages*, London, 1973 (Second Impression).

R. Pischel, *A Grammar of the Prākrit Languages*, tr. from German by Subhadra Jhā, Delhi, 1981.

（丘山）

【本文】

十上経

辛嶋静志

このように私は聞いた。

[1]ある時、仏は千二百五十人の比丘《びく》たちの大集団とともに鴦伽《おうが》国へお出かけになり、瞻婆《せんば》城市にいたり、伽伽《がが》池のほとりに宿られた。[2]十五日の満月の晩に、世尊は野外に坐られ、多くの人々にかこまれて、一晩中、法を説かれてから、舎利弗《しゃりほつ》に言われた。

「いま、四方から比丘たちが集まり、みな勤め励み眠らないで説法を聞こうとしているが、私は背中が痛いので、ちょっと休息したい。今度はおまえが比丘たちのために説法しなさい」

すると舎利弗は仏の命令を受け入れた。

そこで世尊は[3]僧伽梨《そうぎゃり》を四つに畳み、獅子のように右脇を下にして、足を重ねて横になられた。

[4]そこで長老舎利弗は比丘たちに言った。

「[5]いま私は、はじめ、中ほど、おわりの言葉がすべて真正で、内容と表

如是我聞。

一時、佛遊鴦伽國。與大比丘衆千二百五十人倶詣瞻婆城、止宿伽伽池側。以十五日月滿時、世尊在露地坐、大衆圍遶、竟夜説法、告舍利弗。

「今者四方諸比丘集、皆各精勤捐除眠睡、欲聞説法、吾患背痛、欲少止息。卿今可爲諸比丘説法」

時舍利弗受佛教已。

爾時、世尊即四牒僧伽梨、偃右脅臥如師子、累足而臥。

爾時、耆年舍利弗告諸比丘。

「今我説法、上中下言皆悉眞正、義味

現がそなわり、梵行《ぼんぎょう》が清浄な法を説こう。おまえたちはしっかりと聞いて、よく思いをこらしなさい。おまえたちに説きましょう」

[6]すると、比丘たちは指示を受け入れて、耳を傾けた。舎利弗は比丘たちに言われた。

「[7]〝十上法《じゅうじょうほう》〟がある　あらゆる束縛を除き
　泥洹《ないおん》に至り　すっかり苦しみをなくすことができるもの
[8]さらに五百五十の法を完全にそなえもつことができるものだ。いま解説しよう。あなたたちはよく聴きなさい。

比丘たちよ。[9]一つの成し遂げるべきことがら、一つの修養すべきことがら、一つの目覚めるべきことがら、一つの消去すべきことがら、一つの減退すべきことがら、一つの増進すべきことがら、一つの理解しがたいことがら、一つの生ずべきことがら、一つの知るべきことがら、一つの証得《しょうとく》すべきことがらがある。

一つの成し遂げるべきことがらとは、[10]様々な良いあり方をけっしてゆるがせにしないこと。

一つの修養すべきことがらとは、[11]常にわが身を顧みること。

一つの目覚めるべきことがらとは、[12]煩悩《ぼんのう》を伴う接触。

一つの消去すべきことがらとは、[13]我が有るという思い上がり。

具足、梵行清淨。汝等諦聽、善思念之。當爲汝説」

時諸比丘受教而聽。舍利弗告諸比丘。

53a
「有十上法　除衆結縛
　得至泥洹　盡於苦際
又能具足五百五十法。今當分別。汝等善聽。

諸比丘。有一成法、一修法、一覺法、一滅法、一退法、一增法、一難解法、一生法、一知法、一證法。

云何一成法。謂於諸善法能不放逸。

云何一修法。謂常自念身。

云何一覺法。謂有*漏觸。

云何一滅法。謂有我慢。

一つの減退すべきことがらとは、[14]不悪露観《ふおろかん》。
一つの増進すべきことがらとは、[15]悪露観《おろかん》。
一つの理解しがたいことがらとは、[16]間断のない禅定《ぜんじょう》。
一つの生ずべきことがらとは、[17]煩悩からの解脱。
一つの知るべきことがらとは、[18]衆生《しゅじょう》がみな食物によって生存していること。
一つの証得することがらとは、[19]自由自在な心の解脱。

さらに、二つの成し遂げるべきことがら、二つの修養すべきことがら、二つの目覚めるべきことがら、二つの消去すべきことがら、二つの減退すべきことがら、二つの増進すべきことがら、二つの理解しがたいことがら、二つの生ずべきことがら、二つの知るべきことがら、二つの証得すべきことがらがある。

二つの成し遂げるべきことがらとは、[20]心に恥じることと、恥を知ること。
二つの修養すべきことがらとは、[21]心を静めることと、観照すること。
二つの目覚めるべきことがらとは、[22]名称と〝もの〟。
二つの消去すべきことがらとは、[23]無知と愛着。
二つの減退すべきことがらとは、[24]戒を破ることと、(正しい)見解を

云何一退法。謂不惡露觀。
云何一增法。謂惡露觀。
云何一難解法。謂無閒定。
云何一生法。謂有漏解脫。
云何一知法。謂諸衆生皆仰食存。
云何一證法。謂無礙心解脫。

又有二成法、二修法、二覺法、二滅法、二退法、二增法、二難解法、二生法、二知法、二證法。

云何二成法。謂知慙、知愧。
云何二修法。謂止與觀。
云何二覺法。謂名與色。
云何二滅法。謂無明、愛。
云何二退法。謂毀戒、破見。

破壊すること。

二つの増進すべきことがらとは、戒[25]を具足《ぐそく》することと、（正しい）見解を持つこと。

二つの理解しがたいことがらとは、原因[26]と条件があって衆生がけがれを生じることと、原因と条件があって、衆生が清浄になること。

二つの生ずべきことがらとは、滅尽《めつじん》[27]の智慧と無生の智慧。

二つの知るべきことがらとは、正しい場所[28]と誤った場所。

二つの証得すべきことがらとは、智慧と解脱[29]。


さらに、三つの成し遂げるべきことがら、三つの修養すべきことがら、三つの目覚めるべきことがら、三つの消去すべきことがら、三つの減退すべきことがら、三つの増進すべきことがら、三つの理解しがたいことがら、三つの生ずべきことがら、三つの知るべきことがら、三つの証得すべきことがらがある。

三つの成し遂げるべきことがらとは、(1)良い友達[30]と親しくすること、(2)法のことばを聞くこと、(3)様々な法を成し遂げること。

三つの修養すべきことがらとは、三つの三昧《さんまい》[31]。(1)空《くう》を観じる三昧、(2)形相を超えた三昧、(3)作為《さい》を超えた三昧。

三つの目覚めるべきことがらとは、三種[32]の感受作用。(1)苦の感受、(2)

云何二增法。戒具、見具。

云何二難解法。有因有緣、衆生生垢。有因有緣、衆生得淨。

云何二生法。盡智、無生智。

云何二知法。謂是處、非處。

云何二證法。謂明與解脫。

又有三成法、三修法、三覺法、三滅法、三退法、三增法、三難解法、三生法、三知法、三證法。

云何三成法。一者親近善友、二者耳聞法音、三者法法成就。

云何三修法。謂三三昧。空三昧、無相三昧、無作三昧。

云何三覺法。謂三受。苦受、樂受、

楽の感受、⑶苦楽以外の感受。

三つの消去すべきことがらとは、[33]三種の愛着。⑴欲望の対象に対する愛着、⑵存在に対する愛着、⑶存在を超えたことに対する愛着。

三つの減退すべきことがらとは、[34]三つの不善の根本。⑴貪《むさぼ》りという不善の根本、⑵怒りという不善の根本、⑶愚かさという不善の根本。

三つの増進すべきことがらとは、[35]三つの善の根本。⑴貪らないという善の根本、⑵怒らないという善の根本、⑶愚かではないという善の根本。

三つの理解しがたいことがらとは、[36]三種の難解なもの。⑴賢人や聖人という難解なもの、⑵法を聞くことという難解、⑶如来という難解なもの。

三つの生ずべきことがらとは、[37]三つの様相。⑴精神集中の様相、⑵精進の様相、⑶捨離《しゃり》の様相。

三つの知るべきことがらとは、[38]三種の出離《しゅつり》の領域。⑴欲望（の領域）から物質的存在の領域への出離。⑵物質的存在の領域から、物質的存在を超えた領域への出離。⑶一切の現象世界のものを捨て去れば、それを滅尽（の領域）という。

三つの証得すべきことがらとは、[39]三種の智慧。⑴過去の生存に関する智慧。⑵超人的な眼力という智慧、⑶煩悩を尽くすことに関する智慧。

不苦不樂受。

云何三滅法。謂三愛。欲愛、有愛、無有愛。

云何三退法。謂三不善根。貪不善根、恚不善根、癡不善根。

云何三增法。謂三善根。無貪善根、無恚善根、無癡善根。

53b

云何三難解法。謂三難解。賢聖難解、聞法難解、如來難解。

云何三生法。謂三相。息止相、精進相、捨離相。

云何三知法。謂三出要界。欲出要至色界。色界出要至無色界。捨離一切諸有爲法、彼名爲盡。

云何三證法。謂三明。宿命智、天眼智、漏盡智。

比丘[40]たちよ。以上が三十のことがらであり、あるがままで、いつわりでない。如来は知り、平等に説法する。

さらに、四つの成し遂げるべきことがら、四つの修養すべきことがら、四つの目覚めるべきことがら、四つの消去すべきことがら、四つの減退すべきことがら、四つの増進すべきことがら、四つの理解しがたいことがら、四つの生ずべきことがら、四つの知るべきことがら、四つの証得すべきことがらがある。

四つの成し遂げるべきことがらとは、四つの輪[41]ということがら。一、中国に住むこと。二、良い友達と親しくすること。三、身を慎む[42]こと。四、かねてから善根を植えておくこと。

四つの修養すべきことがらとは、四種の思念[43]。⑴比丘が内に身体を観察して努め励んでおこたらず、心に保って忘れず、世間的なむさぼりや憂いを捨て去り、外に身体を観察して努め励んでおこたらず、心に保って忘れず、世間的なむさぼりや憂いを捨て去り、内外に身体を観察して努め励んでおこたらず、心に保って忘れず、世間的なむさぼりや憂いを捨て去り、⑵感受作用や、⑶こころや、⑷法についてもやはり同様に観察すること。

四つの目覚めるべきことがらとは、四種の食べ物[44]のこと。⑴まるめた

諸比丘。是爲三十法、如實無虚。如來知已、平等說法。

復有四成法、四修法、四覺法、四滅法、四退法、四增法、四難解法、四生法、四知法、四證法。

云何四成法。謂四輪法。一者住中國。二者近善友。三者自謹愼。四者宿植善本。

云何四修法。謂四念處。比丘內身身觀、精勤不懈、憶念不忘、捨世貪憂、外身身觀、精勤不懈、憶念不忘、捨世貪憂、內外身身觀、精勤不懈、憶念不忘、捨世貪憂、受、意、法觀、亦復如是。

云何四覺法。謂四食。摶食、觸食、

食べ物、⑵接触という食べ物、⑶思念という食べ物、⑷識別という食べ物。

四つの消去すべきことがらとは、[45]四つの受け入れること。⑴欲望の対象を受け入れること。⑵我見を受け入れること、⑶（誤った）戒を受け入れること、⑷（誤った）見解を受け入れること。

四つの減退すべきことがらとは、[46]四つの扼《くびき》。⑴欲望という扼、⑵生存という扼、⑶（誤った）見解という扼、⑷無知という扼。

四つの増進すべきことがらとは、[47]四つの扼がないこと。⑴欲望という扼がないこと、⑵生存という扼がないこと、⑶（誤った）見解という扼がないこと、⑷無知という扼がないこと。

四つの理解しがたいことがらとは、[48]四つの聖なる真理。⑴苦についての真理、⑵（苦の）集まりについての真理、⑶（苦の）滅することについての真理、⑷道についての真理。

四つの生ずべきことがらとは、[49]四つの智慧。⑴理法についての智慧、⑵未知なることがらについての智慧、⑶平等の智慧、⑷他人の心を知る智慧。

四つの知るべきことがらとは、[50]四つの弁舌の才。⑴教法に通じた弁舌、⑵意義内容のある弁舌、⑶言詞に通じた弁舌、⑷相手に応じた弁舌。

念食、識食。

云何四滅法。謂四受。欲受、我受、戒受、見受。

云何四退法。謂四扼。欲扼、有扼、見扼、無明扼。

云何四增法。謂四無扼。無欲扼、無有扼、無見扼、無無明扼。

云何四難解法。謂有四聖諦。苦諦、集諦、*盡諦、道諦。

云何四生法。謂四智。法智、未知智、等智、知他心智。

云何四知法。謂四辯才。法辯、義辯、辭辯、應辯。

四つの証得すべきことがらとは、[51]四つの沙門《しゃもん》の果報《かほう》。(1)須陀洹《しゅだおん》の果《か》、(2)斯陀含《しだごん》の果、(3)阿那含《あなごん》の果、(4)阿羅漢《あらかん》の果。

比丘たちよ。以上が四十のことがらであり、あるがままで、[52]いつわりでない。如来は知り、平等に説法する。

さらに、五つの成し遂げるべきことがら、五つの修養すべきことがら、五つの目覚めるべきことがら、五つの消去すべきことがら、五つの減退すべきことがら、五つの増進すべきことがら、五つの理解しがたいことがら、五つの生ずべきことがら、五つの知るべきことがら、五つの証得すべきことがらがある。

五つの成し遂げるべきことがらとは、[53]五つの滅し尽くすべきこと。一、仏、(すなわち)如来・至真《ししん》などの十号をあますことなく持つ方を信じること。二、病気にかからず、身はいつも安らかであること。三、まっ正直で、こびへつらうことなく、如来の涅槃への道をひたすら進むこと。四、一心不乱に読誦《どくじゅ》して忘れないこと。五、法の生起消滅を上手に観察し、賢人や聖人としての行いによって、苦の根本まで滅し尽くすこと。

五つの修養すべきことがらとは、[54]五つの根本のこと。(1)信という根本、(2)精進という根本、(3)思念という根本、(4)禅定という根本、(5)智慧

云何四證法。謂四沙門果。須陀洹果、斯陀含果、阿那含果、阿羅漢果。

諸比丘。是爲四十法、如實無虚*、如來知已、平等説法。

復有五成法、五修法、五覺法、五滅法、五退法、五增法、五難解法、五生法、五知法、五證法。

53c

云何五成法。謂五滅盡枝。一者信佛如來至眞十號具足。二者無病身常安隱。三者質直無有諛諂、直趣如來涅槃徑路。四者專心不亂、諷誦不忘。五者善於觀察法之起滅、以賢聖行盡於苦本。

云何五修法。謂五根。信根、精進根、念根、定根、慧根。

という根本。
五つの目覚めるべきことがらとは、[55]五つの執着の集まり。(1)ものという執着の集まり。(2)感受作用（という執着の集まり）、(3)表象作用（という執着の集まり）、(4)心作用（という執着の集まり）、(5)認識作用という執着の集まり。

五つの消去すべきことがらとは、[56]五つの蓋《おお》い。(1)むさぼりの蓋い、(2)怒りの蓋い、(3)睡眠の蓋い、(4)心のざわつきの蓋い、(5)疑いの蓋い。

五つの減退すべきことがらとは、[57]五種の心のさまたげ。(1)比丘[58]が仏を疑う。仏を疑えば、親しみを持たない。親しまなければ、敬わない。これが第一の心のさまたげ。さらに、比丘が(2)法と、(3)僧衆《そうしゅ》と、(4)戒律に対して、[59]欠点だらけの行い、正しくない行いをなし、汚れた行いをし、（(2)法、(3)僧衆）、(4)戒律に親しみを持たず、敬わない。これが第四の心のさまたげ。[60](5)さらに、比丘が梵行をなす人に対して、敵意をもち、心中喜ばず、あらあらしいことばでののしる。これが第五の心のさまたげ。

五つの増進すべきことがらとは、[61]喜びを根本とする五つのもの。一、悦び、二、思念、三、しなやかさ、四、楽、五、禅定。

五つの理解しがたいことがらとは、[62]五つの解脱に入ることである。[63]もし比丘が勤め励んで怠らず、静かな場所を楽しみ、精神を集中すれば、

云何五覺法。謂五受陰。色受陰、受、想、行、識受陰。

云何五滅法。謂五蓋。貪欲蓋、瞋恚蓋、眠睡蓋、掉戯蓋、疑蓋。

云何五退法、謂五心礙結。一者比丘疑佛。疑佛已、則不親近。不親近已、則不恭敬。是爲初心礙結。又比丘於法於衆於戒有穿漏行不眞正行、爲汙染行、不親近戒、亦不恭敬。是爲四心礙結。又復比丘於梵行人生惡向心、心不喜樂、以麁惡言而毀罵之。是爲五心礙結。

云何五增法。謂五喜本。一悅、二念、三猗、四樂、五定。

云何五難解法。謂五解脱入。若比丘精勤不懈、樂閑靜處、專念一心、未解

解脱していなかったことが解脱し、尽きていなかったことが尽き、安らぎを得ていなかったことを得るようになる。五つとは、(1)比丘[64]が仏の説法を聞いたり、梵行を行うものの説くことを聞いたり、師や年長者の説くことを聞いて、思惟《しゆい》し観察し、理法の意味を分別し、心に歓喜を得る。歓喜を得れば理法に対する愛を得る。理法への愛を得れば心身は安《あん》穏《のん》となり、心身が安穏になれば禅定を得る。禅定を得れば、真実の智慧を得る。これが解脱に入ることの第一。(2)ここ[65]で、比丘は理法を聞いて歓喜し、（それを）受[66]け持《たも》ち暗誦《あんじゅ》してやはり歓喜する。(3)他人[67]に説いても歓喜する。(4)思惟[68]し分別しても歓喜する。(5)理法[69]にもとづいて禅定を得ても同様である。

五つの生ずべきことがらとは、賢人聖人[70]の智慧（を生じる）五つの禅定。一、精神集中[71]をなし、いま楽しみ、後に楽しみ、自己内と外界に関する智慧を生じる。二、賢人と聖人[72]は愛着がなく、自己内と外界に関する智慧を生じる。三、仏[73]や賢人聖人の修行することがらであり、自己内と外界に関する智慧を生じる。四、しなやかで[74]、しずまった様相をもち、唯一無二で、自己内と外界に関する智慧を生じる。五、心を専一[75]にして三昧に入り、心を一にして（三昧から）出て、自己内と外界に関する智慧を生じる。

五つの知るべきことがらとは、五つの出離《しゅつり》[76]の領域。(1)比丘[77]は、欲望を

得解、未盡得盡、未安得安、何謂五。若比丘聞佛說法、或聞梵行者說、或聞師長說、思惟觀察、分別法義、心得歡喜。得歡喜已、便得法愛。得法愛已、身心安隱。身心安隱已、則得禪定。得禪定已、得如實智。是爲初解脫入。於是比丘、聞法歡喜、受持諷誦、亦復歡喜。爲他人說、亦復歡喜。思惟分別、亦復歡喜。於法得定、亦復如是。

云何五生法。謂賢聖五智定。一者修三昧、現樂後樂、生内外智。二者賢聖無愛、生内外智。三者諸佛賢聖之所修行、生内外智。四者猗寂滅相、獨而無侶、而生内外智。五者於三昧一心入、一心起、生内外智。

54a
云何五知法。謂五出要界。一者比丘

楽しまず、思念せず、近づかない。ただ出離することを思念し、（欲望から）遠ざかることをねがい、（出離に）親しんで怠らない。その心は調御《ちょうぎょ》され、出離し、欲望を離れている。欲望から煩悩が生起するのだが、それも全て滅し尽くし、解放されている。これが欲望からの出離である。⑵[78]怒りからの出離、⑶嫉妬からの出離、⑷物質的存在からの出離、⑸身体が実在するという謬見《びゅうけん》からの出離もやはり同様である。

五つの証得すべきことがらとは、[79]学び終えた人のもつ五つの集まり。⑴学び終えた人の戒の集まり、⑵禅定の集まり、⑶智慧の集まり、⑷解脱の集まり、⑸解脱に対する知見の集まり。

以上が五十のことがらであり、あるがままで、いつわりでない。如来は知り、平等に説法する。

さらに、六つの成し遂げるべきことがら、六つの修養すべきことがら、六つの目覚めるべきことがら、六つの消去すべきことがら、六つの減退すべきことがら、六つの増進すべきことがら、六つの理解しがたいことがら、六つの生ずべきことがら、六つの知るべきことがら、六つの証得すべきことがらがある。

六つの成し遂げるべきことがらとは、[80]六つの重んじるべき法。比丘が尊重すべき六つの尊い法を修養すれば、人々と睦まじくなり、訴え言い

於欲不樂、不念、亦不親近、但念出要、樂於遠離、親近不怠。其心調柔、出要離欲。因欲起漏、亦盡捨滅、而得解脱。是爲欲出要。瞋恚出要、嫉妬出要、色出要、身見出要、亦復如是。

云何五證法。謂五無學聚。無學戒聚、定聚、慧聚、解脱聚、解脱知見聚。

是爲五十法、如實無虚、如來知已、平等説法。

復有六成法、六修法、六覺法、六滅法、六退法、六增法、六難解法、六生法、六知法、六證法。

云何六成法。謂六重法。若有比丘修六重法可敬可重、和合於衆、無有諍

争うことがなく、（人々に）入り交じらずに独り行じるようになる。六とは、⑴ここで比丘が常に体で慈しみを施し、梵行《ぼんぎょう》をなす人を敬い、仁愛の心をもちつづけること。（これが）尊重[81]すべき尊い法であり、人々と睦まじくなり、訴え言い争うことがなく、（人々に）入り交じらずに独り行じるということ。⑵また、比丘が言葉で慈しみ、⑶心で慈しみ、⑷規定通りに得た捧げものや鉢の中の残り物を他の人と分けあい、分けへだてしない。⑸また、比丘が聖人のおこなう戒を破らず、汚れがなく、智者に誉め称えられ、余すことなく（戒を）たもち、精神集中を完成する。⑹さらに比丘が、賢人[82]や聖人としての出離の道を完成し、すっかり苦しみを消し尽くし、正しい見解によって、様々な梵行にまで達する。これが、尊重すべき尊い法であり、人々と睦まじくなり、訴え言い争うことがなく、（人々に）入り交じらず、独り行じるということ。

六つの修養すべきことがらとは、六種[83]の念ずること。⑴仏を念ずること、⑵法を念ずること、⑶僧を念ずること、⑷戒を念ずること、⑸施しを念ずること。⑹天を念ずること。

六つの目覚めるべきことがらとは、六つ[84]の内なる入（感受作用の場）。⑴眼という入、⑵耳という入、⑶鼻という入、⑷舌という入、⑸身体という入、⑸こころという入。

六つの消去すべきことがらとは、六つ[85]の愛着。⑴色かたちへの愛着、

訟、獨行無雜。云何六。於是比丘身常行慈、敬梵行者、住仁愛心。名曰重法可敬可重、和合於衆、無有諍訟、獨行無雜。復次比丘口慈、意慈、以法得養及鉢中餘、與人共之、不懷彼此。復次比丘聖所行戒不犯不毀、無有染汙、智者所稱、善具足持、成就定意。復次比丘成就賢聖出要、平等盡苦、正見及諸梵行。是名重法可敬可重、和合於衆、無有諍訟、獨行不雜。

云何六修法。謂六念。念佛、念法、念僧、念戒、念施、念天。

云何六覺法。謂六内入。眼入、耳入、鼻入、舌入、身入、意入。

云何六滅法。謂六愛。色愛、聲愛、

⑵声への愛着、⑶香り（への愛着）、⑷味（への愛着）、⑸接触（への愛着）、⑹思考作用の対象への愛着。

六つの減退すべきことがらとは、[86]六種の不敬。⑴仏を敬わず、⑵法を敬わず、⑶僧を敬わず、⑷戒律を敬わず、⑸禅定を敬わず、⑹父母を敬わない。

六つの増進すべきことがらとは、[87]六種の尊敬。⑴仏を敬い、⑵法を敬い、⑶僧を敬い、⑷戒律を敬い、⑸禅定を敬い、⑹父母を敬う。

六つの理解しがたいことがらとは、[88]六つのこの上ないこと。⑴見ることがこの上ないこと、⑵聞くことがこの上ないこと、⑶利益がこの上ないこと、⑷戒律がこの上ないこと、⑸尊敬がこの上ないこと、⑹憶念がこの上ないこと。

六つの生ずべきことがらとは、[89]六種の平等なあり方。⑴[90]ここで比丘が眼で色かたちを見て憂いや喜びをもたず、心を平静にたもち、思いを専一にする。⑵耳は音声、⑶鼻は香り、⑷舌は味、⑸身体は接触、⑹こころは思考作用の対象に対して、喜ばず、憂えず、心を平静にたもち、思いを専一にする。

六つの知るべきことがらとは、[91]六つの出離の領域。⑴もし比丘が『私は慈しみの心を修めたがやはり怒りの心が起きる』と言えば、他の比丘は『おまえはこのように言ってはならない。[92]如来をそしってはならな

香*、味、觸、法愛。

云何六退法。謂六不敬法。不敬佛、不敬法、不敬僧、不敬戒、不敬定、不敬父母。

云何六增法。謂六敬法。敬佛、敬法、敬僧、敬戒*、敬定、敬父母。

云何六難解法。謂六無上。見無上、聞無上、利養無上、戒無上、恭敬無上、念無上。

云何六生法。謂六等法。於是比丘眼見色、無憂無喜、住捨專念、耳聲、鼻
54b
香、舌味、身觸、意法、不喜不憂、住捨專念。

云何六知法。謂六出要界。若比丘作是言、『我修慈心、更生瞋恚』。餘比丘言、『汝勿作此言、勿謗如來。如來不

い。如来はそのようにはお説きになっていない。慈[93]しみの解脱を修めてもやはり怒りを生じることなどありえない。怒りを取り除けば慈しみを得ると仏は説かれている』と言う。⑵もし比丘が『私[94]はあわれみの解脱を修めて憎嫉の心を起こす。⑶喜の解脱を修めて憂悩の心を起こす。⑷捨の解脱を修めて憎愛の心を起こす。⑸無[95]我の行を修めて疑いの心を起こす。⑹無想の行を修めて多くの散乱した想念を起こす』と言う場合もまた同様である。

六つの証得すべきことがらとは、六[96]つの神通力。一、神通力の証得。二、超人的な聴力の証得。三、他人の心を知る通力の証得。四、過去の生存を知る通力の証得。五、超人的な眼力の証得。六、煩悩を尽くす通力の証得。

比丘たちよ。以上が六十のことがらであり、あるがままで、いつわりでない。如来は知り、平等に説法する。

さらに、七つの成し遂げるべきことがら、七つの修養すべきことがら、七つの目覚めるべきことがら、七つの消去すべきことがら、七つの減退すべきことがら、七つの増進すべきことがら、七つの理解しがたいことがら、七つの生ずべきことがら、七つの知るべきことがら、七つの証得すべきことがらがある。

作是說。欲使修慈解脫、更生瞋恚者、無有是處。佛言、除瞋恚已、然後得慈』。若比丘言、『我行悲解脫、生憎嫉心。行喜解脫、生憂惱心。行捨解脫、生憎愛心。行無我行、生狐疑心。行無想行、生衆亂想』、亦復如是。

云何六證法。謂六神通。一者神足通證。二者天耳通證。三者知他心通證。四者宿命通證。五者天眼通證。六者漏盡通證。

是爲六十法。諸比丘。如實無虛、如來知已、平等說法。

復有七成法、七修法、七覺法、七滅法、七退法、七增法、七難解法、七生法、七知法、七證法。

七つの成し遂げるべきことがらとは、七つの財《たから》[97]。⑴信じることという財、⑵戒という財、⑶心に恥じることという財、⑷恥を知ることという財、⑸聞くことという財、⑹施しという財、⑺智慧という財、これが七つの財である。

七つの修養すべきことがらとは、七つの覚《さと》り[98]（へ導く修行）。⑴ここで、比丘が思念という覚り（へ導く修行）を修養し、無欲に依り、寂滅に依り、遠ざかることに依る。⑵法を修養し、⑶精進《しょうじん》を修養し、⑷喜びを修養し、⑸しなやかさを修養し、⑹禅定を修め、⑺心の平静さを修養し、無欲に依り、寂滅に依り、遠ざかることに依る。

七つの目覚めるべきことがらとは、識[99]（命《いのち》の主体）の安住する七つの処。[100]⑴身体も想念も様々な生きものたちがいる。（すなわち）神（の一部）と人間であり、これが第一の識《しき》の安住する処である。⑵また、身体は様々だが、想念は同一な生きものもいる。[101]梵光音天《ぼんこうおんてん》に生れたばかりの時がそうであり、これが第二の識の安住する処である。⑵また、身体は一様だが、想念は様々な生きものもいる。[102]光音天がそうで、これが第三の識の安住する処である。⑷また、身体も一様、想念も同一な生きものもいる。遍浄天《へんじょうてん》がそうで、これが第四の識の安住する処である。⑸また、虚空《こくう》（の無限であるという境地）にとどまる生きものもいる。これが第五の識の安住する処である。⑹意識（の無限であるという境地）に

云何七成法。謂七財。信財、戒財、慚財、愧財、聞財、施財、慧財、爲七財。

云何七修法。謂七覺意。於是比丘、修念覺意、依無欲、依寂滅、依遠離。修法、修精進、修喜、修猗、修定、修捨、依無欲、依寂滅、依遠離。

云何七覺法。謂七識住處。若有衆生若干種身若干種想、天及人是。是初識住。復有衆生若干種身而一想者。梵光音天最初生時是。是二識住。復有衆生一身若干種想。光音天是。是三識住。復有衆生一身一想。*遍淨天是。是四識住。或有衆生空處住、是五識住。或識處住、是六識住。或不用處住、是七識住。

とどまるものもいる。これが第六の識の安住する処である。⑺なにも作用しないという境地にとどまるものもいる。これが第七の識の安住する処である。

七つの消去すべきことがらとは、七つの使[103]（煩悩）。⑴欲望の対象に対する愛着という使、⑵存在に対する愛着という使、⑶（間違った）見解という使、⑷うぬぼれという使、⑸怒りという使。⑹無知という使。⑺疑いという使。

七つの減退すべきことがらとは、七[104]つの正しくないこと。⑴比丘が信をもたず、⑵自己に対する恥がなく、⑶他に対する恥がなく、⑷見聞が狭く、⑸なまけ、⑹忘れやすく、⑺智慧がないこと。

七つの増進すべきことがらとは、七[105]つの正しいこと。⑴ここで比丘が信をもち、⑵自己に対する恥があり、⑶他に対する恥があり、⑷見聞が広く、⑸なまけず、強記であり、⑺智慧があること。

七つの理解しがたいことがらとは、七[106]つの正しいあり方。⑴ここで比丘が、意義（のあるもの）を好み、⑵法を好み、⑶時宜を知ることを好み、⑷足るを知ることを好み、⑸身を慎むことを好み、⑹人々を集めることを好み、⑺人を判断することを好むこと。

七つの生ずべきことがらとは、七[107]つの想念。⑴不浄の想念。⑵食べ物は不浄だという想念。⑶すべて世俗的なものは楽しくないという想念。

云何七滅法。謂七使法。欲愛使、有愛使、見使、慢使、瞋恚使、無明使、疑使。

云何七退法。謂七非法。是比丘無信、無慚、無愧、少聞、懈墮、多忘、無智。

54c

云何七增法。謂七正法。於是比丘有信、有慚、有愧、多聞、不懈墮、強記、有智。

云何七難解法。謂七正善法。於是比丘、好義、好法、好知時、好知足、好自攝、好集衆、好分別人。

云何七生法。謂七想。不淨想、貪不淨想、一切世間不可樂想、死想、無常

⑷死の想念。⑸無常の想念。⑹無常であり苦であるという想念。⑺苦であり無我であるという想念。

七つの知るべきことがらとは、[108]七つの励み。⑴戒律に従った行いに励み、⑵貪欲《とんよく》をなくすことに励み、⑶誤った見解を破ることに励み、⑷多くのことを学習しようと励み、⑸精進に励み、⑹正しい思念に励み、⑺禅定に励む。

七つの証得すべきことがらとは、[109]七つの煩悩を尽くす力。⑴ここで、煩悩を尽くした比丘があらゆる苦しみ・（苦しみの）集起と滅尽・味《み》著《じゃく》・過失・（苦しみからの）出離についてあるがままに理解し、⑵欲望を火の穴のようにも、刀剣のようにも観じ、欲望をよく理解し、欲望をむさぼり求めず、心を欲望にとどめない。⑶[110]煩悩を尽くした比丘は順逆両方向に観察し、あるがままに認識し、あるがままに理解できれば、世間的なむさぼりや憎しみや、悪しきあり方は[111]起こらず、生じない。⑷四種の思念の仕方を繰り返し修行すること。⑸五つの根本（を繰り返し修行すること）と五つの力（を繰り返し修行すること）。⑹七つの覚《さと》り（へ導く修行を繰り返し修行すること）。⑺賢人聖人の八つの道を繰り返し修行すること。

比丘たちよ。以上が七十のことがらであり、あるがままで、いつわりでない。如来は知り、平等に説法する。

想、無常苦想、苦無我想。

云何七知法。謂七勤。勤於戒行、勤滅貪欲、勤破邪見、勤於多聞、勤於精進、勤於正念、勤於禪定。

云何七證法。謂七漏盡力。於是漏盡比丘於一切諸苦集滅味過出要如實知見、觀欲如火坑、亦如刀劍、知欲見欲、不貪於欲、心不住欲。漏盡比丘逆順觀察、如實覺知、如實見已、世間貪嫉惡不善法不漏不起。修四念處、多修多行。五根五力、七覺意、賢聖八道、多修多行。

諸比丘。是爲七十法、如實不虛、如來知已、平等說法。

さらに、八つの成し遂げるべきことがら、八つの修養すべきことがら、八つの目覚めるべきことがら、八つの消去すべきことがら、八つの減退すべきことがら、八つの増進すべきことがら、八つの理解しがたいことがら、八つの生ずべきことがら、八つの知るべきことがら、八つの証得すべきことがらがある。

八つの成し遂げるべきことがらとは、八つの因縁[112]のこと。（それによって）梵行を修得しないうちには智慧を得、梵行を修得してからは智慧がいや増す。八つとは何か。

(1)ここで[113]、比丘が世尊につき従って住み、あるいは師や年長者につき従い、あるいは智慧ある梵行者につき従って住み、はじらう[114]気持ちを起こし、愛し敬う心をもつ。これが第一の因縁であり、（これによって）梵行を修得しないうちには智慧を得、梵行を修得してからは智慧がいや増す。

(2)また世尊につき従って住み、折をみて[115]はお尋ねする。『この法は、どんな意味なのですか。どんな趣旨なのですか』と。すると尊い方は即座にとても奥深い意味を説明してくれる。これが第二の因縁である。

(3)法[116]について聞けば、身も心もやすらかになる。これが第三の因縁である。

復有八成法、八修法、八覺法、八滅法、八退法、八增法、八難解法、八生法、八知法、八證法。

云何八成法。謂八因緣。不得梵行、而得智。得梵行已、智增多。云何爲八。

於是比丘依世尊住、或依師長、或依智慧梵行者住、生慙愧心、有愛有敬。是謂初因緣。未得梵行、而得智。得梵行已、智增多。

復次依世尊住、隨時請問、『此法云*何義、何所趣』。時諸尊長、即爲開演甚深義理。是爲二因緣。

既聞法已、身心樂靜。是爲三因緣。

⑷[117]やすらかになれば、道に背いた無益な下らない議論をせず、人々のもとへ行き、自分で法を説く場合も、他の人に説いてもらう場合も、やはり、賢人や聖人としての沈黙を守る。これが第四の因縁である。

⑸[118]博識にして強記であり、(彼は)はじめ、中ほど、おわり(の言葉)が正しく、内容と表現が真実であり、梵行の条件を完全に満たしている様々な法の奥義を聞いて、心にとどめ、知見して揺らぐことがない。これが第五の因縁である。

⑹[119]怠ることなく修養し、悪《あ》しき行いを捨て、善い行為を増やしていき、努力してやりとげ、このあり方を捨てないようにする。これが第六の因縁である。

⑺[120]また、智慧で生成と消滅のあり方と、賢人や聖人の向かう所を知り、すっかり苦しみをなくすことができる。これが第七の因縁である。

⑻五つの執着の集まりの生成の有様と消滅の有様、(すなわち)〃もの〃に関して、〃もの〃の集成と〃もの〃の消滅、この感受作用・表象作用・心作用(の集成と消滅)・認識作用に関して、認識作用の集成と認識作用の消滅とを観察すること。これが第八の因縁である。(これによって)梵行を修得しないうちには智慧を得、梵行を修得してからは智慧がいや増す。

八つの修養すべきことがらとは、[121]賢人聖人の八つの道のこと。(すな

既樂靜已、不爲遮道無益雜論、彼到衆中、或自説法、或請他説、猶復不捨賢聖默然。是爲四因緣。

55a

多聞廣博、守持不忘、諸法深奧、上中下善、義味諦誠、梵行具足、聞已入心、見不流動。是爲五因緣。

修習精勤、滅惡增善、勉力堪任、不捨斯法。是爲六因緣。

有以智慧知起滅法賢聖所趣、能盡苦際。是爲七因緣。

觀五受陰生相滅相、此色色集色滅、此受想行識、識集識滅。是爲八因緣。未得梵行、而有智。得梵行已、智增多。

云何八修法。謂賢聖八道。正見、正

わち）正しい見解・正しい志・正しい言葉・正しい行為・正しい生活・正しい手段・正しい思念・正しい禅定。

八つの目覚めるべきことがらとは、この世[122]の八つのあり方をいう。順調と衰退、そしりと誉め言葉、賞賛と非難、苦しみと楽しさ。

八つの消去すべきことがらとは、八つ[123]の間違ったこと。（すなわち）間違った見解・間違った志・間違った言葉・間違った行為・間違った生活・間違った手段・間違った思念・間違った禅定。

八つの減退すべきことがらとは、八つ[124]の懈怠《けだい》。八つとは何か。

⑴だらけた[125]比丘が食を乞い求めるが手に入らず[126]、こう考える。『私は今日、村へ下り食べ物を乞い求めたが手に入らなかった。体が疲れ切[127]り、坐禅や経行[128]などとてもできたものではない。いまは横になるがよかろう』。だらけた比丘はすぐさま横[129]になり、つとめて獲得していないものを獲得し、証得していないものを証得しようとはしない。これが第一の懈怠。

⑵だらけた[130]比丘は食べ物を得て満足すると、またこう考える。『私は朝、村に入り食べ物を乞い求め、食べ物をとりすぎた。体がだるくて[131]坐禅や経行などとてもできたものではない。いまは寝る[132]がよかろう』。だらけた比丘はすぐさま寝てしまい、つとめて獲得していないものを獲得し、証得していないものを証得することはできない。

志、正語、正業、正命、正方便、正念、正定。

云何八覺法。謂世八法。利衰、毀譽、稱譏、苦樂。

云何八滅法。謂八邪。邪見、邪思、邪語、邪業、邪命、邪方便、邪念、邪定。

云何八退法。謂八懈怠法。何謂八。

懈怠比丘乞食不得*、便作是念、『我於今日下村、乞食不得。身體疲極、不能堪任坐禪經行。今宜臥息』。懈怠比丘卽便臥息、不肯精勤未得欲得未獲欲獲未證欲證。是爲初懈怠。

懈怠比丘得食既足、復作是念、『我朝入村、乞食得食過足。身體沈重、不能堪任坐禪經行。今宜寢息』。懈怠比丘卽便寢息、不能精勤未得欲得未獲欲獲未證欲證。

⑶[133]だらけた比丘は少し仕事をしたなら、こう考える。『私は今日仕事をしたので体が疲れ切り、坐禅や経行などとてもできたものではない。いまは寝るがよかろう』。だらけた比丘はすぐさま寝てしまう。

⑷[134]だらけた比丘は仕事をしようと思ったなら、こう考える。『明日、仕事をするときにきっと疲れはててしまうだろう。いまは坐禅や経行などできない。前もって横になるのがよかろう』。だらけた比丘はすぐさま横になる。

⑸[135]だらけた比丘はちょっと行き来するとこう考える。『私は今朝行き来したので体が疲れ切り、坐禅や経行などとてもできたものではない。いまは横になるほう[136]がよかろう』。だらけた比丘はすぐさま横になる。

⑹[137]だらけた比丘はちょっと歩こうとして、こう考える。『私は明日、行けばきっと疲れはててしまうだろう。いまは坐禅[138]や経行をしてはならない。前もって寝ておくべきだ』。だらけた比丘はすぐに寝てしまい、つとめて獲得していないものを獲得し、証得していないものを証得することはできない。これが第六。

⑺[139]だらけた比丘はちょっと患うとすぐこう考える。『私は重病にかかった。重態[140]で痩せ細り、坐禅や経行などとてもできたものではない。寝たほう[141]がよかろう』。だらけた比丘はすぐに寝てしまい、つとめて獲得していないものを獲得し、証得していないものを証得することはできな

55b

懈怠比丘設少執事、便作是念、『我今日執事、身體疲極、不能堪任坐禪經行。今宜寢息』。懈怠比丘卽便寢息。

懈怠比丘設欲執事、便作是念、『明當執事、必有疲極。今者不得坐禪經行、當豫臥息』。懈怠比丘卽便臥息。

懈怠比丘設少行來、便作是念、『我朝行來、身體疲極、不能堪任坐禪經行。我今宜當臥息』。懈怠比丘卽便臥息。

懈怠比丘設欲少行、便作是念、『我明當行、必有疲極。今者不得坐禪經行。當豫寢息』。懈怠比丘卽尋寢息、不能精勤未得欲得未獲欲獲未證欲證。是爲六。

懈怠比丘設遇小患、便作是念、『我得重病、困篤羸瘦、不能堪任坐禪經行。當須寢息』。懈怠比丘卽尋寢息、不能精勤未得欲得未獲欲獲未證欲證。

い。

⑻[142]だらけた比丘は病気がなおると、またこう考える。『病気がなおったばかりで、体が痩せ細っていて、坐禅や経行などできたものではない。寝ていたほうがよかろう』。だらけた比丘はすぐに寝てしまい、つとめて獲得していないものを獲得し、証得していないものを証得することはできない。

八つの増進すべきことがらとは、[143]八種の〝懈怠のないこと〟。八種とは、

⑴[144]ひたすら励む比丘は村に入り、食べ物を乞い求めるが、食べ物が手に入らず、戻って来て、こう考える。『私は身も軽[145]く、眠気も少ない。ひたすら坐禅や経行に励み、獲得していないものを獲得し、証得していないものを証得するのがよ[146]かろう』。そこで比丘はすぐさまひたすら励む。これが第一。

⑵[147]ひたすら励む比丘は十分なほど食べ物を乞うと、こう考える。『私はいま村に入り、食べ物を乞い、腹一杯になった。気力も充実しているから、ひたすら坐禅や経行に励み、獲得していないものを獲得し、証得していないものを証得するのがよかろう』。そこで比丘はすぐさまひたすら励む。

⑶[148]ひたすら励む比丘は、もし仕事をしてもこう考える。『先ほど私は

懈怠比丘所患已差、復作是念。『我病差未久、身體羸痩、不能堪任坐禪經行。宜自寢息』。懈怠比丘卽尋寢息、不能精勤未得欲得未獲欲獲未證欲證。

云何八增法。謂八不怠。云何八。

精進比丘入村乞食、不得食、還卽作是念、『我身體輕便、少於睡眠。宜可精進坐禪經行未得者得未獲者獲未證者證』。於是比丘卽便精進。是爲初精進比丘。

乞食得足、便作是念、『我今入村、乞食飽滿、氣力充足。宜勤精進坐禪經行未得者得未獲者獲未證者證』。於是比丘卽尋精進。

精進比丘設有執事、便作是念、『我

仕事をして、自分の修行を中止した。いまこそ、ひたすら坐禅や経行に励み、獲得していないものを獲得し、証得していないものを証得するのがよかろう』。そこで比丘はすぐさまひたすら励む。

(4)[149]ひたすら励む比丘は仕事をしようと思ったなら、こう考える。『明日、仕事をすれば、自分の修行を中止するであろうから、いまこそ、ひたすら坐禅や経行に励み、獲得していないものを獲得し、証得していないものを証得するのがよかろう』。そこで比丘はすぐさまひたすら励む。

(5)[150]ひたすら励む比丘は、もし行き来をしてもこう考える。『私は今朝行き来をして、自分の修行を中止した。いまこそ、ひたすら坐禅や経行に励み、獲得していないものを獲得し、証得していないものを証得するのがよかろう』。そこで比丘はすぐさまひたすら励む。

(6)[151]ひたすら励む比丘は行き来しようと思ったなら、こう考える。『私は明日行くときに自分の修行を中止するであろうから、いまこそ、ひたすら坐禅や経行に励み、獲得していないものを獲得し、証得していないものを証得するのがよかろう』。そこで比丘はすぐさまひたすら励む。

(7)[152]ひたすら励む比丘は病気になるとすぐこう考える。『私は重病にかかった。[153]ひょっとすると死ぬかもしれない。いまこそ、ひたすら坐禅や経行に励み、獲得していないものを獲得し、証得していないものを証得するのがよかろう』。そこで比丘はすぐさまひたすら励む。

向執事、廢我行道。今宜精進坐禪經行未得者得未獲者獲未證者證』。於是比丘卽尋精進。

精進比丘設欲執事、便作是念、『明當執事、廢我行道。今宜精進坐禪經行未得者得未獲者獲未證者證』。於是比丘卽便精進。

精進比丘設有行來、便作是念、『我朝行來、廢我行道。今宜精進坐禪經行未得者得未獲者獲未證者證』。於是比丘卽尋精進。

精進比丘設欲行來、便作是念、『我明當行、廢我行道。今宜精進坐禪經行未得者得未獲者獲未證者證』。於是比丘卽便精進。

55c

精進比丘設遇患時、便作是念、『我得重病、或能命終。今宜精進未得者得未獲者獲未證者證』。於是比丘卽便精進』

(8)[154]ひたすら励む比丘は病気が少しなおるとまたこう考える。『まだ病気がなおったばかりだ。もしかするともっとずっと悪くなり、自分の修行を中止しなければならないかもしれない。いまこそ、ひたすら坐禅や経行に励み、獲得していないものを獲得し、証得していないものを証得するのがよかろう』。そこで比丘はすぐさまひたすら坐禅や経行に励む。

以上が八種である。

八つの理解しがたいことがらとは、[155]暇(チャンス)がなく、梵行の修習がさまたげられる八種のあり方。八種とは、(1)[156]如来・至真が世に出現して(煩悩を)静める、人為を超えた、さとりへ向かう奥深い法を説いても、ある人々は[157]地獄に生れていること。これが、暇がない所であり、梵行を修習できない。(2)如来・至真が世に出現して、(煩悩を)静める、人為を超えた、さとりへ向かう奥深い法を説いても、ある衆生は[158]動物や、(3)[159]飢えた鬼、(4)[160]長生きする神々になったり、(5)[161]無知で辺地の仏法のないところにいること。これが、暇がない所であり、梵行を修習できない。(6)如来・至真・等正覚が世に出現して、(煩悩を)静める、人為を超えた、さとりへ向かう奥深い法を説いても、[162]ある衆生は中国に生れながら、邪《よこし》まな見解をもち、倒錯した心を懐き、悪しき行為(の果報)が成し遂げられれば、必然的に地獄におちる。これが、暇がない所であり、梵行を修習できない。(7)如来・至真・等正覚が世に出現して、(煩

精進比丘患得小差、復作是念、『我病初差、或更增動、廢我行道。今宜精進坐禪經行未得者得未獲者獲未證者證』。於是比丘卽便精進、坐禪經行。

是爲八。

云何八難解法。謂八不閑、妨修梵行。云何八。如來至眞出現於世、說微妙法寂滅無爲向菩提道、有人生地獄中。是爲不閑處、不得修梵行。如來至眞出現於世、說微妙法寂滅無爲向菩提道、而有衆生在畜生中、餓鬼中、長壽天中、邊地無識無佛法處。是爲不閑處、不得修梵行。如來至眞等正覺出現於世、說微妙法寂滅無爲向菩提道、或有衆生生於中國、而有邪見、懷顚倒心、惡行成就、必入地獄。是爲不閑處、不得修梵行。如來至眞等正覺出現於世、說微妙法寂滅無爲向菩提道、或有衆生生於中

悩を）静める、人為を超えた、さとりへ向かう奥深い法を説いても、ある衆生は中国に生れながらも、耳・目・口が不自由で、[163]法を聞き、梵行を修習することができない。これが、暇がないということ。(8)如来・至真・等正覚が世に出現せず、（煩悩を）静める、人為を超えた、さとりへ向かう奥深い法を説くことのできるものがいないとき、ある衆生は中国に生れ、[164]様々な器官が完全無欠で、[165]聖人の教えを受けることが出来るのに、仏に会えず、梵行を修行することができない。これが八種の〝暇（チャンス）がないこと〟。

八つの生ずべきことがらとは、[166]偉大な人の八つの覚り。(1)[167]少欲は道に合致し、欲が深いのは道に背いている。(2)足るを知るのは道に合致し、満足することがないのは道に背いている。(3)[168]閑静なことは道に合致し、人中を好むのは道に背いている。(4)[169]身をつつしむのは道に合致し、戯れに笑うのは道に背いている。(5)つとめ励むのは道に合致し、だらけるのは道に背いている。(6)思いを専一にすることは道に合致し、忘れやすいのは道に背いている。(7)こころを集中するのは道に合致し、こころを乱すのは道に背いている。(8)智慧は道に合致し、無知は道に背いている。

八つの知るべきことがらとは、[170]八つの除入。(1)[171]内に物質的存在（〝もの〟）に対する想念を持ち、外在する物質的存在が少なく、美しかったり、醜かったりするのを観察し、常に観察し、常に想念する。これが第

國、聾盲瘖瘂、不得聞法、修行梵行。是爲不閑。如來至眞等正覺不出世間、無有能說微妙法寂滅無爲向菩提道、而有衆生生於中國、諸*根具足、堪受聖教、而不値佛、不得修行梵行。是爲八不閑。

云何八生法。謂八大人覺。道當少欲、多欲非道。道當知足、無厭非道。道當閑靜、樂衆非道。道當自守、戲笑非道。道當精進、懈怠非道。道當專念、多忘非道。道當定意、亂意非道。道當智慧、愚癡非道。

56a

云何八知法、謂八除入。內有色想、觀外色少若好若醜、常觀常念。是爲初除入。內有色想、觀外色無量若好若

一の除入。⑵内[172]に物質的存在に対する想念を持ち、外在する物質的存在が無量で、美しかったり、醜かったりするのを観察し、常に観察し、常に想念する。これが第二の除入。⑶内[173]に物質的存在に対する想念を持たず、外の物質的存在が少なく、美しかったり、醜かったりするのを観察し、常に観察し、常に想念する。これが第三の除入。⑷内[174]に物質的存在に対する想念を持たず、外の物質的存在が無量で、美しかったり、醜かったりするのを観察し、常に観察し、常に想念する。これが第四の除入。⑸内に物質的存在に対する想念を持たず、外の物質的存在が青く、青い色をもち、光り、青く見えることを観察する。ちょうど[175]、青蓮華や、また青い波羅㮈《はらな》産の衣が純一で、青い色をし、青く光り、青く見えるように、そのように想念をなして、常に観察し、常に想念する。これが第五の除入。⑹内に物質的存在に対する想念を持たず、外の物質的存在が黄色く、黄色い色をもち、黄色く光り、黄色く見えることを観察する。ちょうど、黄[176]色の華や、また黄色い波羅㮈産の衣が黄色い色をし、黄色く光り、黄色く見えるように、そのように想念をなして、常に観察し、常に想念する。これが第六の除入。⑺内に物質的存在に対する想念を持たず、外の物質的存在が赤く、赤い色をもち、赤く光り、赤く見えることを観察する。ちょうど、赤[177]い華や、また赤い波羅㮈産の衣が純一で、赤い色をし、赤く光り、赤く見えるように、そのように想念をなし

醜、常觀常念。是爲二除入。內無色想、外觀色少若好若醜、常觀常念。是爲三除入。內無色想、外觀色無量若好若醜、常觀常念。是爲四除入。內無色想、外觀色靑靑色靑光靑見。譬如靑蓮華、亦如靑波羅㮈衣純一、靑色靑光靑見。作如是想、常觀常念。是爲五除入。內無色想、外觀色黃黃色黃光黃見。譬如黃華黃波羅㮈衣、黃色黃光黃見。常念常觀、作如是想。是爲六除入。內無色想、觀外色赤赤色赤光赤見。譬如赤華赤波羅㮈衣純一、赤色赤光赤見。常觀常念、作如是想。是爲七除入。內無色想、外觀色白白色白光白見。譬如白華白波羅㮈衣純一、白色白光白見。常觀常念、作如是想。是爲八除入。

て、常に観察し、常に想念する。これが第七の除入。(8)内に物質的存在に対する想念を持たず、外の物質的存在が白く、白い色をもち、白く光り、白く見えることを観察する。ちょうど、白い華[178]や、また白い波羅㮈産の衣が純一で、白い色をし、白く光り、白く見えるように、そのように想念をなして、常に観察し、常に想念する。これが第八の除入。

八つの証得すべきことがらとは、八種[179]の解脱。(1)物質的存在[180]（〝もの〟）をあるがままに観察するのが、第一の解脱。(2)内に物質的存在で[181]あるという想念を持ち、外界の物質的存在を観察するのが、第二の解脱。(3)清浄[182]な解脱が、第三の解脱。(4)物質的存在[183]であるとの想念を超越し、怒りの想念を捨て去り、虚空の（無限であるという）境地にとどまるのが、第四の解脱。(5)虚空[184]の（無限であるという）境地を超越し、意識の（無限であるという）境地にとどまるのが、第五の解脱。(6)意識[185]の（無限であるという）境地を超越し、なにも作用しないという境地にとどまるのが、第六の解脱。(7)なにも[186]作用しないという境地を超越し、想念があるでもなく、ないでもない境地にとどまるのが、第七の解脱。(8)想念[187]があるのでもなく、ないのでもない境地を超越し、想念と知覚作用が消滅した境地にとどまるのが、第八の解脱。

比丘たちよ。以上が八十のことがらであり、あるがままで、いつわりでない。如来は知り、平等に説法する。

云何八證法、謂八解脱。色觀色、一解脱。内有色想、觀外色、二解脱。淨解脱、三解脱。度色想、滅瞋恚想、住空處、四解脱。度空處、住識處、五解脱。度識處、住不用處、六解脱。度不用處、住有想無想處、七解脱。度有想無想處、住想知滅、八解脱。

諸比丘。是爲八十法、如實無虚、如來知已、平等説法。

さらに、九つの成し遂げるべきことがら、九つの修養すべきことがら、九つの目覚めるべきことがら、九つの消去すべきことがら、九つの減退すべきことがら、九つの増進すべきことがら、九つの理解しがたいことがら、九つの生ずべきことがら、九つの知るべきことがら、九つの証得すべきことがらがある。

九つの成し遂げるべきことがらとは、[188]九つの清浄にし滅することがら。⑴戒という清浄にし滅することがら。⑵心という清浄にし滅することがら。⑶見解という清浄にし滅することがら。⑷疑いを越えるという清浄にし滅することがら。⑸分別という清浄にし滅することがら。⑹道という清浄にし滅することがら。⑺除去という清浄にし滅することがら。⑻無欲という清浄にし滅することがら。⑼解脱という清浄にし滅することがら。

九つの修養すべきことがらとは、[189]喜びを根本とする九つのもの。一、喜び、二、愛、三、悦び、四、楽、五、禅定、六、あるがままに知ること、七、除去すること、八、無欲、九、解脱。

九つの目覚めるべきことがらとは、[190]生きものの九種の住処。⑴身体も想念も様々な生きものたちがいる。（すなわち）神（の一部）と人間であり、これが第一の生きものの住処である。⑵また、身体は様々だが、

復有九成法、九修法、九覺法、九滅法、九退法、九增法、九難解法、九生法、九知法、九證法。

云何九成法、謂九淨滅枝法。戒淨滅枝。心淨滅枝。見淨滅枝。度疑淨滅枝。分別淨滅枝。道淨滅枝。除淨滅枝。無欲淨滅枝。解脱淨滅枝。

云何九修法。謂九喜本。一喜、二愛、三悅、四樂、五定、六如實知、七
56b
除捨、八無欲、九解脫。

云何九覺法。謂九衆生居。或有衆生、若干種身若干種想。天及人是。是初衆生居。或有衆生、若干種身而一想

想念は同一な生きものもいる。梵光音天に生れたばかりの時がそうであり、これが第二の生きものの住処である。(3)また、身体は一様だが、想念は様々な生きものもいる。光音天がそうで、第三の生きものの住処である。(4)また、身体も一様、想念も同一な生きものもいる。遍浄天がそうで、第四の生きものの住処である。(5)また、想念がなく、知覚することがない生きものもいる。無想天がそうで、第五の生きものの住処である。また、虚空の（無限であるという）境地にとどまる生きものもいる。これが第六の生きものの住処である。(7)また、意識の（無限であるという）境地にとどまる生きものもいる。これが第七の生きものの住処である。(8)また、なにも作用しないという境地にとどまる生きものもいる。これが第八の生きものの住処である。(9)また、想念があるのでもなく、ないのでもない境地にとどまる生きものもいる。これが第九の生きものの住処である。

九つの消去すべきことがらとは、[191]渇愛を根本とする九つのもの。(1)渇愛によって(2)希求があり、希求によって(3)利得があり、利得によって(4)利用があり、利用によって(5)貪欲があり、貪欲によって(6)愛着があり、愛着によって(7)嫉妬があり、嫉妬によって(8)固守があり、固守によって(9)防御がある。

九つの減退すべきことがらとは、[192]九つの悩み。(1)『[193]ある人がすでに私

者。梵光音天最初生時是。是二衆生居。或有衆生、一身若干種想。光音天是。是三衆生居。或有衆生、一身一想。遍浄天是。是四衆生居。或有衆生、無想無所覺知。無想天是。是五衆生居。復有衆生、空處住。是六衆生居。復有衆生、識處住。是七衆生居。復有衆生、不用處住。是八衆生居。復有衆生、住有想無想處。是九衆生居。

云何九滅法。謂九愛本。因愛有求、因求有利、因利有用、因用有欲、因欲有著、因著有嫉、因嫉有守、因守有護。

云何九退法。謂九惱法。『有人、已

を苦しめ、⑵いま私を苦しめ、⑶将来私を苦しめるに違いない。⑷私が愛する人を、すでに苦しめ、⑸いま苦しめ、⑹将来苦しめるに違いない。⑺私が憎悪している者を、すでに大切に思い、⑻いま大切に思い、⑼将来大切に思うであろう』

九つの増進すべきことがらとは、九つの[194]〃悩みをもたないこと〃。⑴『彼は私を侵害したが、私が悩んで何になろう』と、すでに悩みを生ぜず、⑵いま悩みを生ぜず、⑶将来悩みを生じないであろう。⑷『私が愛する人を彼は苦しめるが、私が悩んで何になろう』と、すでに悩みを生ぜず、⑸いま悩みを生ぜず、⑹将来悩みを生じないであろう。⑺『私が[195]憎悪する者を彼は大切にするが、私が悩んで何になろう』と、すでに悩みを生ぜず、⑻いま悩みを生ぜず、⑼将来悩みを生じないであろう。

九つの理解しがたいことがらとは、九つの[196]梵行。

⑴比丘が信をもっていても、戒をたもたなければ、梵行は完璧ではない。

⑵比丘が信と戒とをもつとき、梵行が完全にそなわる。

⑶比丘が信と戒とをもっていても、たくさん学ばねば、梵行は完璧ではない。比丘が信と戒とをもち、たくさん学ぶとき、梵行が完全にそなわる。

⑷比丘が信と戒とをもち、たくさん学んでいても、法を説くことがで

侵惱我、今侵惱我、當侵惱我。我所愛者、已侵惱、今侵惱、當侵惱。我所憎者、已愛敬、今愛敬、當愛敬』

云何九增法。謂九*無惱。『彼已侵我。我惱、何益』。已不生惱、今不生惱、當不生惱。『我所愛者、彼已侵惱。我惱、何益』。已不生惱、今不生惱、當不生惱。『我所憎者、彼已愛敬。我惱、何益』。已不生惱、今不生惱、當不生惱。

云何九難解法。謂九梵行。

若比丘有信、而不持戒、則梵行不具。

比丘有信、有戒、則梵行具足。

若比丘有信、有戒、而不多聞、則梵行不具。比丘有信、有戒、有多聞、則梵行具足。

若比丘有信、有戒、有多聞、不能說

きなければ、梵行は完璧ではない。比丘が信と戒とをもち、たくさん学び、法を説くことができるとき、梵行が完全にそなわる。

(5)比丘が信と戒とをもち、たくさん学んでいて、法を説くことができても、人々を養成することができなければ、梵行は完璧ではない。比丘が信と戒をもち、たくさん学んでいて、法を説くことができ、人々を養成することができるとき、梵行が完全にそなわる。

(6)比丘が信と戒とをもち、たくさん学んでいて、法を説くことができ、人々を養成することができても、多くの人々に法のことばを説き広めることができなければ、梵行は完璧ではない。比丘が信と戒とをもち、たくさん学んでいて、法を説くことができ、人々を養成することができ、多くの人々に法のことばを説き広めることができるとき、梵行が完全にそなわる。

(7)比丘が信と戒とをもち、たくさん学んでいて、法を説くことができ、人々を養成することができ、多くの人々に法のことばを説き広めることができても、四種の禅定を得なければ、梵行は完璧ではない。比丘が信と戒とをもち、たくさん学んでいて、法を説くことができ、人々を養成することができ、多くの人々に法のことばを説き広めることができ、さらに四種の禅定を得たとき、梵行が完全にそなわる。

(8)比丘が信と戒とをもち、たくさん学んでいて、法を説くことがで

法、則梵行不具。比丘有信、有戒、有多聞、能説法、則梵行具足。

若比丘有信、有戒、有多聞、能説法、不能養衆、則梵行不具。若比丘有信、有戒、有多聞、能説法、能養衆、則梵行具足。

56c

若比丘有信、有戒、有多聞、能説法、能養衆、不能於大衆中廣演法言、則梵行不具。若比丘有信、有戒、有多聞、能説法、能養衆、能於大衆廣演法言、則梵行具足。

若比丘有信、有戒、有多聞、能説法、能養衆、能在大衆廣演法言、而不得四禪、則梵行不具。若比丘有信、有戒、有多聞、能説法、能養衆、能於大衆廣演法言、又得四禪則梵行具足。

若比丘有信、有戒、多聞、能説法、

き、人々を養成することができ、多くの人々に法のことばを説き広め、さらに四種の禅定を得ても、八種の解脱において自在に順行したり逆行したりしなければ、梵行は完璧ではない。比丘が信と戒とをもち、たくさん学んでいて、法を説くことができ、人々を養成することができ、多くの人々に法のことばを説き広め、四種の禅定をすべて得、八種の解脱において自在に順行したり逆行するとき、梵行が完全にそなわる。

(9)比丘が信と戒とをもち、たくさん学んでいて、法を説くことができ、人々を養成することができ、多くの人々に法のことばを説き広め、四種の禅定を得、八種の解脱において自在に順行したり逆行したりしても、煩悩を滅尽し、煩悩のない心の解脱と知慧による解脱とを完成し、現世において自ら証《さと》りを得、生死を尽くし、梵行を確立し、なすべきことをなし、二度と生存を受けることがないようにすることができなければ、梵行は完璧ではない。比丘が信と戒とをもち、たくさん学んでいて、法を説くことができ、人々を養成することができ、多くの人々に法のことばを説き広め、四種の禅定を得、[197]八種の解脱において自在に順行したり逆行し、(さらに)煩悩を滅尽し、煩悩のない心の解脱と知慧による解脱とを完成し、現世において自ら証《さと》りを得、生死を尽くし、梵行を確立し、なすべきことなし、二度と生存を受けることがないようになったとき、梵行が完全にそなわる。

能養衆、在大衆中廣演法言、又得四禪、不於八解脱逆順遊行、則梵行不具。有比丘有信、有戒、有多聞、能説法、能養衆、於大衆中廣演法言、具足四禪、於八解脱逆順遊行、則梵行具足。

若比丘有信、有戒、有多聞、能説法、能養衆、在大衆中廣演法言、得四禪、於八解脱逆順遊行、然不能盡有漏、成無漏心解脱・智慧解脱、於現法中自身作證、生死已盡、梵行已立、所作已辦、更不受有、則梵行不具。若比丘有信、有戒、有多聞、能説法、能養衆、能在大衆廣演法言、成就四禪、於八解脱逆順遊行、捨有漏、成無漏心解脱・智慧解脱、於現法中自身作證、生死已盡、梵行已立、所作已辦、更不受有、則梵行具足。

九つの生ずべきことがらとは、九種[198]の想念。(1)不浄という想念、(2)食べ物が不浄であると観想すること、(3)一切世間が楽しくないという想念、(4)死の想念、(5)無常の想念、(6)無常であり、苦であるという想念、(7)苦であり、無我であるという想念、(8)（煩悩の）滅尽という想念、(9)無欲の想念。

九つの知るべきことがらとは、九つの多様性[199]。(1)結果の違い[200]が生じるのは、結果の違いにより、(2)接触の違いを生じるのは、接触の違いにより、(3)感受の違いを生じるのは、感受の違いにより、(4)想念の違いを生じるのは、想念の違いにより、(5)集起の違いを生じるのは、集起の違いにより、(6)貪欲の違いを生じるのは、貪欲の違いにより、(7)利得の違いを生じるのは、利得の違いにより、(8)希求の違いを生じるのは、希求の違いにより、(9)煩悩の違いを生じるのは、煩悩の違いによる。

九つの証得すべきことがらとは、九種[201]の滅尽。(1)第一[202]の禅定に入れば、声という刺《とげ》が消滅する。(2)第二の禅定に入れば、覚と観という刺が消滅する。(3)第三の禅定に入れば、喜びという刺が消滅する。(4)第四の禅定に入れば、出る息と入る息という刺が消滅する。(5)虚空の（無限であるという）境地に入れば、〝もの〟に対する想念という刺が消滅する。(6)意識の（無限であるという）境地に入れば、虚空に対する想念という刺が消滅する。(7)なにも作用しないという境地に入れば、意識に対する

云何九生法。謂九想。不淨想、觀食*不淨想、一切世間不可樂想、死想、無常想、無常苦想、苦無我想、盡想、無欲想。

云何九知法。謂九異法。生果異、因果異。生觸異、因觸異。生受異、因受異。生想異、因想異。生集異、因集異。生欲異、因欲異。生利異、因利異。生求異、因求異。生煩惱異、因煩惱異。

57a

云何九證法。謂九盡。若入初禪、則聲刺滅。入第二禪、則覺觀刺滅。入第三禪、則喜刺滅。入第四禪、則出入息刺滅。入空處、則色想刺滅。入識處、則空想刺滅。入不用處、則識想刺滅。入有想無想處、則不用想刺滅。入滅盡定、則想受刺滅。

想念という刺が消滅する。⑻想念があるのでもなく、ないのでもない境地に入れば、なにも作用しないということに対する想念という刺が消滅する。⑼滅尽する禅定に入れば、想念と感受作用という刺が消滅する。

比丘たちよ。以上が九十のことがらであり、あるがままで、いつわりでない。如来は知り、平等に説法する。

さらに、十の成し遂げるべきことがら、十の修養すべきことがら、十の目覚めるべきことがら、十の消去すべきことがら、十の減退すべきことがら、十の増進すべきことがら、十の理解しがたいことがら、十の生ずべきことがら、十の知るべきことがら、十の証得すべきことがらがある。

十の成し遂げるべきことがらとは、十[203]の救済のことがら。一、比丘が二百五十戒を欠けることなく守り、正しい振舞いをし、ちょっとした罪をみても、とても恐れ、きちんと戒を学び、心によこしまなところがないこと。二、よい友達を得ること。三、言葉遣[204]いが正しく、よく忍従すること。四、正[205]しい法をすすんで求め、惜しまず広めること。五、梵行をなしている人々が、何か事をなすときは、すぐさま手助けにいき、骨惜しみしない。難しいことも処理する能力があり、他の人にもやり方を教える。六、物[206]知りで、聞いたら記憶して忘れることがない。七、懸命

諸比丘。是爲九十法、如實不虚、如來知已、平等説法。

復有十成法、十修法、十覺法、十滅法、十退法、十增法、十難解法、十生法、十知法、十證法。

云何十成法。謂十救法。一者、比丘二百五十戒具、威儀亦具、見有小罪、生大怖畏、平等學戒、心無傾邪。二者、得善知識。三者、言語中正、多所含受。四者、好求善法、分布不悋。五者、諸梵行人有所施設、輙往佐助、不以爲勞。難爲能爲、亦教人爲。六者、多聞、聞便能持、未曾有忘。七者、精

に努力して、悪しき行いを捨て、善い行為を増やしていくこと。八、常にこころを専一にして、他の想念がなく、前世の善い行いを、ありありと思い起こす。九、智慧を完成し、存在の生成と消滅を観察し、賢人や聖人の戒律によって苦しみの根本まで断つこと。十、[207]心静かに過ごすことを楽しみとし、こころを専一にして思索し、禅定の間に妄念がない。

十の修養すべきことがらとは、[208]十の正しい行い。(すなわち)正しい見解・正しい志・正しい言葉・正しい行為・正しい生活・正しい手段・正しい思念・正しい禅定・正しい解脱・正しい智慧。

十の目覚めるべきことがらとは、[209]十の〝もの〟の入(感受作用の場)。眼という入、耳という入、鼻という入、舌という入、身体という入、〝もの〟という入、声という入、香りという入、味という入、接触という入。

十の消去すべきことがらとは、[210]十の間違ったこと。(すなわち)間違った見解・間違った志・間違った言葉・間違った行為・間違った生活・間違った手段・間違った思念・間違った禅定・間違った解脱・間違った智慧。

十の減退すべきことがらとは、[211]十の不善なる行状。身体で、⑴殺し、⑵盗み、⑶姦淫し、口で、⑷二枚舌を使い、⑸悪口を言い、⑹でたらめを言い、⑺飾りたてた言葉を使い、こころで、⑻むさぼり、⑼嫉妬し、

進、滅不善法、增長善法。八者、常自專念、無有他想、憶本善行、若在目前。九者、智慧成就、觀法生滅、以賢聖律而斷苦本。十者、樂於閑居、專念思惟、於禪中閒無有調戲。

云何十修法。謂十正行。正見、正思、正語、正業、正命、正方便、正念、正定、正解脫、正知。

云何十覺法。謂十色入。眼入、耳入、鼻入、舌入、身入、色入、聲入、香入、味入、觸入。

云何十滅法。謂十邪行。邪見、邪思、邪語、邪業、邪命、邪方便、邪念、邪定、邪解脫、邪智。

云何十退法。謂十不善行迹。身殺、盜、婬。口兩舌、惡罵、妄言、綺語。意貪取、嫉妬、邪見。

⑽間違った見方をすること。

十の増進すべきことがらとは、十の[212]善行。身体で、⑴殺し・⑵盗み・⑶姦淫をせず、口で、⑷二枚舌・⑸悪口・⑹でたらめ・⑺飾りたてた言葉を言わず、こころで、⑻むさぼり・⑼嫉妬・⑽間違った見方をしないこと。

十の理解しがたいことがらは、[213]賢人・聖人の十のあり方。[214]一、比丘は五つの支分を除滅する。[215]二、六つの支分を完成する。[216]三、一つを捨てる。[217]四、四つに依拠する。[218]五、異端の真理を滅する。[219]六、とてもすばらしい希求。[220]七、汚れのない想念。[221]八、身体の行（潜在的形成力）が停止している。[222]九、心の解脱。十、智慧による解脱。

十の生ずべきことがらとは、[223]十の称えるところ。⑴比丘が自分で信を得て、他人にも説き、さらにまた、信を得た人々を称える。⑵自分が戒を持ち、他人にも説き、さらにまた、戒を持つ人々を称える。⑶自分が寡欲で、他人にも説き、さらにまた、寡欲な人々を称える。⑷自分が足ることを知り、他人にも説き、さらにまた、足るを知る人々を称える。⑸自分が閑静なことを楽しみ、他人にも説き、さらにまた、閑静を楽しむ人々を称える。⑹自分がたくさん学び、他人にも説き、さらにまた、たくさん学ぶ人々を称える。⑺自分で精進し、他人にも説き、さらにま

云何十增法。謂十善行。身不殺、盜、婬。口不兩舌、惡罵、妄言、綺語、意不貪取、嫉妬、邪見。

云何十難解法。謂十賢聖居。一者、比丘除滅五枝。二者、成就六枝。三者、捨一。四者、依四。五者、滅異諦。六者、勝妙求。七者、無濁想。八者、身行已立。九者、心解脫。十者、慧解脫。

57b
云何十生法。謂十稱譽處。若比丘自得信已、爲他人說、亦復稱歎諸得信者。自持戒已、爲他人說、亦復稱歎諸持戒者。自少欲已、爲他人說、亦復稱歎諸少欲者。自知足已、爲他人說、亦復稱歎諸知足者。自樂閑靜、爲他人說、亦復稱歎樂閑靜者。自多聞已、爲他人說、亦復稱歎諸多聞者。自精進

た、精進する人々を称える。⑻自分が思いを専一にし、他人にも説き、さらにまた、思いを専一にする人々を称える。⑼自分が禅定を得て、他人にも説き、さらにまた、禅定を得た人々を称える。⑽自分が智慧を得、他人にも説き、さらにまた、智慧を得た人々を称える。

十の知るべきことがらとは、十の[224]滅すべきことがら。⑴正しい見解をもつ人は間違った見解を滅することができ、間違った見解によって生じる無数の悪を除滅し、正しい見解から生じる無数の善をすべて完成する。⑵正しい志・⑶正しい言葉・⑷正しい行為・⑸正しい生活・⑹正しい手段・⑺正しい思念・⑻正しい禅定・⑼正しい解脱・⑽正しい智慧（をもつ人々も同様）。正しい智慧をもつ人は間違った智慧を滅することができ、間違った智慧によって生じる無数の悪をみな除滅し、正しい智慧から生じる無数の善をすべて完成する。

十の証得すべきことがらとは、十の[225]学び終えた人のあり方。（すなわち）⑴学び終えた人の正しい見解・⑵正しい志・⑶正しい言葉・⑷正しい行為・⑸正しい生活・⑹正しい手段・⑺正しい思念・⑻正しい禅定・⑼正しい解脱・⑽正しい智慧。

比丘たちよ。以上が百のことがらであり、あるがままで、いつわりでない。如来は知り、平等に説法する」

已、爲他人說、亦復稱歎諸精進者。自專念已、爲他人說、亦復稱歎諸專念者。自得禪定、爲他人說、亦復稱歎得禪定者。自得智慧、爲他人說、亦復稱歎得智慧者。

云何十知法。謂十滅法。正見之人、能滅邪見、諸緣邪見起無數惡亦盡除滅、諸因正見生無數善盡得成就。正思、正語、正業、正命、正方便、正念、正定、正解脫、正智。正智之人、能滅邪智、諸因邪智起無數惡悉皆除滅、諸因正智起無數善法盡得成就。

云何十證法。謂十無學法。無學正見、正思、正語、正業、正命、正方便、正念、正定。正解脫、正智。

諸比丘。是爲百法、如實無虛、如來知已、平等說法。

226 そのとき舎利弗は仏に印可された。比丘たちは舎利弗の説くことを聞いて、歓喜し、おしいただいて実行した。

爾時舎利弗佛所印可。諸比丘聞舎利弗所說、歡喜奉行。

増一経

辛嶋静志

このように私は聞いた。

ある時、仏は舎衛国[1]の祇《ぎ》樹給孤《じゅぎっこ》独《どく》園に千二百五十人の比丘たちの大集団とともにいた。

その時、世尊は比丘たちに言われた。

「私は、はじめ[2]、中ほど、おわりの言葉がすべて真正で、内容と表現が清浄であり、梵行の条件を完全に満たしている、奥深い法、すなわち、〝一つずつ増す法〟をあなたたちに説こう。あなたたちはしっかりと聞いて、良く思いをこらしなさい。あなたたちに説きましょう」

すると、比丘たちは教えを受け入れて、耳を傾けた。仏は比丘たちに言われた。

「〝一つずつ増す法〟とは、一つの成し遂げるべきことがら[3]、一つの修養[4]すべきことがら、一つの目覚める[5]べきことがら、一つの消去[6]すべきこ

如是我聞。

一時、佛在舍衞國祇樹給孤獨園、與大比丘衆千二百五十人倶。

爾時、世尊告諸比丘、

「我與汝等説微妙法、上中下言皆悉眞正、義味清淨、梵行具足。謂一增法也。
57c
汝等諦聽、善思念之。當爲汝説」

時諸比丘受教而聽。佛告比丘、

「一增法者、謂一成法、一修法、一覺法、一滅法、一證法。

とがら、一つの証得[7]すべきことがらである。

一つの成し遂げるべきことがらとは、よいあり方を捨て去らないこと[8]。

一つの修養すべきことがらとは、常[9]にわが身を顧みること。

一つの目覚めるべきことがらとは、煩悩[10]を伴う接触。

一つの消去すべきことがらとは、我[11]が有るという思い上がり。

一つの証得すべきことがらとは、自[12]由自在な心の解脱。

さらに、二つの成し遂げるべきことがら、二つの修養すべきことがら、二つの目覚めるべきことがら、二つの消去すべきことがら、二つの証得すべきことがらがある。

二つの成し遂げるべきことがらとは、心[13]に恥じることと、恥を知ること。

二つの修養すべきことがらとは、心[14]を静めることと、観照すること。

二つの目覚めるべきことがらとは、名[15]称と〝もの〟。

二つの消去すべきことがらとは、無[16]知と存[17]在に対する愛着。

二つの証得すべきことがらとは、智[18]慧と解[19]脱。

さらに、三つの成し遂げるべきことがら、三つの修養すべきことが

云何一成法。謂不捨善法。

云何一修法。謂常自念身。

云何一覺法。謂有漏觸。

云何一滅法。謂有我慢。

云何一證法。謂無礙心解脫。

又有二成法。二修法、二覺法。二滅法、二證法。

云何二成法。謂知慚知愧。

云何二修法。謂止與觀。

云何二覺法。謂名與色。

云何二滅法。謂無明有愛。

云何二證法。謂明與解脫。

又有三成法。三修法、三覺法、三滅

ら、三つの目覚めるべきことがら、三つの消去すべきことがら、三つの証得すべきことがらがある。

三つの成し遂げることがらとは、(1)[20]良い友達と親しくすること。(2)[21]法のことばを聞くこと。(3)[22]様々な法を成し遂げること。

三つの修養すべきことがらとは、[23]三つの三昧《さんまい》、(1)空を観じる三昧、(2)形相を超えた三昧、(3)作為を超えた三昧。

三つの目覚めるべきことがらとは、三種の[24]感受作用。(1)苦の感受、(2)楽の感受、(3)苦楽以外の感受。

三つの消去すべきことがらとは、三種の愛着。(1)[25]欲望の対象に対する愛着、(2)存在に対する愛着、(3)存在を超えたことに対する愛着。

三つの証得すべきことがらとは、[26]三種の智慧。(1)過去の生存に関する智慧、(2)超人的な眼力という智慧、(3)煩悩を尽くすことに関する智慧。

さらに、四つの成し遂げるべきことがら、四つの修養すべきことがら、四つの目覚めるべきことがら、四つの消去すべきことがら、四つの証得すべきことがらがある。

四つの成し遂げるべきことがらとは、(1)[27]中国に住むこと。(2)[28]良い友達と親しくすること。(3)[29]身を慎むこと。(4)[30]かねてから善根を植えておくこと。

法、三證法。

云何三成法。一者親近善友。二者耳聞法音。三法法成就。

云何三修法。謂三三昧。空三昧、無想三昧、無作三昧、

云何三覺法。謂三受。苦受、樂受、不苦不樂受。

云何三滅法。謂三愛。欲愛、有愛、無有愛。

云何三證法。謂三明。宿命智、天眼智、漏盡智。

又有四成法、四修法、四覺法、四滅法、四證法。

云何四成法。一者住中國。二者近善友。三者自謹愼。四者宿殖善本。

四つの修養すべきことがらとは、四種[31]の思念をなすこと。⑴比丘が内に身体を観察して努め励んでおこたらず、心に保って忘れず、世間的なむさぼりや憂いを捨て去り、外に身体を観察して努め励んでおこたらず、心に保って忘れず、世間的なむさぼりや憂いを捨て去り、内外に身体を観察して努め励んでおこたらず、心に保って忘れず、世間的なむさぼりや憂いを捨て去り、⑵感受作用や、⑶こころや、⑷法についてもやはり同様にすること。

四つの目覚めるべきことがらとは、四種の食べ物のこと。⑴まるめた[32]食べ物、⑵接触という食べ物、⑶思念という食べ物、⑷識別という食べ物。

四つの消去すべきことがらとは、四つの受け入れる[33]こと。⑴欲望の対象を受け入れること、⑵我見を受け入れること、⑶（誤った）戒を受け入れること、⑷（誤った）見解を受け入れること。

四つの証得すべきことがらとは、四つの沙門[34]の果報。⑴須陀洹《しゅだおん》の果、⑵斯陀含《しだごん》の果、⑶阿那含《あなごん》の果、⑷阿羅漢《あらかん》の果。

さらに、五つの成し遂げるべきことがら、五つの修養すべきことがら、五つの目覚めるべきことがら、五つの消去すべきことがら、五つの証得すべきことがらがある。

云何四修法。住四念處。比丘内身身觀、精勤不懈、憶念不忘、捨世貪憂、外身身觀、精勤不懈、憶念不忘、捨世貪憂、内外身身觀、精勤不懈、憶念不忘、捨世貪憂。受、意、法觀、亦復如是。

云何四覺法。謂四食。摶食、觸食、念食、識食。

云何四滅法。謂四受。欲受、我受、戒受、見受。

云何四證法。謂四沙門果。須陀洹果、斯陀含果、阿那含果、阿羅漢果。

又有五成法、五修法、五覺法、五滅法、五證法。

五つの成し遂げるべきことがらとは、五つの滅し尽くすべきこと[35]。一、仏[36]（すなわち）如来・至真などの十号をあますことなく持つ方を信じること。二、病気にかからず、身はいつも安らか[37]であること。三、まっ正直[38]で、こびへつらうことなく、如来の涅槃への道をひたすら進むこと。四、一心不乱[39]に読誦して忘れないこと。五、法の生起消滅[40]を上手に観察し、賢人や聖人としての行いによって、苦の根本まで滅し尽くすこと。

五つの修養すべきことがらとは、五つの根本[41]のこと。(1)信という根本、(2)精神という根本、(3)思念という根本、(4)禅定という根本、(5)智慧という根本。

五つの目覚めるべきことがらとは、五つの執着[42]の集まり。(1)ものという執着の集まり、(2)感受作用（という執着の集まり）、(3)表象作用（という執着の集まり）、(4)心作用（という執着の集まり）、(5)認識作用という執着の集まり。

五つの消去すべきことがらとは、五つの蓋《おお》い[43]。(1)むさぼりの蓋い、(2)怒りの蓋い、(3)睡眠の蓋い、(4)心のざわつきの蓋い、(5)疑いの蓋い。

五つの証得すべきことがらとは、学び終えた人[44]のもつ五つの集まり。(1)学び終えた人の戒の集まり、(2)学び終えた人の禅定の集まり、(3)智慧の集まり、(4)解脱の集まり、(5)解脱に対する知覚の集まり。

58a

云何五成法。謂五滅盡支。一者、信佛如來至眞十號具足。二者、無病、身常安隱。三者、質直、無有諛諂、*直趣如來涅槃徑路。四者、專心不亂、諷誦不忘。五者、善於觀察法之起滅、以賢聖行盡於苦本。

云何五修法。謂五根。信根、精進根、念根、定根、慧根。

云何五覺法。謂五受陰。色受陰、受、想、行、識受陰。

云何五滅法。謂五蓋。貪欲蓋、瞋恚蓋、睡眠蓋、掉戲蓋、疑蓋。

云何五證法。謂五無學聚。無學戒聚、無學定聚、慧聚、解脱聚、解脱知見聚。

さらに、六つの成し遂げるべきことがら、六つの修養すべきことがら、六つの目覚めるべきことがら、六つの消去すべきことがら、六つの証得すべきことがらがある。

　六つの成し遂げるべきことがらとは、[45]六つの重んじるべき法。比丘が尊重すべき六つの尊い法を修養すれば、人々と睦まじくなり、訴え言い争うことがなく、（人々に）入り交じらずに、独り行じるようになる。六とは、⑴[46]ここで比丘が常に体で慈しみを施し、梵行をなし、[47]仁愛の心をもちつづけること。（これが）尊重すべき尊い法であり、人々と睦まじくなり、訴え言い争うことがなく、（人々に）入り交じらずに独り行じるということ。⑵また、比丘が言葉で慈しみ、⑶心で慈しみ、⑷自分に対する[48]捧げものや鉢の中の残り物を他の人と分けあい、分けへだてしない。⑸また、比丘が聖人のおこなう戒を破らず、汚れがなく、智者に誉め称えられ、余すことなく（戒を）たもつ。⑹[49]賢人や聖人としての出《しゅっ》離《り》の道を完成し、すっかり苦しみを消し尽くし、正しい見解によって、様々な梵行にまで達する。これが、尊重すべき尊い法であり、人々と睦まじくなり、訴え言い争うことがなく、（人々に）入り交じらず、独り行じるということ。

　六つの修養すべきことがらとは、[50]六種の念ずること。⑴仏を念ずるこ

復有六成法、六修法、六覺法、六滅法、六證法。

云何六成法。謂六重法。若有比丘、修六重法可敬可重、和合於衆、無有諍訟、獨行無雜。云何六。於是比丘身常行慈、及修梵行、住仁愛心。名曰重法可敬可重、和合於衆、無有諍訟、獨行無雜。復次比丘口慈、意慈、以己供養及鉢中餘、與人共之、不懷彼此。復次比丘聖所行戒不犯不毀、無有染汙、智者所稱、善具足持。成就賢聖出要、平等盡苦、正見及諸梵行、是名重法可敬可重、和合於衆、無有諍訟、獨行不雜。

云何六修法。謂六念。佛念、法念、

と、(2)法を念ずること、(3)僧を念ずること、(4)戒を念ずること、(5)施しを念ずること、(6)天を念ずること。

六つの目覚めるべきことがらとは、[51]六つの内なる入（感受作用の場）。(1)眼という入、(2)耳という入、(3)鼻という入、(4)舌という入、(5)身体という入、(6)こころという入。

六つの消去すべきことがらとは、[52]六つの愛着。(1)色かたちへの愛着、(2)声への愛着、(3)香り（への愛着）、(4)味（への愛着）、(5)接触（への愛着）、(6)思考作用の対象への愛着。

六つの証得すべきことがらとは、[53]六つの神通力《じんづうりき》。一、[54]神通力の証得。二、[55]超人的な聴力の証得。三、[56]他人の心を知る通力の証得。四、[57]過去の生存を知る通力の証得。五、[58]超人的な眼力の証得。六、[59]煩悩を尽くす通力の証得。

さらに、七つの成し遂げるべきことがら、七つの修養すべきことがら、七つの目覚めるべきことがら、七つの消去すべきことがら、七つの証得すべきことがらがある。

七つの成し遂げるべきことがらとは、[60]七つの財。(1)信じることという財、(2)戒という財、(3)心に恥じることという財、(4)恥を知ることという財、(5)聞くことという財、(6)施しという財、(7)智慧という財、これが七財。

僧念、戒念、施念、天念。

云何六覺法。謂六内入。眼入、耳入、鼻入、舌入、身入、意入。

云何六滅法。謂六愛。色愛、聲愛、香、味、觸、法愛。

云何六證法。謂六神通。一者、神足通證。二者、天耳通證。三者、知他心通證。四者、宿命通證。五者、天眼通證。六者、漏盡通證。

復有七成法。七修法、七覺法、七滅法、七證法。

云何七成法。謂七財。信財、戒財、慙財、愧財、聞財、施財、慧*財、爲七財。

つの財である。

七つの修養すべきことがらとは、七つの覚《さと》り[61]（へ導く修行）。(1)ここ[62]で、比丘が思念[63]という覚り（へ導く修行）を修養し、無欲に依り、寂滅に依り、遠ざかることに依る。(2)法[64]を修養し、(3)精進[65]を修養し、(4)喜び[66]を修養し、(5)しなやかさ[67]を修養し、(6)禅定[68]を修め、(7)心の平静さ[69]を修養し、無欲に依り、遠ざかることに依る。

七つの目覚めるべきことがらとは、識[70]（命の主体）の安住する七つの処。(1)身体も想念も様々な生きものたちがいる。（すなわち）神（の一部）と人間であり、これが第一の識の安住する処である。(2)また、身体は様々だが、想念は同一な生きものもいる。梵光音天[71]に生れたばかりの時がそうであり、これが第二の識の安住する処である。(3)また、身体は一様だが、想念は様々な生きものもいる。光音天[72]がそうで、これが第三の識の安住する処である。(4)また、身体も一様、想念も同一な生きものもいる。遍浄天[73]がそうで、これが第四の識の安住する処である。(5)また、虚空（の無限であるという境地）にとどまる生きものもいる。これが第五の識の安住（する処）である。(6)意識（の無限であるという境地）にとどまるものもいる。これが第六の識の安住（する処）である。(7)なにも作用しないという境地の処もある。これが第七の識の安住（する処）である。

58b

云何七修法。謂七覺意。於是比丘修念覺意、依無欲、依寂滅、依遠離。修法、修精進、修喜、修猗、修定、修捨、依無欲、依寂滅、依遠離。

云何七覺法。謂七識住處。若有衆生、若干種身若干種想、天及人。此是初識住。復有衆生、若干種身而一想者。梵光音天最初生時是。是二識住。復有衆生、一身若干種想。光音天是。是三識住。復有衆生、一身一想。*遍浄天是。是四識住處。復有衆生、空處住。是五識住。或識處住。是六識住。或不用處。是七識住。

七つの消去すべきことがらとは、[74]七つの使《し》（煩悩）。(1)欲望の対象に対する愛着という使、(2)存在に対する愛着という使、(3)（間違った）見解という使、(4)うぬぼれという使、(5)怒りという使、(6)無知という使、(7)疑いという使。

七つの証得すべきことがらとは、[75]七つの煩悩を尽くす力。(1)[76]ここで、煩悩を尽くした比丘があらゆる[77]苦しみ・（苦しみの）集起と滅尽・味《み》著《じゃく》・過失・（苦しみからの）出離についてあるがままに理解し、(2)[78]欲望を火の穴のようにも、刀剣のようにも観じ、欲望をよく理解し、欲望をむさぼり求めず、心を欲望にとどめない。(3)さらに、それに関してよく観察し、あるがままに理解し、あるがままに理解できれば、世間的なむさぼりや淫欲や、悪しきあり方は起こらず、[79]生じない。(4)[80]四種の思念の仕方を繰り返し修行すること。(5)[81]五つの根本（を繰り返し修行すること）と[82]五つの力（を繰り返し修行すること）、(6)[83]七つの覚《さと》り（へ導く修行を繰り返し修めること）、(7)[84]賢人聖人の八つの道を繰り返し修行すること。

さらに、八つの成し遂げるべきことがら、八つの修養すべきことがら、八つの目覚めるべきことがら、八つの消去すべきことがら、八つの証得すべきことがらがある。

八つの成し遂げることがらは、[85]八つの因縁のこと。（それによって）

云何七滅法。謂七使法。欲愛使、有愛使、見使、慢使、瞋恚使、無明使、疑使。

云何七證法。爲七漏盡力。於是漏盡比丘、於一切諸苦集滅味*過出要、如實知見、觀欲如火坑、亦如刀劍、知欲見欲、不貪於欲、心不住欲、於中復善觀察、如實得知、如實見已、世間貪婬惡不善法不起不漏。修四念處、多修多行。五根五力、七覺意、賢聖八道、多修多行。

復有八成法、八修法、八覺法、八滅法、八證法。

云何八成法。謂八因緣、未得梵行、

梵行を修得する前は智慧を得、梵行を修得してからは智慧がいや増す。八つとは何か。⑴[86]ここで、比丘が世尊につき従って住み、あるいは師や年長者につき従い、あるいは智慧ある[87]梵行者につき従って住み、[88]はじらう気持ちを起こし、愛し敬う心をもつ。これが第一の因縁であり、（これによって）梵行を修得しないうちには智慧を得、梵行を修得してからは智慧がいや増す。⑵また世尊につき従って住み、[89]折をみてはお尋ねする。「この法は、どんな意味なのですか。どんな趣旨なのですか」と。[90]尊い方は即座に奥深い意味を説明してくれる。これが第二の因縁である。⑶法について聞けば、身も心も[91]やすらかになる。これが第三の因縁である。⑷[92]道に背いた無益な下らない議論をせず、人々のもとへ行き、自分で法を説く場合も、他の人に説いてもらう場合も、[93]やはり、[94]賢人や聖人の沈黙を守る。これが第四の因縁である。[95]博識にして強記であり、（彼は）[96]はじめ、中ほど、おわり（の言葉）が正しく、内容と表現が真実であり、梵行の条件を完全に満たしている様々な法の奥義を聞いて、心にとどめ、知見して揺らぐことがない。これが第五の因縁である。⑹[97]怠ることなく修養し、悪しき行いを捨て、善い行為を日々増やしていき、[98]努力してやりとげ、このあり方を捨てないようにする。これが第六の因縁である。⑺[99]さらに智慧で生成と消滅のあり方と、[100]賢人や聖人の向かう所を知り、すっかり[101]苦しみをなくすことができる。これが第七の因

58c

而得智、得梵行已、智增多。云何爲八。*於是比丘、依世尊住、或依師長、或依智慧梵行者住、生慚愧心、有愛有敬。是爲初因緣。未得梵行、而得智、得梵行已、智增多。復次依世尊住、隨時請問、『此法云何義、何所趣』。尊長卽爲開演深義、是爲二因緣。旣聞法已、身心樂靜。是爲三因緣。不爲遮道無益雜論、彼到衆中、或自說法、或請他說、猶復不捨賢聖默然、是爲四因緣。多聞廣博、守持不忘、諸法深奧、上中下善、義味誠諦、梵行具足、聞已入心、見不流動。是爲五因緣。修習精勤、滅不善行、善行日增、勉力堪任、不捨斯法。是爲六因緣。又以智慧知起滅法・*賢聖所趣、能盡苦際。是爲七因緣。又觀五受陰生*相滅*相、此色色集色滅、此受想行識、識集識滅。是爲八因緣。未得梵行、而有智、已得梵行、智增多。

縁である。⑻さらに、五[102]つの執着の集まりの生成の有様と消滅の有様、（すなわち）〝もの〟に関して、〝もの[103]〟の集成と〝もの〟の消滅、この感受作用・表象作用・心作用（のそれぞれの集成と消滅とを観察すること）・認識作用に関して、認識作用の集成と認識作用の消滅とを観察すること。これが第八の因縁である。（これによって）梵行を修得する前は智慧を得、梵行を修得してからは智慧がいや増す。

八つの修養すべきことがらとは、賢[104]人聖人の八つの道のこと。（すなわち）正しい見解・正しい志・正しい言葉・正しい行為・正しい生活・正しい手段・正しい思念・正しい禅定。

八つの目覚めるべきことがらとは、この世の八つのあり方をいう。順[105]調と衰退、そしりと誉め言葉、賞賛と非難、苦しみと楽しみ。

八つの消去すべきことがらとは、八[106]つの間違ったこと。（すなわち）間違った見解・間違った志・間違った言葉・間違った行為・間違った生活・間違った手段・間違った思念・間違った禅定。

八つの証得すべきことがらとは、八[107]種の解脱。⑴〝もの〟をあるがままに観察するのが、第一の解脱。⑵内心に〝もの〟であるとの想念をもち、外界の〝もの〟を観察するのが、第二の解脱。⑶清浄な解脱が、第三の解脱。⑷〝もの〟であるとの想念を超越し、怒りの想念を捨て去り、虚空の（無限であるという）境地にとどまるのが、第四の解脱。⑸

云何八修法。謂賢聖八道。正見、正志、正語、正業、正命、正方便、正念、正定。

云何八覺法。謂世八法。利衰、毀譽、稱譏、苦樂。

云何八滅法。謂八邪。邪見、邪志、邪語、邪業、邪命、邪方便、邪念、邪定。

云何八證法。謂八解脱。色觀色、一解脱。内有色想外觀色、二解脱。淨解脱、三解脱。度色想、滅瞋恚想、住空處、四解脱。度空處、住識處、五解脱。度識處、住不用處、六解脱。度不用處。

虚空の（無限であるという）境地を超越し、意識の（無限であるという）境地にとどまるのが、第五の解脱。⑹意識の（無限であるという）境地を超越し、なにも作用しないという境地にとどまるのが、第六の解脱。⑺なにも作用しないという境地を超越し、想念があるのでもなく、ないのでもない境地にとどまるのが、第七の解脱。⑻想念があるのでもなく、ないのでもない境地を超越し、想念と知覚作用が消滅した境地にとどまるのが、第八の解脱。

さらに、九つの成し遂げるべきことがら、九つの修養すべきことがら、九つの目覚めるべきことがら、九つの消去すべきことがら、九つの証得すべきことがらがある。

九つの成し遂げるべきことがらとは、[108]九つの清浄にし滅することがら。⑴戒という清浄にし滅することがら。⑵心という清浄にし滅することがら。⑶見解という清浄にし滅することがら。⑷疑いを越えるという清浄にし滅することがら。⑸分別という清浄にし滅することがら。⑹道という清浄にし滅することがら。⑺除去という清浄にし滅することがら。⑻無欲という清浄にし滅することがら。⑼解脱という清浄にし滅することがら。

九つの修養すべきことがらとは、[109]喜びを根本とする九つのもの。一、

住有想無想處、七解脫。度有想無想處、住想知滅、八解脫。

復有九成法、九修法、九覺法、九滅法、九證法。

云何九成法。謂九淨滅枝法。戒淨滅枝。心淨滅枝。見淨滅枝。度疑淨滅枝。分別淨滅枝。道淨滅枝。除淨滅枝。無欲淨滅枝。解脫淨滅枝。

云何九修法。謂九喜本。一喜、二愛、

喜び、二、愛、三、悦び、四、楽、五、禅定、六、あるがままに知ること、七、除去すること、八、無欲、九、解脱。

九つの目覚めることがらとは、[110]生きものの九種の住処。(1)身体も想念も様々な生きものたちがいる。（すなわち）神（の一部）と人間であり、これが第一の生きものの住処である。(2)また、身体は様々だが、想念は同一な生きものもいる。梵光音天に生れたばかりの時がそうであり、第二の生きものの住処である。(3)また、身体は一様だが、想念は様々な生きものもいる。光音天がそうで、第三の生きものの住処である。(4)また、身体も一様、想念も同一な生きものもいる。遍浄天がそうで、第四の生きものの住処である。(5)また、想念がなく、知覚することがない生きものもいる。無想天がそうで、第五の生きものの住処である。(6)また、虚空の（無限であるという）境地にとどまる生きものもいる。第六の生きものの住処である。(7)また、意識の（無限であるという）境地にとどまる生きものもいる。第七の生きものの住処である。(8)また、なにも作用しないという境地にとどまる生きものもいる。第八の生きものの住処である。(9)また、想念があるのでもなく、ないのでもない境地にとどまる生きものもいる。第九の生きものの住処である。

九つの消去すべきことがらとは、[111]渇愛を根本とする九つのもの。(1)渇愛によって(2)希求があり、希求によって(3)利得があり、利得によって(4)

三悦、四樂、五定、六如實知、七除捨、八無欲、九解脱。

云何九覺法。謂九衆生居。或有衆生、若干種身若干種想。天及人是。是初衆生居。或有衆生、若干種身而一想者。梵光音天最初生時是。是二衆生居。或有衆生、一身若干種想。光音天是。是三衆生居。或有衆生、一身一
59a
想。遍淨天是。是四衆生居。無想無所覺知。無想天是。是五衆生居。復有衆生、空處住。是六衆生居。復有衆生、識處住。是七衆生居。復有衆生、不用處住。是八衆生居。復有衆生、住有想無想處。是九衆生居。

云何九滅法。謂九愛本。因愛有求、因求有利、因利有用、因用有欲、因欲

利用があり、利用によって⑸貪欲があり、貪欲によって⑹愛着があり、愛着によって⑺嫉妬があり、嫉妬によって⑻固守があり、固守によって⑼防御がある。

九つの証得すべきことがらとは、[112]九種の滅尽。[113]⑴第一の禅定に入れば、声という刺《とげ》が消滅する。[114]⑵第二の禅定に入れば、覚と観という刺が消滅する。⑶第三の禅定に入れば、[115]喜びという刺が消滅する。⑷第四の禅定に入れば、[116]出る息と入る息という刺が消滅する。[117]⑸虚空の（無限であるという）境地に入れば、〃もの〃に対する想念という刺が消滅する。[118]⑹意識の（無限であるという）境地に入れば、虚空に対する想念という刺が消滅する。[119]⑺なにも作用しないという境地に入れば、意識に対する想念という刺が消滅する。[120]⑻想念があるのでもなく、ないのでもない境地に入れば、なにも作用しないということに対する想念という刺が消滅する。[121]⑼滅尽する禅定に入れば、想念と感受作用という刺が消滅する。

さらに、十の成し遂げるべきことがら、十の修養すべきことがら、十の目覚めるべきことがら、十の消去すべきことがら、十の証得すべきことがらがある。

十の成し遂げるべきことがらとは、十の[122]救済のことがら。一、[123]比丘が二百五十戒を欠けることなく守り、正しい振舞いをし、ちょっとした罪

有著、因著有嫉、因嫉有守、因守有護。

云何九證法。謂九盡。若入初禪、則聲刺滅。入第二禪、則覺觀刺滅。入第三禪、則喜刺滅。入第四禪、則出入息刺滅。入空處、則色想刺滅。入識處、則空想刺滅。入不用處、則識想刺滅。入有想無想處、則不用想刺滅。入滅盡定、則想受刺滅。

復有十成法、十修法、十覺法、十滅法、十證法。

云何十成法。謂十救法。一者、比丘二百五十戒具、威儀亦具、見有小罪、

をみてもとても恐れ、[124]きちんと戒を学び、心によこしまなところがないこと。二、[125]よい友達を得ること。三、[126]言葉遣いが正しく、よく堪え忍ぶこと。四、[127]正しい法をすすんで求め、惜しまず広めること。五、[128]梵行をなしている人々が何か事をなすときは、すぐさま[129]手助けにいき、骨惜しみしない。難しいことも処理する能力があり、他の人にもやり方を教える。六、[130]物知りで、聞いたら記憶して忘れることがない。七、[131]懸命に努力して、悪しき行いを捨て、善い行為を増やしていくこと。八、[132]常にこころを専一にして、他の想念がなく、前世の善い行いをありありと思い起こす。九、[133]智慧が完成し、存在の生成と消滅を観察し、賢人や聖人の戒律によって苦しみの根本まで断つこと。十、[134]心静かに過ごすことを楽しみとし、こころを専一にして思索し、禅定の間に妄念がない。

十の修養すべきことがらとは、十の[135]正しい行い。（すなわち）正しい見解・正しい志・正しい言葉・正しい行為・正しい生活・正しい手段・正しい思念・正しい禅定・正しい解脱・正しい智慧。

十の目覚めるべきことがらとは、十の[136]〝もの〟の入（感受作用の場）。眼という入、耳という入、鼻という入、舌という入、身という入、〝もの〟という入、声という入、香りという入、味という入、接触という入。

十の消去すべきことがらとは、[137]十の間違ったこと。（すなわち）間違

生大怖畏、平等學戒、心無傾邪。二者、得善知識。三者、言語中正、多所堪忍。四者、好求善法、分布不悋。五者、諸梵行人有所施設、輒往佐助、不以爲勞、難爲能爲、亦教人爲。六者、多聞、聞便能持、未曾有忘。七者、精勤、滅不善法、增長善法。八者、常自專念、無有他想、憶本善行、如在目前。九者、智慧成就、觀法生滅、以賢聖律斷於苦本。十者、樂於閑居、專念思惟、於禪中間無有調戲。

云何十修法。謂十正行。正見、正志、正語、正業、正命、正方便、正念、正定、正解脱、正智。

云何十覺法。謂十色入。眼入、耳入、鼻入、舌入、身入、色入、聲入、香入、味入、觸入。

云何十滅法。謂十邪行。邪見、邪志、

った見解・間違った志・間違った言葉・間違った行為・間違った生活・間違った手段・間違った思念・間違った禅定・間違った解脱・間違った智慧。

十の証得すべきことがらとは、十[138]の学び終えた人のあり方。（すなわち）学び終えた人の正しい見解・正しい志・正しい言葉・正しい行為・正しい生活・正しい手段・正しい思念・正しい禅定・正しい解脱・正しい智慧。

比丘たちよ。これが、〃一つずつ増す法〃といわれるものだ。いま、わたしはあなたたちにこのような法を説いた。わたしは如来として、弟子たちのためになすべきことは余[139]さずそなえているから、慈[140]しみをもって、ねんごろにあなた方にさとすのである。あなた方も、努めておしいただいて実行するがよい。比丘たちは、静かな所や、樹の下や、誰もいないところで、放縦に流れることなく、懸命に坐禅をすべきである。いま、努力しなければ、後で悔やんでもどうにもならない。これが、私の教えである。努めて受持せよ」

そのとき、比丘たちは、仏の教えを聞いて、歓喜し、おしいただいて実行した。

邪語、邪業、邪命、邪方便、邪念、邪定、邪解脱、邪智。

59b 云何十證法。謂十無學法。無學正見、正志、正語、正業、正命、正方便、正念、正定、正解脱、正智。

諸比丘。此名一增法。我今爲汝等説如是法。吾爲如來爲諸弟子所應作者皆已備悉、慈愍慇懃、訓誨汝等。汝等亦宜勤奉行之。諸比丘當在閑居樹下空處精勤坐禪、勿自放恣。今不勉力、後悔何益。此是我教。勤受持之」

爾時、諸比丘聞佛所説、歡喜奉行。

三聚経

末木文美士

[1]このように私は聞いた。

ある時、仏は舎衛国[2]の祇《ぎ》樹給孤《じゅぎっこ》独《どく》園にいらして、千二百五十人の比丘たちの大集団と一緒であった。

その時、世尊は比丘たちに言われた。

「私はお前たちに意味内容が清浄で、梵行《ぼんぎょう》もそなわっている奥深いことがらを説こう。すなわち、〝三つの聚《あつま》りからなることがら〟である。お前たちはしっかりと聞いて、思いをこらしなさい。お前たちのために説こう」

そこで、比丘たちはお言葉に従って耳を傾けた。仏は比丘たちに言われた。

「〝三つのことがらの聚り〟がある。一つのことがらは悪い境界[3]に向かい、一つのことがらは善い境界に向かい、一つのことがらは涅槃に向かう。

如是我聞。

一時佛在舍衛國祇樹給孤獨園、與大比丘衆千二百五十人倶。

爾時世尊告諸比丘、

「我與汝等說微妙法、義味淸淨、梵行具足、謂三聚法。汝等諦聽、思惟念之。當爲汝說」

時諸比丘受教而聽。佛告比丘、

「三法聚者、一法趣惡趣、一法趣善趣、一法趣涅槃。

〝一つのことがらが悪い境界に向かう〟とはどういうことか。慈悲がなく、人を害そうとする心を懐いている、これが〝一つのことがらが悪い境界に向かう〟ということである。

〝一つのことがらが善い境界に向かう〟とはどういうことか。衆生に向かって悪い心を起こさない、これが〝一つのことがらが善い境界に向かう〟ということである。

〝一つのことがらが涅槃に向かう〟とはどういうことか。つとめ励んで[4]身体に関する思念を修める、これが一つの〝ことがらが涅槃に向かう〟ということである。

さらに、二つのことがらが悪い境界に向かう。さらに二つのことがらが善い境界に向かう。さらに二つのことがらが涅槃に向かう。

〝二つのことがらが悪い境界に向かう〟とはどういうことか。[5]一は戒を破ること、二は正しい見解を失うこと。

〝二つのことがらが善い境界に向かう〟とはどういうことか。[6]一は戒を具えていること、二は正しい見解を具えていること。

〝二つのことがらが涅槃に向かう〟とはどういうことか。[7]一は心を静めること、二は観照することである。

云何一法趣于惡趣。謂無仁慈懷毒害心、是謂一法將向惡趣。

云何一法趣于善趣。謂不以惡心加於衆生、是爲一法將向善趣。

云何一法趣于涅槃。謂能精勤修身念處、是爲一法將向涅槃。

復有二法趣向惡趣。復有二法趣向善趣。復有二法趣向涅槃。

云何二法趣向惡趣。一謂毀戒、二謂破見。

云何二法趣向善趣。一謂戒具、二謂見具。

59c
云何二法趣向涅槃。一謂爲止、二謂爲觀。

さらに三つのことがらが悪い境界に向かい、三つのことがらが善い境界に向かい、三つのことがらが涅槃に向かう。

〃三つのことがらが悪い境界に向かう〃とはどういうことか。[8]三つの不善の根本のことである。すなわち、貪《むさぼ》りという不善の根本、恚《いか》りという不善の根本、愚かさという不善の根本。

〃三つのことがらが善い境界に向かう〃とはどういうことか。[9]三つの善の根本のことである。すなわち、貪りがないという善の根本、恚りがないという善の根本、愚かさがないという善の根本。

〃三つのことがらが涅槃に向かう〃とはどういうことか。[10]三つの三昧のことである。すなわち、空なる三昧、形相を超えた三昧、作為を超えた三昧。

さらに四つのことがらが悪い境界に向かい、四つのことがらが善い境界に向かい、四つのことがらが涅槃に向かう。

〃四つのことがらが悪い境界に向かう〃とはどういうことか。[11]愛執のあることば、恚りのあることば、怖れのあることば、愚かさのあることば。

〃四つのことがらが善い境界に向かう〃とはどういうことか。[12]愛執のないことば、恚りのないことば、怖れのないことば、愚かさのないこと

復有三法趣向惡趣、三法向善趣、三法向涅槃。

云何三法向惡趣。謂三不善根。貪不善根、恚不善根、癡不善根。

云何三法向善趣。謂三善根。無貪善根、無恚善根、無癡善根。

云何三法趣向涅槃。謂三三昧。空三昧、無相三昧、無作三昧。

又有四法趣向惡趣、四法向善趣、四法向涅槃。

云何四法向惡趣。謂愛語、恚語、怖語、癡語。

云何四法向善趣。謂不愛語、不恚語、不怖語、不癡語。

ば。

〝四つのことがらが涅槃に向かう〟とはどういうことか。[13]四つの思念をなすことである。すなわち、身体に関して思念をなすこと、感受作用に関して思念をなすこと、心に関して思念をなすこと、法について思念をなすことである。

さらに五つのことがらが悪い境界に向かい、五つのことがらが善い境界に向かい、五つのことがらが涅槃に向かう。

〝五つのことがらが悪い境界に向かう〟とはどういうことか。[14]五つの戒を破ることである。すなわち、殺すこと、盗むこと、淫らであること、嘘を言うこと、酒を飲むこと。

〝五つのことがらが善い境界に向かう〟とはどういうことか。[15]五つの戒を保つことである。すなわち、殺さず、盗まず、淫らでなく、欺かず、酒を飲まない。

〝五つのことがらが涅槃に向かう〟とはどういうことか。[16]五つの根本である。すなわち、信という根本、精進という根本、思念という根本、禅定という根本、智慧という根本。

さらに六つのことがらが悪い境界に向かい、六つのことがらが善い境

云何四法向涅槃。謂四念處。身念處、受念處、意念處、法念處。

復有五法向惡趣、五法向善趣、五法向涅槃。

云何五法向惡趣。謂破五戒。殺、盜、婬逸、妄語、飲酒。

云何五法向善趣。謂持五戒。不殺、不盜、不婬、不欺、不飲酒。

云何五法趣向涅槃。謂五根。信根、精進根、念根、定根、慧根。

又有六法向惡趣、六法向善趣、六法

界に向かい、六つのことがらが涅槃に向かう。

〃六つのことがらが悪い境界に向かう〃とはどういうことか。[17]六つの敬わないことである。すなわち、仏を敬わず、教法を敬わず、僧団を敬わず、戒を敬わず、禅定を敬わず、父母を敬わない。

〃六つのことがらが善い境界に向かう〃とはどういうことか。[18]六つの敬うことである。すなわち、仏を敬い、教法を敬い、僧団を敬い、禅定を敬い、父母を敬う。

〃六つのことがらが涅槃に向かう〃とはどういうことか。[19]六つの思念である。仏を念ずること、教法を念ずること、僧団を念ずること、戒を念ずること、布施を念ずること、天界を念ずること。

さらに七つのことがらが悪い境界に向かい、七つのことがらが善い境界に向かい、七つのことがらが涅槃に向かう。

〃七つのことがらが悪い境界に向かう〃とはどういうことか。[20]生あるものを殺すこと、与えられないものを奪うこと、淫らなこと、嘘を言うこと、二枚舌、粗悪なことば、かざったことば。

〃七つのことがらが善い境界に向かう〃とはどういうことか。[21]生あるものを殺さず、盗まず、淫らなことをせず、欺かず、二枚舌でなく、粗悪なことばでなく、かざったことばでない。

向涅槃。

云何六法向惡趣。謂六不敬。不敬佛、不敬法、不敬僧、不敬戒、不敬定、不敬父母。

云何六法向善趣。謂六敬法。敬佛、敬法、敬僧、敬戒、敬定、敬父母。

云何六法向涅槃。謂六思念。念佛、念法、念僧、念戒、念施、念天。

又有七法向惡趣、七法向善趣、七法向涅槃。

云何七法向惡趣。謂殺生、不與取、婬逸、妄語、兩舌、惡口、綺語。

云何七法向善趣。謂不殺生、不盜、不婬、不欺、不兩舌、不惡口、不綺語。

〝七つのことがらが涅槃に向かう〟とはどういうことか。[22]七つの覚《さと》り（に導く修行）である。すなわち、思念という覚り（に導く修行）、理法を正しく区別するという覚り（に導く修行）、精進という覚り（に導く修行）、かろやかさという覚り（に導く修行）、禅定という覚り（に導く修行）、喜びという覚り（に導く修行）、捨て置くという覚り（に導く修行）。

さらに八つのことがらが悪い境界に向かい、八つのことがらが善い境界に向かい、八つのことがらが涅槃に向かう。

〝八つのことがらが悪い境界に向かう〟とはどういうことか。[23]八つの間違った行いである。すなわち間違った見解、間違った志向、間違ったことば、間違った行為、間違った生活、間違った方便、間違った思念、間違った禅定。

〝八つのことがらが善い境界へ向かう〟とはどういうことか。[24]世俗的な次元での正しい見解、正しい志向、正しいことば、正しい行為、正しい生活、正しい方便、正しい思念、正しい禅定。

〝八つのことがらが涅槃に向かう〟とはどういうことか。[25]八つの聖なる道である。正しい見解、正しい志向、正しいことば、正しい行為、正しい生活、正しい方便、正しい思念、正しい禅定。

云何七法向涅槃。謂七覺意。念覺意、擇法覺意、精進覺意、猗覺意、定覺意、喜覺意、捨覺意。

又有八法向惡趣、八法向善趣、八法向涅槃。

云何八法向惡趣。謂八邪行。邪見、
60a
邪志、邪語、邪業、邪命、邪方便、邪念、邪定。

云何八法向善趣。謂世正見、正志、正語、正業、正命、正方便、正念、正定。

云何八法向涅槃。謂八賢聖道。正見、正志、正語、正業、正命、正方便、正念、正定。

さらに九つのことがらが悪い境界に向かい、九つのことがらが善い境界に向かい、九つのことがらが涅槃に向かう。

〃九つのことがらが悪い境界に向かう〃とはどういうことか。[26]九つの悩みである。すなわち、ある人がすでに私を苦しめ、いま私を苦しめ、将来私を苦しめるに違いない。私が愛する人をすでに苦しめ、いま苦しめ、将来苦しめるに違いない。私が憎悪している人をすでに大切に思い、いま大切に思い、将来大切に思うであろう。

〃九つのことがらが善い境界に向かう〃とはどういうことか。[27]九つの悩みなきことである。すなわち、『彼は私を侵害したが、私が悩んで何になろう』と考えて、すでに悩みを生ぜず、いま悩みを生ぜず、将来悩みを生じない。『私が愛する人を彼は侵害したが、私が悩んで何になろう』と考えて、すでに悩みを生ぜず、いま悩みを生ぜず、将来悩みを生じない。『私が憎悪している人を彼は大切にするが、私が悩んで何になろう』と考えて、すでに悩みを生ぜず、いま悩みを生ぜず、将来悩みを生じない。

〃九つのことがらが涅槃に向かう〃とはどういうことか。[28]九つの善いあり方である。すなわち、一に喜び、二に愛、三に悦び、四に楽、五に禅定、六にあるがままに知ること、七に除去すること、八に無縁、九に解

又有九法向惡趣、九法向善趣、九法向涅槃。

云何九法向惡趣。謂九惱。有人已侵惱我、今侵惱我、當侵惱我。我所愛者已侵惱、今侵惱、當侵惱。我所憎者已愛敬、今愛敬、當愛敬。

云何九法向善趣。謂九無惱。『彼已侵我、我惱何益』、已不生惱、今不生惱、當不生惱。『我所愛者、彼已侵惱、我惱何益』已不生惱、今不生惱、當不生惱。『我所憎者、彼已愛敬、我惱何益』、已不生惱、當不生惱、今不生惱。

云何九法向涅槃。謂九善法。一喜、二愛、三悦、四樂、五定、六實知、七除捨、八無欲、九解脱。

脱。

さらに十のことがらが悪い境界に向かい、十のことがらが善い境界に向かい、十のことがらが涅槃に向かう。

〃十のことがらが悪い境界に向かう〃とはどういうことか。[29]十の不善のことである。すなわち、身体に関しては、殺すこと、盗むこと、淫らなこと。ことばに関しては、二枚舌、ののしることば、うそ、かざったことば。心に関しては、貪ること、嫉妬、間違った見解。

〃十のことがらが善い境界に向かう〃とはどういうことか。[30]十の善い行いのことである。すなわち、身体に関しては、殺したり、盗んだり、淫らなことをしない。ことばに関しては、二枚舌、罵《ののし》ること、うそ、かざったことばを口にしない。心に関しては、貪ること、嫉妬、間違った見解がない。

〃十のことがらが涅槃に向かう〃とはどういうことか。[31]十のまっすぐな道のことである。正しい見解、正しい志向、正しいことば、正しい行為、正しい生活、正しい方便、正しい思念、正しい禅定、正しい解脱、正しい智慧。

比丘たちよ、このような十のことがらによって涅槃に向かうことがで

又有十法向惡趣、十法向善趣、十法向涅槃。

云何十法向惡趣。謂十不善。身殺、盜、婬。口兩舌、惡罵、妄言、綺語。意貪取、嫉妬、邪見。

云何十法向善趣。謂十善行。身不殺、盜、婬。口不兩舌、惡罵、妄言、綺語。意不貪取、嫉妬、邪見。

云何十法向涅槃。謂十直道。正見、正志、正語、正業、正命、正方便、正念、正定、正解脫、正智。

諸比丘、如是十法得至涅槃。是名三

きる。これが〝三つの聚りからなる奥深いことがら〟である。

私[32]は如来である。弟子たちのためになすべきことは余さずにそなえている。お前たちを心配して経説[33]を説くのだ。お前たちも自分のことを心配しなさい。しずかな所や樹の下にいて、思念し、怠けてはいけない。いま努力しなければ、後悔しても得るところはない」

比丘たちは仏の説かれたことを聞いて、歓喜し、受け保った。


聚微妙正法。

我爲如來。爲衆弟子所應作者無不周備。憂念汝等故演經道。汝等亦宜自憂其身。當處閑居樹下、思惟勿爲懈怠。今不勉力、後悔無益」

諸比丘聞佛所説、歡喜奉行。

大縁方便経

丘山　新

このように私は聞いた。

ある時、仏は拘流沙《くるしゃ》[1]国の劫摩沙《ごうましゃ》[2]の居処[3]に、千二百五十人の優れた比丘《びく》[4]たちと共におられた。

その時、阿難《あなん》[5]は閑静[6]なるところにおり、次[7]のように考えた。

「[8]なんとすばらしいことであろう。世尊《せそん》がお説きになった十二因縁《いんねん》[9]は真理の光明であり、非常に深遠で[10]理解するのが難しい。しかし、私[11]の心には、あたかも眼前にあるかのようにはっきりと見える。いかなるわけで深遠なのであろうか」

そこで阿難は静寂[12]な部屋をたち、世尊のみもとに至り、こうべで御足に礼拝し、かたえに坐し、世尊に申し上げた。

「私は先ほど静寂な部屋にて、黙然と思惟しておりました。なんとすばらしいことでありましょう。世尊のお説きになった十二因縁は、真理の光明であり、非常に深遠で理解し難い。しかし、私の心には、あたかも

60b

如是我聞。

一時佛在拘流沙國・劫摩沙住處、與大比丘衆千二百五十人倶。

爾時阿難在閑靜處、作是念言、

「甚奇甚特。世尊所説十二因縁法之光明、甚深難解。如我意觀猶如目前。以何爲深」

於是阿難即從靜室起、至世尊處、頭面禮足、在一面坐、白世尊言、

「我向於靜室默自思念、甚奇甚特、世尊所説十二因縁法之光明、甚深難解、如我意觀如在目前。以何爲深」

眼前にあるかのようにはっきりと見えます。いかなるわけで深遠なのでありましょう」

　すると世尊は阿難に告げられた。

「おやめなさい、そのように言ってはなりません。十二因縁は真理の光明であり、非常に深遠で理解し難い。阿難よ、この十二因縁はまことに13悟り難く、神々や魔王《まおう》、14梵天王《ぼんてんおう》、沙門《しゃもん》、婆羅門《ばらもん》で縁起を15理解しない者は、もし思案し、観察し、その意味をあれこれ考えると、みな惑ってしまい理解できる者はいないのです。

　阿難よ、さあ、おまえに話してあげよう。

16老いと死とにはよりどころがある。もし、17何が老いと死とのよりどころなのだと問うなら、18生れることが老いと死とのよりどころなのだと答えるがよい。また、19何が生れることのよりどころなのだと問うなら、20存在が生れることのよりどころなのだと答えるがよい。また、何が存在のよりどころなのだと問うなら、21執著《しゅうじゃく》が存在のよりどころなのだと答えるがよい。また、何が執著のよりどころなのだと問うなら、22渇愛《かつあい》が執著のよりどころなのだと答えるがよい。また、何が渇愛のよりどころなのだと問うなら、23感受作用が渇愛のよりどころなのだと答えるがよい。また、何が感受作用のよりどころなのだと問うなら、(感官と対象との)24接触が感受作用のよりどころなのだと答えるがよい。また、何が接触の

　爾時世尊告阿難曰、

「止止、勿作此言。十二因緣法之光明、甚深難解。阿難、此十二因緣難見難知、諸天・魔・梵・沙門・婆羅門未見緣者若欲思量觀察分別其義者、則皆荒迷、無能見者。

　阿難、我今語汝。

老・死有緣。若有問答、何等是老死緣、應答彼言、生是老死緣。若復問言、誰是生緣、應答彼言、有是生緣。若復問言、誰是有緣、應答彼言、取是有緣。若復問言、誰是取緣、應答彼言、愛是取緣。若復問言、誰是愛緣、應答彼言。受是愛緣。若復問言、誰是受緣、應答彼言、觸是受緣。若復問言、誰爲觸緣、應答彼言、六入是觸緣。若復問言、誰爲六入緣、應答彼言、名色是六入緣。

よりどころなのだと問うなら、六つの[25]感受領域が接触のよりどころなのだと問うなら、[26]名称と形態とが六つの感受領域のよりどころなのだと答えるがよい。また、何が名称と形態とのよりどころなのだと問うなら、[27]認識作用が名称と形態とのよりどころなのだと答えるがよい。また、何が認識作用のよりどころなのだと問うなら、[28]行為が認識作用のよりどころなのだと答えるがよい。また、何が行為のよりどころなのだと問うなら、[29]無知が行為のよりどころなのだと答えるがよい。

阿難よ、このように無知に縁《よ》って行為があり、行為に縁って認識作用があり、認識作用に縁って名称と形態とがあり、名称と形態とに縁って六つの感受領域があり、六つの感受領域に縁って（感官と対象との）接触があり、接触に縁って感受作用があり、感受作用に縁って渇愛があり、渇愛に縁って執着があり、執着に縁って存在があり、存在に縁って生れることがあり、生れることに縁って老いと死という憂いと悲しみ、苦しみと悩みなどの劇《はげ》しい患いの集起がある。これこそが劇しい苦の集まりの[30]原因なのである」

仏は阿難に告げられた。

「生れることに縁って老いと死とがあるとは、これはどういう意味なのか。もし、あらゆる生きものに生れることが無ければ、[31]老いと死とはあ

若復問言、誰爲名色縁、應答彼言、識是名色縁。若復問言、誰爲識縁、應答彼言、行是識縁。若復問言、誰爲行縁、應答彼言、癡是行縁。

阿難、如是縁癡有行、縁行有識、縁識有名色、縁名色有六入、縁六入有觸、縁觸有受、縁受有愛、縁愛有取、縁取有有、縁有有生、縁生有老死憂悲苦惱大患所集。是爲此大苦陰縁」

60c

佛告阿難、

「縁生有老死、此爲何義。若使一切衆生無有生者、寧有老死不」

ろうか」

　阿難は答えた。

「ございません」

（仏は告げられた）

「さればこそ阿難よ、このことから老いと死とは生れることに由来し、生れることに縁って老いと死とがあるとわかるのだ。私が説いたことは、意味はこの点にある」

　さらに阿難に告げられた。

「存在に縁って生れることがあるとは、これはどういう意味なのか。もし、あらゆる生きものに欲界[32]における存在・色界における存在・無色界における存在が無ければ、生れることはあろうか」

（阿難は）答えた。

「ございません」

（仏は告げられた）

「阿難よ、このことから生れることは存在に由来し、存在に縁って生れることがあるとわかるのだ。私が説いたことは、意味はこの点にある」

　さらに阿難に告げられた。

「執著に縁って存在があるとは、これはどういう意味なのか。もし、あらゆる生きものに対象物に対する執著・誤った見解に対する執著・誤っ

　阿難答曰、

「無也」

「是故、阿難、以此縁知、老・死由生、縁生有老死。我所說者義在於此」

　又告阿難、

「縁有有生、此爲何義。若使一切衆生無有欲有・*色有・無色有者、寧有生不」

　答曰、

「無也」

「阿難、我以此縁知、生由有、縁有有生、我所說者義在於此」

　又告阿難、

「縁取有有、此爲何義。若使一切衆生無有欲取・見取・戒取・我取者、寧有

た戒律に対する執著・我《が》[33]が存在するとの執著が無ければ、存在はあろうか」

答えた。

「ございません」

（仏は告げられた）

「阿難よ、このことから存在は執著に由来し、執著に縁って存在があるとわかるのだ。私が説いたことは、意味はこの点にある」

さらに阿難に告げられた。

「渇愛《かつあい》に縁って執著があるとは、これはどういう意味なのか。もし、あらゆる生きものに対象物への渇愛・生存への渇愛・生存[34]の滅無《めつむ》への渇愛が無ければ、執著はあろうか」

答えた。

「ございません」

（仏は告げられた）

「阿難よ、このことから執著は渇愛に由来し、渇愛に縁って執著があるとわかるのだ。私が説いたことは、意味はこの点にある」

さらに阿難に告げられた。

「感受作用に縁って渇愛があるとは、これはどういう意味なのか。もしあらゆる生きものに安楽の感受作用・苦痛の感受作用[35]・そのいずれでも

有不」

答曰、

「無也」

「阿難、我以此縁知、有由取、縁取有有。我所説者義在於此」

又告阿難、

「縁愛有取、此爲何義。若使一切衆生無有欲愛・有愛・無有愛者、寧有取不」

答曰、

「無有」

「阿難、我以此縁知、取由愛、縁愛有取。我所説者義在於此」

又告阿難、

「縁受有愛、此爲何義、若使一切衆生無有樂受・苦受・不苦不樂受者、寧有愛不」

ない感受作用が無ければ、渇愛はあろうか」

答えた。

「ございません」

(仏は告げられた)

「阿難よ、このことから渇愛は感受作用に由来し、感受作用に縁って渇愛があるとわかるのだ。私が説いたことは、意味はこの点にある。

[36]阿難よ、よろしいか、渇愛に因《よ》って[37]希求《ききゅう》があり、希求に因って[38]利得《りとく》があり、利得に因って[39]利用があり、利用に因って[40]貪欲《とんよく》があり、貪欲に因って[41]耽著《たんじゃく》があり、耽著に因って[42]嫉妬《しっと》があり、嫉妬に因って[43]固守《こしゅ》があり、固守に因って[44]防禦がある。阿難よ、防禦があるからこそ武器による争いが生じ無数の悪がおこる。私が説いたことは、意味はこの点にある。
阿難よ、これはどういう意味なのか。もし、あらゆる生きものに防禦が無ければ、武器による争いが生じ[45]無数の悪がおころうか」

答えた。

「ございません」

(仏は告げられた)

「だから、阿難よ、こういうわけで武器による争いは防禦に由来して生じ、防禦に縁って武器による争いがあるとわかるのだ。阿難よ、私が説

答曰、

「無也」

「阿難、我以此縁知、愛由受、縁受有愛、我所説者義任於此。


阿難、當知、因愛有求、因求有利、因利有用、因用有欲、因欲有著、因著有嫉、因嫉有守、因守有護。阿難、由有護故有刀杖諍訟、作無數惡。我所説者義在於此。

阿難、此爲何義。若使一切衆生無有護者、當有刀杖諍訟起無數惡不」

答曰、

「無也」

「是故、阿難、以此因縁知、刀杖諍訟由護而起、縁護有刀杖諍訟。阿難、我

いたことは、意味はこの点にある」

さらに阿難に告げられた。

「固守に因って防禦があるとは、これはどういう意味なのか。もし、あらゆる生きものに固守が無ければ、防禦はあろうか」

答えた。

「ございません」

(仏は告げられた)

「阿難よ、このことから防禦は固守に由来し、固守に因って防禦があるとわかるのだ。私が説いたことは、意味はこの点にある。

阿難よ、嫉妬に因って固守があるとは、これはどういう意味なのか。もし、あらゆる生きものに嫉妬が無ければ、固守はあろうか」

答えた。

「ございません」

(仏は告げられた)

「阿難よ、このことから固守は嫉妬に由来し、嫉妬に因って固守があるとわかるのだ。私が説いたことは、意味はこの点にある。

阿難よ、耽著に因って嫉妬があるとは、これはどういう意味なのか。もし、あらゆる生きものに耽著が無ければ、嫉妬はあろうか」

答えた。


所説者義在於此。

又告阿難、

「因守有護此爲何義。若使一切衆生無有守者、寧有護不」

答曰、

「無也」

61a
「阿難、我以此縁知、護由守、因守有護。我所説者義在於此。

阿難、因嫉有守、此爲何義。若使一切衆生無有嫉者、寧有守不」

答曰、

「無也」

「阿難、我以此縁知、守由嫉、因嫉有守。我所説者義在於此。

阿難、因著有嫉、此爲何義。若使一切衆生無有著者、寧有嫉不」

答曰、

「ございません」

（仏は告げられた）

「阿難よ、このことから嫉妬は耽著に由来し、耽著に因って嫉妬があるとわかるのだ。私が説いたことは、意味はこの点にある。

阿難よ、貪欲に因って耽著があるとは、これはどういう意味なのか。もし、あらゆる生きものに貪欲が無ければ、耽著はあろうか」

答えた。

「ございません」

（仏は告げられた）

「阿難よ、このことから耽著は貪欲に由来し、貪欲に因って耽著があるとわかるのだ。私が説いたことは、意味はこの点にある。

阿難よ、利用に因って貪欲があるとは、これはどういう意味なのか。もし、あらゆる生きものに利用が無ければ、貪欲はあろうか」

答えた。

「ございません」

（仏は告げられた）

「阿《あ》難《なん》よ、このことから貪欲は利用に由来し、利用に因って貪欲があるとわかるのだ。私が説いたことは、意味はこの点にある。

阿難よ、利得に因って利用があるとは、これはどういう意味なのか。


「無也」

「阿難、我以此縁知、嫉由著、因著有嫉。我所説者義在於此。

阿難、因欲有著、此爲何義。若使一切衆生無有欲者、寧有著不」

答曰、

「無也」

「阿難、我以此縁知、著由欲、因欲有著。我所説者義在於此。

阿難、因用有欲、此爲何義。若使一切衆生無有用者、寧有欲不」

答曰、

「無也」

「阿難、我以此義知、欲由用、因用有欲。我所説者義在於此。

阿難、因利有用、此爲何義。若使一

もし、あらゆる生きものに利得が無ければ、利用はあろうか」

答えた。

「ございません」

(仏は告げられた)

「阿難よ、このことから利用は利得に由来し、利得に因って利用があるとわかるのだ。私が説いたことは、意味はこの点にある。

阿難よ、希求に因って利得があるとは、これはどういう意味なのか。もし、あらゆる生きものに希求が無ければ、利得はあろうか」

答えた。

「ございません」

(仏は告げられた)

「阿難よ、このことから利得は希求に由来し、希求に因って利得があるとわかるのだ。私が説いたことは、意味はこの点にある。

阿難よ、渇愛に因って希求があるとは、これはどういう意味なのか。もし、あらゆる生きものに渇愛が無ければ、希求はあろうか」

答えた。

「ございません」

(仏は告げられた)

「阿難よ、このことから希求は渇愛に由来し、渇愛に因って希求がある

切衆生無有利者、寧有用不」

答曰、

「無也」

「阿難、我以此義知、用由利、因利有用。我所説者義在於此。

阿難、因求有利、此爲何義。若使一切衆生無有求者、寧有利不」

答曰、

「無也」

「阿難、我以此縁知、利由求、因求有利。我所説者義在於此。

阿難、因愛有求、此爲何義。若使一切衆生無有愛者、寧有求不」

答曰、

「無也」

「阿難、我以此縁知、求由愛、因愛有

とわかるのだ。私が説いたことは、意味はこの点にある」

　さらに阿難に告げられた。

「（このように）渇愛に因って希求があり、固守や防御にまで至るのである。感受作用もまた同様に、感受作用に因って希求があり、固守や防御にまで至るのである」
　[46]仏は阿難に告げられた。
「接触に縁って感受作用があるとは、これはどういう意味なのか。阿難よ、もし、眼も無くその対象も無く[47]視覚も無ければ、それらが接触することはあろうか」

　答えた。

「ございません」

「もし、耳も音声も聴覚も、鼻も香りも嗅覚も、舌も味も味覚も、皮膚も触れられるものも触覚も、心も考えられるものも心作用も無ければ、接触することはあろうか」

　答えた。

「ございません」

「阿難よ、もし、あらゆる生きものに接触が無ければ、感受作用はあろうか」


求。我所說者義在於此」

　又告阿難、

「因愛有求、至於守護。受亦如是、因受有求、至於守護」

　佛告阿難、

「緣觸有受、此爲何義。阿難、若使無眼・無色・無眼識者、寧有觸不」

　答曰、

「無也」

「若無耳・聲・耳識・鼻・香鼻識・舌・味・舌識・身・觸・身識意・法・意識者、寧有觸不」

　答曰、

「無也」

61b
「阿難、若使一切衆生無有觸者、寧有受不」

答えた。

「ございません」

「阿難よ、このことから感受作用は接触に由来し、接触に縁って感受作用があるとわかるのだ。私が説いたことは、意味はこの点にある。

阿難よ、名称と形態とに縁って接触があるとは、これはどういう意味なのか。もし、あらゆる生きものに名称と形態とが無ければ、心[48]による接触はあろうか」

答えた。

「ございません」

「もし、あらゆる生きものに形態や相貌が無ければ、身[49]体による接触があろうか」

答えた。

「ございません」

「阿難よ、もし、名称と形態が無ければ、接触があろうか」

答えた。

「ございません」

「阿難よ、このことから接触は名称と形態とに由来し、名称と形態とに縁って接触があるとわかるのだ。私が説いたことは、意味はこの点にある。

答曰、

「無也」

「阿難、我以是義知、受由觸、縁觸有受。我所說者義在於此。

阿難、縁名色有觸、此爲何義。若使一切衆生無有名色者、寧有心觸不」

答曰、

「無也」

「若使一切衆生無形色相貌者、寧有身觸不」

答曰、

「無也」

「阿難、若無名色、寧有觸不」

答曰、

「無也」

「阿難、我以是縁知、觸由名色、縁名色有觸。我所說者義在於此。

阿難よ、認識作用に縁って名称と形態とがあるとは、これはどういう意味なのか。もし、認識作用（の主体）が母胎《ぼたい》に入らなければ、名称と形態とはあろうか」

答えた。

「ございません」

「もし、認識作用（の主体）が母胎に入ったまま出てこなければ、名称と形態とはあろうか」

答えた。

「ございません」

「[50]もし、認識作用（の主体）が[51]母胎を出ても[52]嬰児《えいじ》のまま死んでしまったら、名称と形態とは成長できようか」

答えた。

「いいえ」

「阿難よ、もし、認識作用（の主体）が無ければ、名称と形態とはあろうか」

答えた。

「ございません」

「阿難よ、このことから名称と形態とは認識作用に由来し、認識作用に縁って名称と形態とがあるとわかるのだ。私が説いたことは、意味はこ

阿難、緣識有名色、此爲何義。若識不入母胎者、有名色不」

答曰、

「無也」

「若識入胎不出者、有名色不」

答曰、

「無也」

「若識出胎嬰孩壞敗、名色得增長不」

答曰、

「無也」

「阿難、若無識者、有名色不」

答曰、

「無也」

「阿難我以是緣知、名色由識、緣識有名色」。我所說者義在於此。

の点にある。

阿難よ、名称と形態に縁って認識作用があるとは、これはどういう意味なのか。もし、認識作用が名称と形態に留まらないなら、認識作用（の主体）には留まる場が無い。もし、留まる場が無いなら、生・老・病・死などの憂いや悲しみ、苦しみや悩みはあろうか」

答えた。

「ございません」

「阿難よ、もし、名称と形態とが無ければ、認識作用はあろうか」

答えた。

「ございません」

「阿難よ、このことから認識作用は名称と形態とに由来し、名称と形態とに縁って認識作用があるとわかるのだ。私が説いたことは、意味はこの点にある。

53 阿難よ、さればこそ名称と形態という原因で認識作用があり、認識作用という原因で名称と形態とがあり、名称と形態という原因で六つの感受領域があり、六つの感受領域という原因で接触があり、接触という原因で感受作用があり、感受作用という原因で渇愛があり、渇愛という原因で執著があり、執著という原因で存在があり、存在という原因で生れることがあり、生れるという原因で老いや死という憂いや苦しみ、悲し

阿難、縁名色有識、此爲何義。若識不住名色。則識無住處。若無住處、寧有生老病死憂悲苦惱不」

答曰、

「無也」

「阿難若無名色寧有識不」

答曰、

「無也」

「阿難、我以此縁知、識由名色、縁名色有識。我所說者義在於此。


阿難、是故名色縁識、識縁名色、名色縁六入、六入縁觸、觸縁受、受縁愛、愛縁取、取縁有、有縁生、生縁老死憂苦悲惱大苦陰集。

みや悩みなどの激しい苦悩の集まりがある。

阿難よ、この（縁起の理法の）範囲で語り、応答し、この範囲で限定し、ひろく説き、この範囲で智慧による観察をし、[54]衆生のためになすのである。

[55]阿難よ、比丘たちはこの理法について[56]あるがままに正しく観察すれば、[57]穢れなき心の解脱をなすのだ。

阿難よ、このような比丘こそ智慧により解脱せるものと名づけられる。このように解脱した比丘は、[58]如来が亡くなることも知り、亡くならぬことも、亡くなりかつ亡くならぬことも、亡くなるわけでも亡くならぬわけでもないことも知っている。それはなぜか。阿難よ、この範囲で語り、応答し、この範囲で限定し、ひろく説き、この範囲で智慧による観察をし、衆生のためになし、このように理解しつくして穢れなき心の解脱した比丘は、（人に）理解されることなくとも、（四句を）[59]このように理解する。

阿難よ、いったい自我を推量する場合、自我に関する見解は[60]幾種あるのか。名称・形態と感受作用とを両方とも[61]自我と考えるもの（がおり）、[62]またある人は感受作用は自我ではなく自我が感受作用であると言い、ある人は感受作用は自我ではなく自我は感受作用ではなく、感受作用の主体が自我であると言い、ある人は感受作用は自我ではなく自我は感受作

61c

阿難、齊是爲語、齊是爲應、齊是爲限、齊此爲演說、齊是爲智觀、齊是爲衆生。

阿難、諸比丘於此法中如實正觀、無漏心解脫。

阿難、此比丘當名爲慧解脫。如是解脫比丘如來終亦知、如來不終亦知、如來終・不終亦知、如來非終・非不終亦知。何以故。阿難、齊是爲語、齊是爲應、齊是爲限、齊是爲演說、齊是爲智觀、齊是爲衆生、如是盡知已無漏心解脫比丘不知不見、如是知見。

阿難、夫計我者齊幾名我見。名色與受俱計以爲我、有人言受非我、我是受、或有言受非我、我非受、受法是我、或有言受非我、我非受、受法非我、但愛是我。

用ではなく、感受作用の主体は自我ではなく、ただ渇愛だけが自我であると言う。

阿難よ、我を考察する人が、感受作用が自我であると言うなら、次のように語るがよい。

如来は楽の感受・苦の感受・苦でもなく楽でもない感受の[63]三種の感受作用を説く。さて[64]楽の感受作用のある時には苦の感受・不苦不楽《ふくふらく》の感受作用はない。苦の感受作用のある時には楽の感受・不苦不楽の感受作用はない。不苦不楽の感受作用のある時には苦の感受・楽の感受作用はない。なぜそうであるかといえば、阿難よ、楽との接触が原因で[65]楽の感受作用が生じるのであり、もし楽との接触がなくなれば、感受作用もなくなる。阿難よ、苦との接触が原因で苦の感受作用が生じるのであり、もし苦との接触がなくなれば、感受作用もなくなる。不苦不楽との接触が原因で不苦不楽の感受作用が生じるのであり、もし不苦不楽との接触がなくなれば、感受作用もなくなる。阿難よ、[66]ふたつの木片をすりあわせれば火が生じ、それぞれ別の処に置けば火は生じないように、これもまた同様に、楽との接触が原因となるから[67]楽の感受作用が生じるのであり、もし楽との接触がなくなれば感受作用もともになくなり、苦との接触が原因となるから苦の感受作用が生じるのであり、もし苦との接触がなくなれば感受作用もともになくなり、不苦不楽との接触が原因となる

阿難、彼見我者言受是我、當語彼言。

如來說三受、樂受・苦受・不苦不樂受。當有樂受時、無有苦受・不苦不樂受。有苦受時、無有樂受・不苦不樂受。有不苦・不樂受時、無有苦受・樂受。所以然者、阿難、樂觸緣生樂受、若樂觸滅、受亦滅。阿難、苦觸緣生苦受、若苦觸滅、受亦滅。不苦不樂觸緣生不苦不樂受。若不苦・不樂觸滅、受亦滅。阿難、如兩木相攢則有火生、各置異處則無有火。此亦如是、因樂觸緣故生樂受、若樂觸滅、受亦俱滅、因苦觸緣故生苦受、若苦觸滅、受亦俱滅、因不苦・不樂觸緣生不苦・不樂受、若不苦不樂觸滅、受亦俱滅。

から不苦不楽の感受作用が生じるのであり、もし不苦不楽との接触がなくなれば感受作用もともになくなるのである。

阿難よ、この三種の感受作用は作られたものであり永遠[68]なるものでなく、原因[69]から生じたものであり、尽きる存在であり、滅びる存在であり、崩壊[70]する存在であり、それは自我に属するものでなく、自我はそれに属するものではない。さあ、正しき智慧によりあるがままに観察しなさい。阿難よ、自我を考察する人が、感受作用を自我とみなすなら、彼は誤り[71]となる。

阿難よ、自我を考察する人が、感受作用は自我ではなく、自我は感受作用であると言うならば、彼に次のように語るがよい。

如来は苦の感受・楽の感受・不苦不楽の感受の三種の感受作用を説く。もし楽の感受作用が自我であれば、楽の感受作用がなくなる時、二つの自我があることになり、これは過りである。もし苦の感受作用が自我であれば、苦の感受作用がなくなる時、二つの自我があることになり、これは過りである。もし不苦不楽の感受作用が自我であれば、不苦不楽の感受作用がなくなる時、二つの自我があることになり、これは過りである。阿難よ、自我を考察する人が、感受作用は自我ではなく、自我は感受作用であると言うならば、彼は誤りとなる。

阿難よ、自我を推量して、感受作用は自我でなく、自我は感受作用で

阿難此三受有爲・無常、從因緣生、盡法滅法、爲朽壞法、彼非我有、我非彼有。當以正智如實觀之。阿難、彼見我者以受爲我、彼則爲非。

阿難、彼見我者言受非我・我是受者、當語彼言。

如來說三受、苦受・樂受・不苦不樂受。若樂受是我者、樂受滅時則有二我、此則爲過。若苦受是我者、苦受滅時則有二我、此則爲過。若不苦・不樂受是我者、不苦・不樂受滅時則有二我、此則爲過。阿難、彼見我者言受非我・我是受、彼則爲非。

阿難、彼計我者作此說、受非我・我

なく、感受作用の主体が自我である、と説く人には、次のように語るがよい。

あらゆる対象に感受作用がない場合、あなたはどうして[72]感受作用の主体があり、あなたが感受作用の主体だ、となろうか。（あなたは）『いいえ』と答えるであろう。

こういうわけで、阿難よ、自我を推量して、感受作用は自我でなく、自我は感受作用でなく、感受作用の主体が自我である、と言うならば、彼は誤りとなる。

阿難よ、自我を推量して、感受作用は自我でなく、自我は感受作用でなく、感受作用の主体は自我でなく、ただ渇愛《かつあい》のみが自我である、と言う人には、次のように語るがよい。

あらゆる対象に感受作用がない場合、どうして渇愛があり、あなたが渇愛そのものなのだ、となろうか。（あなたは）『いいえ』と答えるであろう。

こういうわけで、阿難よ、自我を推量して、感受作用は自我でなく、自我は感受作用でなく、感受作用の主体は自我でなく、渇愛が自我である、と言うならば、彼は誤りとなる。

阿難よ、この範囲で語り、応答し、この範囲で限定し、ひろく説き、この範囲で智慧による観察をし、衆生のためになすのである。

62a
非受、受法是我、當語彼言。

一切無受、汝云何言有受法、汝是受法耶。對曰『非是』

是故、阿難、彼計我者言受非我・我非受、受法是我、彼則爲非。

阿難、彼計我者作是言、受非我・我非受、受法非我、但愛是我者、當語彼言。

一切無受、云何有愛、汝是愛耶。對曰、『非也』

是故、阿難、彼計我者言受非我・我非受、受法非我、愛是我者、彼則爲非。

阿難、齊是爲語、齊是爲應、齊是爲限、齊是爲演說、齊是爲智觀、齊是爲

阿難よ、比丘たちはこの理法についてあるがままに正しく観察し、煩悩がないという意味で心は解脱している。

　阿難よ、このような比丘こそ知慧により解脱せるものと名づけられる。このように解脱した心の比丘は、我があることも理解し、我が無いことも理解し、我がありかつ無いことも理解し、我があるわけでもなく無いわけでもないことも理解する。それはなぜか。阿難よ、この範囲で語り、応答し、この範囲で限定し、ひろく説き、この範囲で智慧による観察をし、衆生のためになし、このように理解しつくして穢れなき心の解脱した比丘は、（人に理解されなくとも）このように理解する」

　仏は阿難に言われた。

「自我を推量する人はいく種[73]の説をなすのか。すなわち、自我を推量する人は、あるひと[74]とは少量の形象が自我であると言い、あるひと[75]とは多量の形象が自我であると言い、あるひと[76]とは少量の非形象が自我であると言い、あるひと[77]とは多量の非形象が自我であると言う。阿難よ、少量の形象が自我であると言う人[78]は、少量の形象が自我であると決めつけて、自己の考えが正しく、他は誤りとなす。多量の形象が自我であると言う人は、多量の形象が自我であると決めつけて、自己の考えが正しく、他は誤りとなす。少量[79]の非形象が自我であると断言する人は、少量の非形象

衆生。

阿難、諸比丘於此法中如實正觀、於無漏心解脫。

　阿難、此比丘當名爲慧解脫。如是解脫心比丘有我亦知、無我亦知、有我・無我亦知、非有我・非無我亦知、何以故。阿難、齊是爲語、齊是爲應、齊是爲限、齊是爲演說、齊是爲智觀、齊是爲衆生。如是盡知已無漏心解脫比丘不知不見、如是知見」

　佛語阿難、

「彼計我者齊已爲定。彼計我者或言少色是我、或言多色是我、或言少無色是我、或言多無色是我。阿難、彼言少色是我者定少色是我、我所見是、餘者爲非。多色是我者定多色是我、我所見是、餘者爲非。少無色是我者定言少無色是我、我所見是、餘者爲非。多無色是我者定多無色是我、我所見是、餘者爲非」

が自我であると断言し、自己の考えが正しく、他は誤りとなす。多量の非形象が自我であると言う人は、多量の非形象が自我であると決めつけて、自己の考えが正しく、他は誤りとなす」

仏は阿難に告げられた。

「[80]七識住《しちしきじゅう》と[81]二入処《ににゅうしょ》について、[82]沙門や婆羅門たちは次のように言う。『ここは安らかであり、救いであり、護りであり、舎《やど》りであり、燈火《ともしび》であり、光明であり、帰処《きしょ》であり、虚妄でなく、煩悩に穢れていない』

七とは何か。

ある生きものたちには[83]種々の身体と想念《そうねん》とがあり、神（の一部）と人間とがそれであり、これが初識住処《しょしきじゅうしょ》である。そして沙門や婆羅門たちは、『ここは安らかであり、救いであり、護りであり、舎りであり、燈火であり、光明であり、帰処であり、虚妄でなく、煩悩に穢れていない』と言う。阿難よ、もし比丘が初識住を理解し、生成と消滅とを理解し、味わいと過患とを理解し、[84]苦よりの出離《しゅつり》を理解し、あるがままに理解すれば、阿難よ、その比丘は『それは自我でなく、自我はそれでなく、あるがままに理解する』と言う。

ある生きものたちには種々の身体と唯一の想念があり、[85]梵天がそれである。

ある生きものたちには、唯一の身体と種々の想念とがあり、[86]光音天が

62b

佛告阿難、

「七識住・二入處、諸有沙門・婆羅門言、此處安隱、爲救・爲護・爲舍・爲燈・爲明・爲歸・爲不虚妄・爲不煩惱』

云何爲七。

或有衆生若干種身・若干種想、天及人、此是初識住處。諸沙門・婆羅門言、『此處安隱、爲救・爲護・爲舍・爲燈・爲明・爲歸・爲不虚妄・爲不煩惱』。阿難、若比丘知初識住、知集・知滅・知味・知過・知出要、如實知者、阿難、彼比丘言、『彼非我・我非彼、如實知見』

或有衆生若干種身而一想、梵光音天是。

或有衆生一身若干種想、光音天是。

それである。

ある生きものたちには、唯一の身体と唯一の想念とがあり、[87]遍浄天がそれである。

ある生きものたちは、[88]虚空（の無限であるという境地）に住《す》まう。

ある生きものたちは、[89]意識（の無限であるという境地）に住まう。

ある生きものたちは、[90]なにも作用しないという境地に住まう。これが第七識住《しきじゅう》であり、沙門や婆羅門たちは、『ここは安らかであり、救いであり、護りであり、舎りであり、燈火であり、光明であり、帰処であり、虚妄でなく、煩悩で穢れてない』と言う。阿難よ、もし比丘が七識住を理解し、生成と消滅とを理解し、味わいと過患とを理解し、苦よりの出離を理解し、あるがままに理解すれば、その比丘はそれは自我でなく、自我はそれでないことを、あるがままに理解したと言う。これが七識住である。

二入処とはなにか。

[91]無想入《むそうにゅう》と非想非無想入《ひそうひむそうにゅう》と、これがこの二入処《ににゅうしょ》である。ある沙門や婆羅門は、『ここは安らかであり、救いであり、護りであり、舎りであり、燈火であり、光明であり、帰処であり、虚妄でなく、煩悩で穢れていない』と言う。

阿難よ、もし比丘が二入処を理解し、生成と消滅とを理解し、味わい

或有衆生一身一想、遍浄天是。

或有衆生住空處。

或有衆生住識處。

或有衆生住不用處。是爲七識住處。

或有沙門婆羅門言、『於處安隱、爲救・爲護・爲舍・爲燈・爲明・爲歸・爲不虚妄・爲不煩惱』。阿難、若比丘知七識住、知集・知滅・知味・知過・知出要、如實知見彼比丘言、『彼非我・我非彼、如實知見』。是爲七識住。

云何二入處。

無想入・非想非無想入、是爲此二入處。或有沙門・婆羅門言、『此處安隱、爲救・爲護・爲舍・爲燈・爲明・爲歸・爲不虚妄・爲不煩惱』

阿難、若比丘知二入處、知集・知

と過患とを理解し、苦よりの出離を理解し、あるがままに理解するならば、その比丘は、『それは自我でなく、自我はそれではないことを、あるがままに理解した』と言う。これが二入である。

阿難よ、また[92]八解脱《はちげだつ》というものがある。八とは何か。

（心内の）物質（想念）により（外界の）物質を観ずるのが、[93]初解脱。

心内に物質想念がなく、外界の物質を観ずるのが、[94]第二の解脱。

清らかなる解脱が、[95]第三の解脱。

物質想念を越え、対立想念を滅し、雑多な想念を心に想いうかべず、虚空の（無限であるという）境地に住まうのが、[96]第四の解脱。

虚空の（無限であるという）境地を超越し、意識の（無限であるという）境地に住まうのが、第五の解脱。

意識の（無限であるという）境地を超越し、いかなる（心の）作用もないという境地に住まうのが、第六の解脱。

いかなる（心の）作用もないという境地を超越し、想念があるでもなく、ないでもない境地に住まうのが、第七の解脱。

（心と心のはたらきとをすべて滅し尽くした）滅尽定が、[97]第八の解脱。

阿難よ、比丘たちはこの八解脱において、あるいは順行し、あるいは逆行し、自由自在に出入する。[98]このようにして比丘は、（心解脱と慧解脱との）[99]倶解脱《くげだつ》を得るのである。

滅・知味・知過・知出要如實知見、彼比丘言、『彼非我・我非彼、如實知見』。是爲二入。

阿難、復有八解脱。云何八。

色觀色、初解脱。

內色想觀外色、二解脱。

淨解脱、三解脱。

度色想、滅有對想、不念雜想、住空處、四解脱。

度空處、住識處、五解脱。

度識處、住不用處、六解脱。

度不用處、住有想・無想處、七解脱。

滅盡定、八解脱。

阿難、諸比丘於此八解脱逆順遊行、入出自在。如是比丘得倶解脱」

さて、阿難は仏のお説きになったことを聞き、歓喜して頂戴した。

爾時阿難聞佛所説、歡喜奉行。

釈提桓因問経

丘山 新

[1]このように私は聞いた。

ある時、仏は[2]摩竭《まかつ》国[3]菴婆羅《あんばら》村の北、[4]毘陀《びだ》山の[5]因陀娑羅窟《いんだしゃらくつ》[6]におられた。

その時、[7]釈提桓因《しゃくだいかんいん》は仏にお目にかかりに行きたい[8]との[9]妙《たえ》なる善心を発し、「[10]さあ、世尊のみもとに行こう」と思った。

さて、[11]忉利天《とうりてん》の神々は、釈提桓因が仏を訪れたいとの妙なる善心を発したのを聞くや、すぐに[12]帝釈《たいしゃく》を訪ねて言った。

「[13]すばらしいことです、帝釈よ。如来《にょらい》を訪ねようとの妙なる善心を発したことは。私どももお伴をして世尊《せそん》のもとへ訪ねたいと願っております」

さて、釈提桓因はそこで[14]執楽神《しゅうがくしん》である般遮翼《はんしゃよく》に言った。

「私は今、世尊を訪ねようと思うが、[15]おまえも共に行かないか。この忉《とう》利《り》天《てん》の神々も私と一緒に仏を訪ねるのだ」

如是我聞。

一時佛在摩竭國・菴婆羅村北・毘陀山因陀娑羅窟中。

62c

爾時釋提桓因發微妙善心、欲來見佛、「今我當往至世尊所」

時諸忉利天聞釋提桓因發微妙善心、欲詣佛所、卽尋詣帝釋、白言、

「善哉、帝釋、發妙善心、欲詣如來。我等亦樂侍從詣世尊所」

時釋提桓因卽告執樂神般遮翼曰、

「我今欲詣世尊所、汝可俱行。此忉利諸天亦當與我俱詣佛所」

（般遮翼は）答えた。

「よろしゅうございます」[16]

そこで般遮翼は琉璃《るり》[17]の琴を手に執《と》って、忉利天の神々に囲まれつつ帝釈の前で琴を弾じて供養した。

さて、釈提桓因、忉利天の神々、般遮翼《はんしゃよく》は法堂から忽然[18]と消え、力士[19]が腕を屈伸させるほどの短時間で、魔竭《まかつ》国の北、毘陀《びだ》山に到着した。

その時、世尊[20]は火焔三昧《かえんざんまい》に入っておられ、かの[21]毘陀山も同じ炎のような色をしていた。さて村人はこの様子をみて互い[22]に言いあった。

「この毘陀山は、同じ炎の色をしている。これ[23]はきっと如来や神々の力だろう」

その時に釈提桓因は般遮翼に言った。

「如来・至真[24]はまことに会いがたいが、いま[25]この静寂な場に降臨され、物音ひとつなく静まりかえり、鳥獣を友とされている。この[26]場には常に多くの神妙なる神々がおり、世尊のお側で護衛している。お前[27]は先ず琉璃の琴を奏でて世尊を楽しませなさい。私は神々とあとから行こう」

（般遮翼は）答えた。

「よろしゅうございます」

命令されるや、琉璃の琴を手に執って、まず先に仏のところへ訪ねて

對曰、

「唯然」

時般遮翼持琉璃琴、於帝釋前忉利天衆中、鼓琴供養。

時釋提桓因・忉利諸天及般遮翼於法堂上、忽然不現、譬如力士屈伸臂頃、至摩竭國北・毘陀山中。

爾時世尊入火焔三昧、彼毘陀山同一火色。時國人見、自相謂言、

「此毘陀山同一火色。將是如來諸天之力」

時釋提桓因告般遮翼曰、

「如來・至眞甚難得覩、而能垂降此閑靜處、寂默無聲、禽獸爲侶。此處常有諸大神天、侍衞世尊。汝可於前鼓琉璃琴、娛樂世尊。吾與諸天尋於後往」

對曰、

「唯然」

即受教已、持琉璃琴、於先詣佛、去

ゆき、[28]仏からさほど遠くないところで琉璃の琴を奏でつつ、[29]詩歌を唱えた。
[30]跋陀《ばつだ》よ　汝の父を礼拝す
汝の父は極めて厳かなり
汝を生みし時、吉祥にして
我が心は烈しく汝を願い求めたり
[31]その昔　とある因縁《わけ》ありて
(汝を)求むる心　わが内に生じ
さらに激しく　増しませること
あたかも聖者を供養するがごとし
[32]釈尊は　ひたすらに禅定に努め
常に静寂なる生を願い
正しき意《こころ》もて　甘き露なる涅槃《ねはん》求む
我れ　専《もっぱ》らに汝を念《おも》うこと　亦《ま》た同じ
[33]釈尊は　菩提心《ぼだいしん》を発せし時
佛不遠、鼓琉璃琴、以偈歌曰、
跋陀禮汝父
汝父甚端嚴
生汝時吉祥
我心甚愛樂
本以小因縁
欲心於中生
展轉遂增廣
如供養羅漢
釋子專四禪
常樂於閑居
正意求甘露
我專念亦爾
能仁發道心

必ずや正覚《さとり》を完成せんと願えり
我れいま彼《か》の娘を求めるに
必ずや成就せんと願うこと　亦た同じ

34 我が心　愛著に染まり
汝を愛して　忘れることなし
忘れんと願えども　ついに去《す》てること能《あた》わず
あたかも象が鈎《かぎ》に制《つなが》れたるがごとし

35 （汝に出逢えば、それは）
熱きとき　涼しき風に遇い
渇《かわ》けるに　冷たき清水を得るように
涅《ね》槃《はん》を得たるひとのように
水が火を消すように

36 病めるに良医にあい
飢えた者が美《うま》き飯を食いて
満たされて心に喜びを生ずるように
聖者が真理を楽しむがごとし

63a

必欲成正覺
我今求彼女
必欲會亦爾

我心生染著
愛好不捨離
欲捨不能去
如象爲鈎制

加熱遇涼風
如渇得令泉
如取涅槃者
如水滅於火

如病得良醫
飢者得美食
充足生快樂
如羅漢遊法

37 あたかも象が深く鈎《つな》がれるとも
なおいかんとも伏せぬように
我が心　突き進みて禁制《おさえ》がたく
放逸《ほしいままに》してついに止《とどま》らず

38 あたかも清涼なる池に
いと多き花　浮びて水面を覆えるに
烈しく焼かれたる象が沐浴し
からだごと清涼を得るがごとし

39 我れ　あとさきに施せるものもて
多くの聖者を供養す
この世に福《めでた》き報《むくい》あらば
すべてみな　彼の娘と分《わか》ちあわん

40 汝死なば　我れもまた共に死なん
汝なくして我れいかに生きんや
むしろ我れみずから死《ころ》さしめん
汝なくして存《ながら》えること能わざればなり

如象被深鈎
而猶不肯伏
騂突難禁制
放逸不自止

猶如清涼池
衆花覆水上
疲熱象沐浴
擧身得清涼

我前後所施
供養諸羅漢
世有福報者
盡當與彼供

汝死當共死
汝無我活爲
寧使我身死
不能無汝存

[41]忉利天の主
帝釈よ　いま我が願いを適《かな》えよ
汝は礼節そなわれると我れは称《たた》えん
汝　善くこれを思いめぐらせよ

その時、世尊は三昧《さんまい》より起たれ、般遮翼《はんしやよく》に告げられた。

「おお、なんとすばらしいことだ、般遮翼よ。おまえは清らかな歌声で琉璃《るり》の琴にあわせ、[42]如来を称讃した。[43]琴の音色とおまえの声歌は互いに調和し、悲哀まことに優しく、[44]人の心を感動させた。琴の調べには多くの意味がそなわっており、[45]欲望による束縛も説かれ、[46]梵行《ぼんぎょう》も、[47]沙門《しゃもん》も、また[48]涅槃《ねはん》についても説かれている」

その時、般遮翼は仏に申し上げた。

「私は憶えております。かつて世尊は[49]鬱鞞羅《うつびら》を流れる尼連禅河《にれんぜんが》のほとり、阿遊波陀《あゆばだ》の尼倶律樹《にぐりつじゅ》のもとで、[50]まさに仏としての悟りを成就なされました。時に、[51]大将の子である戸漢陀《しかんだ》と[52]執楽天王《しゅうがくてんのう》の娘とは、ひとつところにあり、[53]ただひたすらに悦楽を貪っておりました。私はそのとき彼らの心がそのようであるのを知るや、彼らのために詩歌を作って欲望による束縛を説き、そしてまた梵行を、沙門を、涅槃をも説いたのです。[54]さて、かの天女は私の詩歌を聞くと、まなざしをあげて微笑み、私に申し

忉利天之主
釋今與我願
稱汝禮節具
汝善思察之

爾時世尊從三昧起、告般遮翼言、

「善哉、善哉、般遮翼、汝能以淸淨音和琉璃琴、稱讃如來。琴聲・汝音不長不短、悲和哀婉、感動人心。汝琴所奏衆義備有。亦說欲縛、亦說梵行、亦說沙門、亦說涅槃」

爾時般遮翼白佛言、

「我念、世尊昔鬱鞞羅・尼連禪水邊・阿遊波陀・尼俱律樹下、初成佛道。時有尸漢陀天大將子及執樂天王女共於一處、但設欲樂。我於爾時見其心爾、卽爲作頌、頌說欲縛、亦說梵行、亦說沙門、亦說涅槃。時彼天女聞我偈已、擧目而笑、語我言、『般遮翼、我未見如

ました。『般遮翼よ、私はまだ如来におめにかかったことはございませんが、かつて忉利《とうり》天《てん》[55]の法講堂で多くの神々が、如来にはかような徳がある、力があると称讃するのを聞いたことがございます。[56]あなたはかわることなく信仰を懐き、如来にお近づきなのですから、[57]いま私はあなたとお知りあいになりたいと心から願っております』と。世尊よ、[58]その時、私はひとこと告げたあとは、何も語りませんでした」

　さて、釈提桓因《しゃくだいかんいん》[59]は次のように考えた。「この般遮翼はもう如来を楽しませたのであるから、[60]私は彼（般遮翼）を思念しよう」と。そして、天帝釈はすぐさま彼を思念した。すると、般遮翼も次のように考えた。

「[61]天帝釈《てんたいしゃく》は、いまやっと私を思念して下さった」と。そこで琉璃の琴を手に執るや帝釈のもとへ行くと、帝釈は言った。

「おまえは、[62]わが名とともに忉利天の神々の思いを述べ、[63]世尊に起居は軽快であられるか、健やかにお出かけであられるかをお訊ねせよ」

　さて、般遮翼は帝釈の命令を受けるや世尊のみもとへ行き、御足に頭をつけて礼拝し、かたえに留まり世尊に申し上げた。

「釈提桓因、ならびに忉利天の神々はわざわざ私をここへ遣わせ、[64]世尊に起居は軽快であられるか、健やかにお出かけであられるかをお訊ねさせたのでございます」

　世尊は答えられた。

63b
來、我曾於忉利天法講堂上、聞彼諸天稱讃如來、有如是德、有如是力。汝常懷信、親近如來、我今意欲與汝共爲知識』。世尊、我時與一言之後、不復與語」

　時釋提桓因作是念、「此般遮翼已娛樂如來訖、我今寧可念於彼人」。時天帝釋即念彼人。時般遮翼復生念言、

「今天帝釋乃能念我」。即持琉璃琴、詣帝釋所、帝釋告曰、

「汝以我名幷稱忉利天意、問訊世尊起居輕利・遊步强耶」

　時般遮翼承帝釋教、即詣世尊所、頭面體足、於一面住、白世尊言、

「釋提桓因及忉利諸天故遣我來、問訊世尊起居輕利・遊步强耶」

　世尊報曰、

[65]「汝ら、帝釈、そして忉利天の神々が、[66]寿命ながく、楽しく憂いなきように。そのわけは、神々、世間の人びと、それに[67]阿《あ》須輪《しゅりん》などのあらゆる生きものは、皆な長寿で安らかに憂いなきことを厭《あ》くことなく願っているからだ」

その時、帝釈は、[68]「私たちも世尊に御挨拶しにゆこう」と心に思うや、忉利天の神々と仏のみもとへ行き、御足に頭をつけて礼拝し、[69]退いてかたえに控えた。

さて、帝釈は仏に申し上げた。

[70]「はて、私は世尊よりいかほど離れて坐ればよろしいのでしょう」

仏は帝釈に言われた。

「汝ら天の神々は多勢だが、かまわず私のそばに坐りなさい」

すると仏の居られた因陀羅《いんだら》の石窟はおのずと広がり、互いに障げることもなくなった。その時、帝釈と忉利天の神々、それに般遮翼は皆な仏の御足に礼拝してかたえに坐った。

さて、帝釈《たいしゃく》は仏に申し上げた。

「ある時、仏は[71]舎衛《しゃえい》国の婆羅門《ばらもん》の館に留まられ、その時、世尊は[72]火《か》焔三《えんざん》昧《まい》に入っておられました。その頃、私はとある理由で[73]千輻《せんぷく》の宝車に乗り、[74]毘楼勒《びるろく》天王のもとへ行くところでしたが、空を過《よぎ》りつつ、ある天女が合掌して世尊の前に佇んでいるのを見かけました。そこで私はその女《むすめ》に語

「使汝帝釋及忉利天壽命延長・快樂無患。所以然者、諸天・世人及阿須輪・諸衆生等、皆貪壽命安樂無患」

爾時帝釋復自念言、「我等宜往禮覲世尊」、即與忉利諸天往詣所、頭面體足、却住一面。

時帝釋白佛言、

「不審、我今去世尊遠近可坐」

佛告帝釋曰、

「汝天衆多、但近我坐」

時世尊所止因陀羅窟自然廣博、無所障碍。爾時帝釋與忉利諸天及般遮翼皆禮佛足、於一面坐。

帝釋白佛言、

「一時佛在舍衛國・婆羅門舍、爾時世尊入火焰三昧、我時以少因縁乘千輻寶車、詣毘樓勒天王所、於空中過見一天女、叉手在世尊前立。我尋語彼女言、

りかけ、『[75]もし世尊が三昧より起たれたならば、おまえはどうか私の名前を告げて、世尊に起居は軽快であられるか、健やかにお出かけであられるかをお訊ねしてくれ』と言いました。[76]はて、その女があとで果たして私にかわってこの気持をお伝えしたのやら。世尊よ、[77]この事をお憶えでしょうか」

仏は言われた。

「確かに憶えている。その女はすぐに汝の言葉どおりに私に挨拶をいたした。私が瞑想から起ったとき、まだ汝の車の音が聞こえていた」

帝釈は仏に申し上げた。

「むかし私はさる理由《わけ》があり、忉利天《とうりてん》の神々と[78]法堂に集まっておりましたが、かしこに以前よりおる神々は皆な、[79]『もし如来がこの世に出現なされば天にすむ者たちが増し、阿須輪《あしゅりん》どもは減る』と言っておりました。いま私はみずから世尊に見《まみ》え、如来・至真《ししん》がこの世に出現なさると天にすむ者たちが増し、阿須輪どもは減る、ということを確かに[80]知り、目のあたりに理解いたしました。

さてここに[81]瞿夷《くい》という釈迦《しゃか》族の女がおり、世尊のみもとで浄らかに梵行を修めておりましたが、命が尽きると忉利天の宮殿に生れ、私の子となりました。忉利天の神々はみな、『[82]偉大なる天の子瞿夷は、すぐれた功徳をそなえ、すばらしい威力をもっている』と称《たた》えます。ところでま

63c

『若世尊三昧起者、汝當稱我名字、問訊世尊起居輕利・遊步强耶』。不審、彼女後竟爲我達此心不。世尊、寧能憶此事不」

佛言、

「憶耳。彼女尋以汝聲致問於我。吾從定起、猶聞汝車聲」

帝釋白佛言、

「昔者我以少緣與忉利諸天集在法堂、彼諸舊天皆作是言、『若如來出世、增益諸天衆、減損阿須輪衆』。今我躬見世尊、躬見自知、躬自作證、如來・至眞出現於世、增益諸天衆、減損阿須輪衆。

此有瞿夷釋女、於世尊所淨修梵行、身壞命終、生忉利天宮、卽爲我子。忉利諸天皆稱言、『瞿夷大天子有大功德、有大威力』。復有餘三比丘、於世尊所

た、ほかに三人の比丘がおり、やはり世尊のみもとで浄らかに梵行を修めておりましたが、命が尽きると位の低い執楽神《しゅうがくしん》のところに生れ、[83]毎日いつもやって来て私に奉仕しているのです。瞿夷はこのありさまを見て、詩歌によって[84]呵責して言いました」

『[85]その昔　汝は仏の御弟子であり
我れ家にありし時
衣と食により供養し
礼拝して敬えり

[86]汝らは何たる人でありましょう
親しく仏の教えを受けながら
浄眼《ほとけ》の説きたまいしことがらを
汝らはこれを理解せず

我れその昔　汝を敬い礼拝し
仏より妙《たえ》なる法《おしえ》を聞き
いま[87]天上に生まれ
帝釈の子となれり

浄修梵行、身壞命終、生於卑下執樂神中、常日日來、爲我給使。瞿夷見已、以偈觸嬈曰、

汝爲佛弟子
我本在家時
以衣食供養
禮拜致恭恪

汝等名何人
躬受佛教誡
淨眼之所說
汝不觀察之

我本體敬汝
從佛聞上法
生三十三天
爲帝釋作子

汝らなぜに理解せざるや
我れの有せるこの功徳を
むかしは88女人の身でありながら
今はさて　帝釈の子となりぬ

89汝らは　むかしみな共どもに
同じく梵《きよ》き行ないを修めつつ
今なぜに卑賤《いやしき》ところに処りて
我れらに仕えるや

90その昔　あしき行ない為したれば
今その故に此の報い受け
ただ卑賤《いやしき》ところに処りて
我れらに仕う』

此の不浄なる処に生まれたれば
ひとに呵責せられたり
聞きてまさに患厭《いとう》べし
ここは厭患《いとう》べきところなりと

汝等何不觀
我所有功德
本爲女人身
今爲帝釋子

汝等本俱共
同修於梵行
今獨處卑賤
爲吾等給使

本爲弊惡行
今故受此報
獨處於卑賤
爲吾等給使

生此爲不淨
爲他所觸嬈
聞已當患厭
此處可厭患

『[91]今よりまさに精進《はげむ》べし
再びは人の下僕とはなるまい』
二人は努めて精進し
如来の法《おしえ》を深く思えり

おのれの[92]恋い願いしものを捨て
欲望は不浄なる行ないなり
欲望の縛《きずな》は[93]虚妄にして
世間を誑惑《くるお》わす　と観ずれば

象が羈絆《きずな》を離れるごとく
（彼ら二人は）忉利天をも超えゆけり
帝釈および忉利天の神々は
法《おしえ》の御堂にあつまるに

かれら（二人は）勇猛なる力によりて
忉利天を超えゆけり
帝釈も　[94]いまだかつてあらざることと讃歎し
神々どもも彼らが過《こ》えゆくを見たり

64a

從今當精勤
勿復爲人使
二人勤精進
思惟如來法

捨彼所戀著
觀欲不淨行
欲縛不眞實
誑惑於世間

如象離羈靽
超越忉利天
釋及忉利天
集法講堂上

彼已勇猛力
超越忉利天
釋歎未曾有
諸天亦見過

（帝釈いわく）『此れは釈迦の御弟子にして
忉利天を超えゆけり
欲望の縛《きずな》を患厭《いとえ》ばなり』
瞿夷もまた此の言《ことば》を説けり

『摩《ま》竭《かつ》国に仏います
名づけて釈迦文[95]といわれます
かの御弟子むかし正[96]しき意《こころ》を失いて
そののち　再び念《おも》いだせり

三人のうちただひとり
あいも変わらず執楽神となり
二人は道諦《しんり》[97]をさとりて
忉利天を超えゆけり

世尊の説ける法《おしえ》をば
弟子はつゆも疑わず
ともどもに法を聞けば
その二人はかのひとりに勝《まさ》りて

此是釋迦子
超越忉利天
患厭於欲縛
瞿夷說此言

摩竭國有佛
名曰釋迦文
彼子大失意
其後還得念

三人中一人
故爲執樂神
二人見道諦
超越忉利天

世尊所說法
弟子不懷疑
倶共同聞法
二人勝彼一

みずから殊勝《すぐれ》し法をさとり
二人とも[98]光音天に生れたり
我れもまた彼らのすぐれしを観《み》て
さればこそ仏のみもとに来至せり』

帝釈は仏に申し上げた。

「どうか、お時間をお割きいただいて、[99]私の疑問を完全に解いて下さりますよう」

仏は語られた。

「おまえの質問に随って、[100]私はおまえのためにひとつずつ説明してやろう」

その時すぐに帝釈は仏に申し上げた。

「神々、世間の人びと、[101]乾沓和《けんとうわ》、阿須羅《あしゅら》、それに他の生きものたちは、みな[102]いかなる煩悩と結びついて、[103]なんと怨みあい武器をもって敵対するようなことになるのでしょうか」

仏は帝釈に告げられた。

「怨みという煩悩が生じるのは、すべて[104]貪欲と嫉妬とに由来する。[105]さればこそ、神々、世間の人びと、阿須羅、それに他の生きものたちは武器で戦いあうようになるのだ」

自見殊勝已
皆生光音天
我觀見彼已
故來至佛所

帝釋白佛言、

「願開閑暇、一決我疑」

佛言、

「隨汝所問、吾當爲汝一一演說」

爾時帝釋卽白佛言、

「諸天・世人・乾沓和・阿須羅及餘衆生等、盡與何結相應、乃至怨讐、刀杖相向」

佛告釋言、

「怨結之生皆由貪嫉。故使諸天・世人・阿須羅・餘衆生等刀杖相加」

その時、帝釈はすぐさま仏に申し上げた。
[106]「まことにそのとおりでございます。世尊よ。怨みという煩悩が生じるのは、貪欲と嫉妬とに由来いたします。さればこそ、神々、世間の人びと、阿須羅、それに他の生きものたちは武器で戦いあうようになるのでございます。私はいま仏のお説きになったことを聞き、[107]心に懸っておりました疑問はすっかりはれ、何の疑問もございません。[108]しかし、まさにこの貪欲と嫉妬が生じるのは、何に由来して起こるのか、何を原因とするのか、何をよすがとするのか、[109]何が源《みなもと》になっているのか、何によって存在し、消滅するのかが解かりません」
仏は帝釈に告げられた。

「貪欲と嫉妬が生じるのは、すべて[110]愛と憎しみとに由来する。愛と憎しみが原因となり、愛と憎しみがよすがとなり、愛と憎しみが始まりとなり、この（愛と憎しみ）によって（貪欲と嫉妬は）存在し、この（愛と憎しみ）がなければ（貪欲と嫉妬）も存在しないのだ」

その時、帝釈はすぐさま仏に申し上げた。

「まことにそのとおりでございます、世尊よ。貪欲と嫉妬が生じるのは、すべて愛と憎しみとに由来いたします。愛と憎しみが原因となり、愛と憎しみがよすがとなり、愛と憎しみが始まりとなり、この（愛と憎しみ）によって（貪欲と嫉妬は）存在し、この（愛と憎しみ）がなけれ

爾時帝釋卽白佛言、

「實爾、世尊、怨結之生由貪嫉故、使諸天・世人・阿須羅・餘衆生等刀杖相加。我今聞佛所說、疑網悉除、無復疑也。但不解此貪嫉之生何由而起、何因・何緣、誰爲原首、從誰而有、從誰而無」

佛告帝釋、

「貪嫉之生皆由愛憎。愛憎爲因、愛憎爲緣、愛憎爲首、從此而有、無此則無」

爾時帝釋卽白佛言、

「實爾、世尊、貪嫉之生皆由愛憎。愛憎爲因、愛憎爲緣、愛憎爲首、從此而有、無此則無。我今聞佛所說、迷惑悉除、無復疑也。但不解愛憎復何由而

ば（貪欲と嫉妬も）存在いたしません。私はいま仏のお説きになったことを聞き、心の迷いはすっかり消え、何の疑問もございません。しかし、愛と憎しみがそれでは何に由来して生じるのか、何を原因とするのか、何をよすがとするのか、何が源になっているのか、何によって存在し、何によって消滅するのかが解かりません」

仏は帝釈に告げられた。

「愛と憎しみが生じるのは、すべて欲望[三]に由来するのだ。欲望が原因となり、欲望がよすがとなり、欲望が源になり、この（欲望）によって（愛と憎しみは）存在し、この（欲望）がなければ（愛と憎しみも）存在しないのだ」

その時、帝釈は仏に申し上げた。

「まことにそのとおりでございます、世尊よ。愛と憎しみが生じるのは、すべて欲望に由来いたします。欲望が原因となり、欲望がよすがとなり、欲望が源となり、この（欲望）によって（愛と憎しみは）存在し、この（欲望）がなければ（愛と憎しみも）存在いたしません。私はいま仏のお説きになったことを聞き、心の迷いはすっかり消え、何の疑問もございません。しかし、それではこの欲望が何から生じるのか、何を原因とするのか、何をよすがとするのか、何が源になっているのか、何によって存在し、何によって消滅するのかが解かりません」

64b 生、何因・何縁、誰爲原首、從誰而有、從誰而無」

佛告帝釋、

愛憎之生皆由於欲。因欲縁欲、欲爲原首、從此而有、無此則無。

爾時帝釋白佛言、

「實爾、世尊、愛憎之生皆由於欲。因欲縁欲、欲爲原首、從此而有、無此則無。我今聞佛所說。迷惑悉除、無復疑也。但不知此欲復何由生、何因・何縁、誰爲原首、從誰而有、從誰而無」

仏は帝釈に告げられた。

「欲望[112]は想念から生じる。想念が原因となり、想念が源になり、この（想念）によって（欲望）は存在し、この（想念）がなければ（欲望も）存在しないのだ」

その時、帝釈は仏に申し上げた。

「まことにそのとおりでございます、世尊よ。欲望は想念から生じ、想念が原因となり、想念がよすがとなり、想念が源になり、この（想念）によって（欲望は）存在し、この（想念）がなければ（欲望も）存在いたしません。私はいま仏のお説きになったことを聞き、何の疑問もなくなりました。しかし、それでは想念が何から生じるのか、何を原因とするのか、何が源になっているのか、何によって存在し、何によって消滅するのかが解かりません」

仏は帝釈に告げられた。

「想念が生じるのは妄想[113]に由来するのだ。妄想が原因となり、妄想がよすがとなり、妄想が源になり、この（妄想）によって（想念は）存在し、この（妄想）がなければ（想念も）存在しないのである。帝釈よ、もし妄想がなければ想念もなく、想念がなければ欲望もなく、欲望がなければ愛と憎しみもなく、愛と憎しみがなければ貪欲と嫉妬もなく、そしてもし貪欲と嫉妬がなければあらゆる生きものは互いに傷つけあうこ

佛告帝釋、

「愛由想生、因想縁想、想爲原首、從此而有、無此而無」

爾時帝釋白佛言、

「實爾、世尊、愛由想生、因想縁想、想爲原首、從此而有、無此則無。我今聞佛所說、無復疑也。但不解想復何由而生、何因・何縁、誰爲原首、從誰而有、從誰而無」

佛告帝釋、

「想之所生由於調戲、因調縁調、調爲原首、從此而有、無此而無。帝釋、若無調戲則無想、無想則無欲、無欲則無愛憎、無愛憎則無貪嫉、若無貪嫉則一切衆生不相傷害。帝釋、但縁調爲本、因調縁調、調爲原首、從此有想、從想

とはない。帝釈よ、しかし妄想によることが根本となり、妄想が原因となり、妄想がよすがとなり、妄想が源となり、これから想念があり、想念から欲望があり、欲望から愛と憎しみがあり、愛と憎しみから貪欲と嫉妬とがあり、貪欲と嫉妬のゆえに生きものたちは互いに傷つけあうようになるのだ」

　帝釈は仏に申し上げた。

「まことにそのとおりでございます、世尊よ。妄想から想念があり、妄想が原因となり、妄想が源となり、これから想念があり、妄想から（想念が）あり、妄想がなければ（想念も）ございません。もしもとより妄想がなければ想念もなく、想念がなければ欲望もなく、欲望がなければ愛と憎しみもなく、愛と憎しみがなければ貪欲と嫉妬もなく、貪欲と嫉妬がなければあらゆる生きものは互いに傷つけあうこともございません。しかし想念が妄想から生じ、妄想が原因となり、妄想がよすがとなり、妄想が源となり、妄想から想念があり、想念から欲望があり、欲望から愛と憎しみがあり、愛と憎しみから貪欲と嫉妬があり、貪欲と嫉妬によってあらゆる生きものは互いに傷つけあうことになります。私はいま仏のお説きになられたことを聞き、心の迷いもすっかり除かれ、何の疑問もございません」

　その時、帝釈はまた仏に申し上げた。

有欲、從欲有愛憎、從愛憎有貪嫉、以貪嫉故、使群生等共相傷害」

帝釋白佛言、

「實爾、世尊、由調有想、因調縁調、調爲原首、從此有想、由調而有、無調則無。若本無調者則無想、無想則無欲、無欲則無愛憎、無愛憎則無貪嫉、無貪嫉則一切群生不相傷害。但想由調生、因調縁調、調爲原首、從調有想、從想有欲、從欲有愛憎、從愛憎有貪嫉、從貪嫉使一切衆生共相傷害。我今聞佛所說、迷惑悉除、無復疑也」

爾時帝釋復白佛言、

「あらゆる沙門《しゃもん》や婆羅門《ばらもん》は妄想[114]をすっかり除いて涅槃の境地にあるのですか、あるいは妄想を除いても涅槃の境地にあるわけではないのですか」

仏は帝釈に告げられた。

「あらゆる沙門や婆羅門が妄想をすっかり除いて涅槃の境地にあるわけではないのだ。[115]なぜそうなのかというと、帝釈よ、世の中には[116]さまざまな境界《きょうがい》があり、人びとはそれぞれ自己の境界に依拠し、かたくなに固執して捨て去れず、已れがまことで他人はいつわりであると思いこむ。こういうわけで、帝釈よ、あらゆる沙門や婆羅門が妄想をすっかり除いて涅槃の境地にあるわけではないのだ」

その時、帝釈《たいしゃく》は仏に申し上げた。

「まことにそのとおりでございます、世尊よ。世の中にはさまざまな人間がおり、それぞれ已れの境界《きょうがい》に依拠し、かたくなに固執して捨て去れず、已れが正しく他人はうそといつわりと思いこみます。こういうわけで、あらゆる沙門や婆羅門が妄想をすっかり除いて涅槃《ねはん》の境地にあるわけではないのです。私は仏のお言葉を聞き、疑問もすっかり除かれて何の疑いもございません」

帝釈はまた仏に申し上げた。

「[117]妄想をとり除いて涅槃の境地に住することは幾種類に規定されるので

64c

「一切沙門婆羅門盡除調戲在滅迹耶、爲不除調戲在滅迹耶」

佛告帝釋、

「一切沙門婆羅門不盡除調戲在滅迹也。所以然者、帝釋、世閒有種種界、衆生各依己界、堅固守持、不能捨離、謂己爲實、餘者爲虚。是故、帝釋、一切沙門婆羅門不盡除調戲而在滅迹」

爾時帝釋白佛言、

「實爾、世尊、世閒有種種衆生、各依己界、堅固守持、不能捨離、謂己爲是、餘爲虚妄。是故一切沙門婆羅門不盡除調戲而在滅迹。我聞佛言、疑惑悉除、無復疑也」

帝釋復白佛言、

「齊幾調在滅迹耶」

しょうか」

仏は帝釈に告げられた。

「妄想には三種ある。[118]一には口によるもの、二には想念によるもの、三には欲求によるものである。人が口で言ったことが自らを害《そこな》い、他人を害い、また両者ともに害う場合、このような言葉は捨てるのである。言うことが自らを害わず、他人を害わず、両者とも害うことのないような[119]時宜を弁《わきま》えた比丘《びく》は、口が言うとおりにしつつ心は専一にして乱れない。想念もやはり自らを害い、他人を害い、また両者ともに害う場合、このような想念は捨てるのだ。想念が自らを害わず、他人を害わず、両者とも害うことのないような時宜を弁えた比丘は、想念どおりにしつつ心は専一にして乱れない。帝釈よ、欲求もやはり自らを害い、他人を害い、また両者ともに害う場合、このような欲求は捨てるのだ。求めたことが自らを害わず、他人を害わず、両者とも害うことのないような時宜を弁えた比丘は、求めるままにしつつ心は専一にして乱れないのだ」

その時、釈提桓因《しゃくだいかんいん》は言った。

「私は仏のお説きになられたことを聞き、深い疑いもなくなりました」

さらに仏に申しあげた。

[120]「『賢者や聖人の執着しない心』と名づけられるものは幾種類に規定されるのでしょうか」

佛告帝釋、

「調戲有三。一者口、二者想、三者求。彼口所言自害・害他、亦二俱害、捨此言已。如所言不自害・不害他、不二俱害、知時比丘如口所言專念不亂。想亦自害・害他、亦二俱害、捨此想已。如所想不自害・不害他、二俱不害、知時比丘如所想專念不亂。帝釋、求亦自害・害他、亦二俱害、捨此求已。如所求不自害・不害他、不二俱害、知時比丘如所求專念不亂」

爾時釋提桓因言、

「我聞佛所說、無復狐疑」

又白佛言、

「齊幾名賢聖捨心」

仏は帝釈におっしゃりました。

「[121]執着しない心には三種ある。一には喜びの心、二には憂いの心、三には無執着の心である。帝釈よ、その喜びの心とは自らを害い、他人を害い、また両者ともに害う場合、このような喜びの心を捨てるのだ。喜ぶことが自らを害わず、[122]他人を害わず、両者をともに害うことのないような時宜を弁えた比丘は、心を専一にして恕《ゆるが》せにしない。それをこそ出家者としての戒律を受けると名づけるのである。帝釈よ、その憂いの心とは、自らを害い、他人を害い、また両者をも害う場合、このような憂いの心を捨てるのだ。憂うことが自らを害うことも他人を害うこともなく、両者をともに害うことのないような時宜を弁えた比丘は、心を専一にして恕せにしない。それをこそ出家者としての戒律を受けると名づけるのである。また次に帝釈よ、その執着しない心とは自らを害い、他人を害い、また両者をもともに害う場合、このような執着しない心を捨てるのだ。執着しないことが自らを害わず、他人を害わず、両者をともに害うことのないような時宜を弁えた比丘は、心を専一にして恕せにしない。これをこそ出家者としての戒律を受けると名づけるのである」


帝釈は仏に申し上げた。

「私は仏のお説きになられたことを聞き、深い疑いもなくなりました」

さらに仏に申し上げた。

65a

佛告帝釋、

「捨心有三。一者喜身、二者憂身、三者捨身。帝釋、彼喜身者、自害害他・亦二倶害、捨此喜已。如所喜不自害・害他、二倶不害、知時比丘專念不忘、卽名受具足戒。帝釋、彼憂身者、自害・害彼、亦二倶害、捨此憂已。如所憂不自害・害他、二倶不害、知的比丘專念不忘、卽名受具足戒。復次、帝釋、彼捨身者、自害・害他、亦二倶害、捨此身已。如所捨不自害・不害他、二倶不害、知時比丘專念不忘、是卽名爲受具足戒」

帝釋白佛言、

「我聞佛所說、無復狐疑」

又白佛言、

「[123]『聖なる戒律によって感官が完全である』と名づけられることは幾種類に規定されるのでしょうか」

　仏は帝釈に告げられた。

「眼が対象を認識する場合、二種あると私は説く。近づくべきと、避けるべきとである。耳と音声、鼻と香り、舌と味、身体と触覚対象、心と思考対象の場合にも、近づくべきと避けるべきとの二種があると私は説く」

　その時、帝釈は仏に申し上げた。

「世尊よ、如来は簡略に説かれたままで、広くそれぞれに説かれておりませんが、私はすっかり理解いたしました。(すなわち)眼が対象を認識する場合、二種あると私は説きます。近づくべきと、避けるべきと。耳と音声、鼻と香り、舌と味、身体と触覚対象、心と思考対象の場合にも、近づくべきと避けるべきとの二種があります。世尊よ、もし眼が対象を観察して善きあり方が減り悪きあり方が増すならば、このように眼が対象を認識することを避けるべきだ、と私は説きます。耳が音声を、鼻が香りを、舌が味を、身体が触覚対象を、心が思考対象を認識するにも、善きあり方が減り悪きあり方が増すならば、避けるべきだと私は説きます。もし眼が対象を認識し善きあり方が増し悪きあり方が減るならば、このように眼が対象を認識することに近づくべきだ、と私は説きま

「齊幾名賢聖律諸根具足」

佛告帝釋、

「眼知色、我說有二。可親・不可親。耳聲・鼻香・舌味・身觸・意法、我說有二、可親・不可親」

爾時帝釋白佛言、

「世尊、如來略說、未廣分別、我以具解。眼知色、我說有二、可親・不可親。耳聲・鼻香・舌味・身觸・意法有二、可親・不可親。世尊、如眼觀色、善法損減、不善法增、如此眼知色、我說不可親。耳聲・鼻香・舌味・身觸・意知法、善法損減、不善法增、我說不可親。世尊、如眼見色、善法增長、不善法減、如是眼知色、我說可親。耳聲・鼻香・舌味・身觸・意知法、善法增長、不善法減、我說可親」

す。耳が音声を、鼻が香りを、舌が味を、身体が触覚対象を、心が思考対象を認識するにも、善きあり方が増し悪きあり方が減るならば、近づくべきだと私は説きます」

仏は帝釈に告げられた。

「まことにそのとおりである。これをこそ『聖なる戒律によって感官が完全である』と名づけるのである」

帝釈は仏に申し上げた。

「私は仏のお説きになられたことを聞き、深い疑問もなくなりました」

さらに仏に申し上げるには、

「比丘が『[124]究め尽くしており、清らかな行ないを究め尽くし、安らぎを究め尽くし、余すことなく究め尽くしている』と名づけられるのは、幾種類に規定されるでしょうか」

仏は帝釈に告げられた。

「[125]愛欲に苦しめられているときに、みずから（その愛欲を）滅することができるならば、これが『究め尽くしており、清らかな行ないを究め尽くし、安らぎを究め尽くし、余すことなく究め尽くしている』ということなのである」

帝釈は仏に申し上げた。

「私が昔から[126]長夜にわたって懐いておりました心に懸《かか》った疑問も、いま

佛告帝釋、

「善哉、善哉。是名賢聖律諸根具足」

帝釋白佛言、

「我聞佛所説、無復狐疑」

復白佛言、

「齊幾比丘名爲究竟・究竟梵行・究竟安隱・究竟無餘」

佛告帝釋、

「爲愛所苦、身得滅者、是爲究竟・究竟梵行・究竟安隱・究竟無餘」

帝釋白佛言、

「我本長夜所懷疑網、今者如來開發所

如来がそれを解きはなって下さりました」

仏は帝釈に告げられた。

「[127]おまえは以前に沙門や婆羅門を訪ね、その意味を尋ねたことがあるのか」

帝釈は仏に申し上げた。

「私は記憶しております。以前に沙門や婆羅門を訪ね、その意味を質問したことを。

以前あるとき、私たちは講堂にあつまり、神々たちと、如来[128]はこの世[129]に出現なさっているはずなのかまだ出現なさっていないのかについて議論いたしました。そしてみなで探してみましたが、如来が世に出現なさっているのがわからず、それぞれ宮殿に戻り欲望[130]のままに楽しんでおりました。さて世尊よ、のちに私は偉大なる神々が欲望を恣《ほしい》ままにしつつ、やがてそれぞれに死[131]んでゆくのを見ました。そして、世尊よ、私は非常なる恐怖におそわれ身の毛[132]もよだつほどでした。その時、沙門や婆羅門が静寂[133]なところにあり、家を捨て欲望を離れているのを見て、そこで私は彼のもとへ行き、『何を究め尽くした境地というのでしょうか』と尋ねたのです。私がこのことを尋ねたのに、彼は答えることができず、理解できないので私に逆に『あなた[134]はいったいどなたですか』と尋ねました。そこで私は『私は釈提桓因です』と答えると、彼はまた『あ

疑」

佛告帝釋、

「汝昔頗曾詣沙門婆羅門所、問此義不」

帝釋白佛言、

「我自憶念、昔者曾詣沙門婆羅門所、諮問此義。

昔我一時曾集講堂、與諸天衆共論、如來爲當出世、爲未出世。時共推求、不見如來出現于世、各自還宮、五欲娯樂。世尊、我復於後時、見諸大神天自恣五欲已、漸各命終。時我、世尊、懷
65b
大恐怖、衣毛爲竪。時見沙門婆羅門處在閑靜、去家離欲、我尋至彼所、問言、『云何名究竟』。我問此義、彼不能報、彼卽不知、逆問我言、『汝爲是誰』。我尋報言、『我是釋提桓因』。彼復問言『汝是何釋』。我時答言、『我是天帝釋、心有所疑、故來相問耳』。時

なたはどちらの釈さまですか』と尋ねます。そこで『私は神々の帝王である釈であり、心中に疑問があり、そこで[135]質問しに来たのです』と答えました。そして私が理解しているとおりに「釈」という意味を彼に説いたのです。すると彼[136]は私の言葉を聞き、あらためて私の弟子になりました。

ところで私は今、仏の弟子であり、悟りの第一段階である須陀洹《しゅだおん》[137]の道に達し、他[138]の境遇に堕落することなく、七たび生死の世界へ往来したのち、必ずや須陀洹としての結果を成就いたします。どうぞ、世尊よ、私[139]が悟りの第二段階である斯陀含《しだごん》を完成するであろうと御予言して下さい」

このように言って、さらに詩歌をつくって語った。

[140] かの染穢《けがれ》し想《おもい》によりて
かくて我が狐疑《うたがい》を生ずれば
長き夜に神々どもと
如来を推《さが》し求めたり

[141] 出家せる人びとの
常に閑静《しずか》なる処に在るを見て

我與彼如所知見說於釋義。彼問我言、更爲我弟子。

我今是佛弟子、得須陀洹道、不墮餘趣、極七往返、必成道果。唯願、世尊、記我爲斯陀含」

說此語已、復作頌曰、

由彼染穢想
故生我狐疑
長夜與諸天
推求於如來

見諸出家人
常在閑靜處

是れ仏・世尊なりと謂《おも》い
かくて往きて稽首し言《と》いけり

謂是佛世尊
故往稽首言

142『我れいま故《ゆえ》ありて問わんがために来れり
なにをか究竟《くきょう》というや』
問えども彼らは答えられず
修行していずこに行くかを

我今故來問
云何爲究竟
問已不能報
道迹之所趣

143今日　等《たぐ》い無き尊き方こそ
これ我が久しく求めし方なり
我れは、已におのれの行《おこな》いを観察《みきわめ》て
心も已に正しく思惟せり

今日無等尊
是我久所求
已觀察己行
心已正思惟

144唯だ聖人のみぞ
わが心の行ないしこと
長き夜に修めし業《わざ》をすでに知る
願わくは世尊よ　わがさとりを予言せよ

唯聖先已知
我心之所行
長夜所修業
願淨眼記之

145人の中にも上《すぐ》れしかた

*歸命人中上

三界《せかい》にも極まり無く尊きかたに帰命す
能く恩愛《ぼんのう》の刺《とげ》を断ち
今、日光のごとき尊きかたを礼拝す

仏は帝釈《たいしゃく》に告げられた。

「おまえは、むかし心[146]からの喜びを得た時のことを憶えているか」

帝釈、答えて、

「はい[147]、世尊よ、むかし得た心からの喜びを憶えております。世尊よ、私はむかし阿須輪と戦い、そして私が勝ち、阿須輪は敗れました。私はそこで（宮殿へ）もどり[148]、心からの歓喜を得たのでございます。しかしこの心からの歓喜をよくよく考えてみますと、ただ穢れきった武器による喜び、闘争による喜びだけでした。ところが、いま私が仏より得ました[149]心からの喜びには武器や闘争による喜びはございません」

仏は帝釈に告げられた。

「おまえは今、心からの喜びを得たが、そのうちでどのような功徳の果報をほしいのか」

その時帝釈は仏に申し上げた。

「私は心からの喜びのうちで、五つ[150]の功徳の果報を願っております。五つとは何かといえば」

三界無極尊
能斷恩愛刺
今禮日光尊

佛告帝釋、

「汝憶本得喜樂念樂時不」

帝釋答曰、

「如是、世尊、憶昔所得喜樂・念樂。世尊、我昔曾與阿須輪共戰、我時得勝、阿須輪退。我時則還、得歡喜念樂。計此歡喜・念樂、*唯有穢惡刀杖喜樂・鬪訟喜樂。今我於佛所得喜念樂、無有刀杖諍訟之樂」

佛告帝釋、

「汝今得喜樂・念樂、於中欲求何功德果」

65c
爾時帝釋白佛言、

「我於喜樂念樂中欲求五功德果。何等五」

そこで詩歌を説いて、

151 我れのちに　もし命終りて
天上の寿《いのち》を捨てなば
よろしきところに生れ患《うれい》を懐かず
我が心をして歓喜せしめよ

152 仏はいまだ救われざるものを救い
能く正真《まこと》なる道《さとり》を説く
正しき悟りの法《おしえ》の中にて
我れかならず梵《きよ》き行いを修めん

153 智慧をもてひとり居《す》まい
心に自ら正諦《しんり》をさとり
むかしより趣《もと》めし所に達し得ば
ここにおいてか長《とこし》えに解脱《げだつ》せん

154 ひたすらにまさに勤めて修行し
仏の真実なる智を習うべし

卽說偈言、

我後若命終
捨於天上壽
處胎不懷患
使我心歡喜

佛度未度者
能說正眞道
於三佛法中
我要修梵行

以智慧身居
心自見正諦
得達本所起
於是長解脫

但當勤修行
習佛眞實智

たといさとりを獲ずとも
功徳はなお天に勝る

[155]あらゆる神妙なる天の神々
阿迦尼吒《あかにだ》など
われのちに輪廻《りんね》の最後の身になれば
必ずまさにかしこに生るべし

[156]我れいま此処《ここ》に
天の清らかなる身を受け
さらに寿命《いのち》を増すをえたり
世尊よ　我れみずから知れり

この詩歌を説きおえると、仏に申し上げた。

「私は心からの喜びのうち、このような五つの功徳の果報を願っております」

その時、帝釈は忉利天の神々に言った。

「おまえたちは忉利天におられる[157]梵童子《ぼんどうじ》を[158]敬い礼拝し、[159]また今、仏に対してこのような尊敬をあらわしたとは、[160]何とすばらしいことだ」

設不護道證
功德猶勝天

諸有神妙天
阿迦尼吒等
下至末後身
必當生彼處

我今於此處
受天清淨身
復得增壽命
淨眼我自知

説此偈已、白佛言、

「我於喜樂・念樂中欲得如是五功德果」

爾時帝釋語忉利諸天曰、

「汝於忉利天上梵童子前恭敬禮事、今於佛前復設此敬者、不亦善哉」

[161]そのことばがおわるや、梵童子が忽然と[162]空中の天人たちの上に登場し、天帝釈に向かって詩歌を説いた。

[163]天王の清浄なる行ないは
大いに衆生《しゅじょう》を利益《りやく》せり
摩竭《まかつ》たる帝釈主《たいしゃくしゅ》は
能く如来の義《いみ》を問えばなり

さて、梵童子《ぼんどうじ》はこの詩歌を説くと、忽然と消え去った。この時、帝釈は座より立ち上がり、世尊の御足に礼拝し、三たび仏のまわりを遶って退き、忉利天の神々と般遮翼《はんしゃよく》も仏の御足に礼拝し、退いた。さて天釈帝はややすすむと、ふりかえって般遮翼に言った。

「なんとすばらしいことだ。おまえはまず仏の前で琴を奏でて楽しんでいただき、そのあとで私と神々は後からやっとついていった。[164]今、私はおまえを、おまえの父の位に任じよう。[165]そして乾沓和《けんとうわ》のなかで最もすぐれたものであればこそ、かの乾沓和王の娘たる跋陀をおまえに与えて妻となすのがふさわしかろう」

世尊がこの教えを説かれた時、[166]八万四千の神々は[167]塵垢《けがれ》を遠離《はな》れ、もの

其語未久、時梵童子忽然於虛空中天衆上立、向天帝釋而說偈曰、

天王清淨行
多利益衆生
摩竭帝釋主
能問如來義

時梵童子說此偈已、忽然不現。是時帝釋即從座起、禮世尊足、遶佛三匝、却行而退、忉利諸天及般遮翼亦禮佛足、却行而退。時天帝釋少復前行、顧語般遮翼曰、

66a
「善哉、善哉。汝能先於佛前鼓琴娛樂、然後我及諸天於後方到。我今*以汝補汝父位。於乾沓和中最爲上首、當以彼拔陀・乾沓和王女與汝爲妻」

世尊說此法時、八萬四千諸天遠塵離

ことを明らかに知る眼が生じた。そして、釈提桓因《しゃくだいかんいん》、忉利天《とうりてん》の神々、それに般遮翼は仏のお説きになられたことを聞き、歓喜して頂載した。

垢、諸法法眼生。時釋提桓因・忉利諸天及般遮翼聞佛所說、歡喜奉行。

注

十上経

注

1――一時仏遊鴦伽国与大比丘衆千二百五十人倶詣瞻婆城止宿伽伽池側　『種徳経』に類似の文がある（同注2～6参照）。パーリ本は「ある時、世尊が Campā の Gaggarā 池のほとりに、五百人の比丘の大集団とともに留まっておられた」とある。梵本は ekasmin samay(e)（以下（　）は校訂者 Mittal の推定による補いを示す：ある時）とのみあって、以下は写本が欠落している。Tripāṭhī（T論文）は、パーリ本と他の梵文経典からパーリ本に対応した梵文を補足している。しかし、根拠がない。むしろ、次にあげる安訳に一致していたと見るべき。安訳「仏在舎衛国祇樹給孤独園」。したがって、本経≠パーリ本／安訳（＝？梵本）。「鴦伽」と「瞻婆」は『典尊経』注191・『闍尼沙経』注22参照。S.Campā ＞西北インド方言 *Camba＞瞻婆 tsjäm-b'uâ となる。「伽伽」は推定中古音 g'ịa-g'ịa. パーリ本は Gaggarā（S. Gargarā）だが、梵文仏典には Gargā の形が見える（*BHSD*., s.v.,Gargā）。Gargā と「伽伽」とが共通に遡れる形として、俗語形 *Gaggā が想定される。要検討。「ゴーゴー音を立てる渦巻き」があったから、Gaggarā 池と言ったのだろう。

2――以十五日月満時……累足而臥　パーリ本・梵本・安訳に対応がない。他方、漢訳『衆集経』の書き出しとほとんど同一で、『衆集経』から借用した表現と考えられる。『衆集経』注5～11参照。

3――僧伽梨　P.＝仏教梵語 saṃghāṭī＞Pkt. saṃghāḍī＞西北インド方言 *saṃghāḷi *saṃghāli＞僧伽梨 səng-g'ịi-â-lji となったのだろう。玄応『音義』一四に「僧伽梨。此音訛也。応云僧伽致、或云僧伽胝」とあるのは面白い。後二者は S. saṃghāṭī の音写。『衆集経』注

11参照。同様に、本『長阿含経』では、S.-ṭ- が、推定中古者の -l- に変わる。例えば、S. kūṭa- >究羅kịəu-lâ（『究羅檀頭経』注4・『世記経』龍鳥品注10。『阿嵬夷経』注91・『三明経』注7も参照）。季羨林「論梵文ṭḍ的音訳」（『中印文化関係史論文集』一九八二、北京）を参照。

4——爾時耆年舎利弗告諸比丘　パーリ本 tatra kho āyasmā Sāriputto bhikkhū āmantesi "āvuso bhikkhave" ti."āvuso" ti kho te bhikkhū āyasmato Sāriputtassa paccassosuṃ.（*DN*. Ⅲ, p. 272, 以下パーリ本からの引用は頁数のみを記す）（そこで、尊者舎利弗は「諸兄、比丘たちよ」と比丘に呼びかけた。「貴兄」とその比丘たちも尊者舎利弗に答えた）。

梵本a(thāyuṣmān Śāriputro bhikṣūn āmantrayati)（p. 357）（T論文に依る：そこで尊者舎利弗は比丘たちに呼びかけた）。安訳「是時、賢者舎利曰請諸比丘」。本経＝安訳＝梵本／パーリ本。

「耆年」はお年寄りのこと。王融「曲水詩序」「耆年闕市井之游、稚歯豊車馬之好」（『文選』巻四六所収）、『晋書』食貨志「有三年之蓄、可以長孺歯、可以養耆年」。ここでは、P.āyasmant, S.āyuṣmat に対応。「尊者」（『闍尼沙経』注3）や「長老」（『自歓喜経』注3）とも訳されている。

5——今我説法上中下言皆悉真正義味具足梵行清浄汝等諦聴善思念之当為汝説　パーリ本にはない。梵本（dharmaṃ vo）deśayiṣyāmi ādau kalyāṇaṃ（madhye kalyāṇaṃ paryavasā)ne kalyāṇaṃ svarthaṃ（suvyañjanaṃ kevalaṃ paripūrṇaṃ pariśuddhaṃ paryavadātaṃ brahmacarayaṃ）(p)r(a)k(ā)ś(a)y(i)ṣy(āmi yaduta daśo)ttaro nāma dharmaparyāyas,（tac）ch(ṛ)ṇuta, sādhu ca（suṣṭh)u（ca ma)nasikuruta, bhāṣiṣye（p. 357）（T論文により、M校訂版を訂正：君たちに法を説こう。初めも善く、中間も善く、終わりも善く、内容も表現も立派で、純粋で、完全で、清浄で、純正で、とりもなおさず聖なる行である法を説こう。すなわち、Daśottara という法話である。よくよく心を集中して聴かれよ）。

安訳「『聴説法。上亦好、中亦好、竟亦好、有慧、有巧、最具浄除至竟、説行、聴従一増至十法、聴、向意、著意、聴説如言』」。本経＝安訳＝梵本／パーリ本。本経の表現については『増一経』注2などを参照。

6——時諸比丘受教而聴舎利弗告諸比丘　パーリ本 āyasmā Sāriputto etad avoca（p. 272）（尊者舎利弗はこう言った）。梵本には対応文がない。安訳「諸比丘従賢者舎利曰、請願欲聞、舎利曰便説」。

7——有十上法　除衆結縛　得至泥洹　尽於苦際　パーリ本・梵本は韻文（śloka）。

パーリ本　dasuttaraṃ pavakkhāmi
dhammaṃ nibbāna-pattiyā
dukkhass' antakiriyāya
sabba-gantha-ppamocanaṃ.(p. 272)
（"十上法"を説こう　涅槃へ導き　苦しみ尽くしあらゆる束縛を除く法を）

梵　本　da(śottaraṃ pravakṣyāmi
dharmaṃ) nirvāṇagāmina(m
duḥkha)syāntakriyāyai ca
sarva-grantha-(pramoca)n(am)(p. 357)
（T論文により、M校訂版を訂正）。

安訳『従一増起至十法、皆聚成無為、従苦得要出、一切悩滅』。

8——又能具足五百五十法今当分別汝等善聴　パーリ本・梵本・安訳に対応なし。

9——一成法一修法一覚法一滅法一退法一増法一難解法一生法一知法一証法　「成法、修行、覚法、滅法、証法」は『増一経』に同じ（同注3〜7参照）。底本には「成法」とがあるが三本と磧砂蔵本には「多成法」とある。確かに「多成法」の方が、パーリ本＝梵本＝安訳に一致するが、解題で述べたように三本と磧砂蔵本には意図的な改訳の跡が見られ、ここもその可能性がある。

「退」はパーリ本 hāna-bhāgiya（退歩させるもの）。梵本 hāna-bhāgīya.

「増」はパーリ本 visesa-bhāgiya（躍進させるもの）。梵本 viśeṣa-bhāgīya.

「難解」はパーリ本 duppaṭivijjha（洞察するのが難しい）。梵本 duṣprativedha.

「生」はパーリ本 uppādetabba（生ずべき）。梵本 utpādayitavya.

「知」はパーリ本 abhiññeyya（直観で理解すべき）。梵本 abhijñeya にそれぞれ対応する。

本経・パーリ本・梵本は第一〜十法でこれらの標題が一定しているが、安訳は訳語が一定していない。

1「行者竟無為、可思惟、可識、可棄、可著、多作、難受、可成、当知、当証」

2「行者竟無為、可増行、当知、可捨、当除、難定、当知、可求、可識、当自証」

3「行者竟無為、当思惟、可識、可捨、可捨、可増、難受、可作、当知、自証」

4「行者竟無為、増行、可識、可捨、可滅、可増、難知、令有、可識、自証」

5「行者竟無為、可増行徳、当知、当捨、可当滅、当増道、難受、令生起、当知、自証知」

6「(行)者竟無為、護行、可識、可捨、可滅、可増、難受、当令有、当知、証自知」

7「行者竟無為、可行、当知、可捨、可滅、増慧、難受知、可（「行」を訂正）令有、当知、当令有証」

8「行者為増本行末得慧法、可行得道、当知、可捨、可滅、可（「行」を訂正）増道、難受、令有、当知、時知当自知」

9「行者多行、（欠）、当知、当抜、当滅、当思惟、難受、起、当知、自証知」

10「多増道能守法、可作、当了知、可捨、可令滅、可（「行」を訂正）令多、難受、令竟、（欠）、自証知」

10――於諸善法能不放逸　『増一経』は「不捨善法」（同注8参照）。パーリ本 appamādo kusalesu dhammesu (p. 272)（善いあり方をおろそかにしないこと）。梵本 apramādaḥ kuśaleṣu dharmeṣu (p. 54)。安訳「担守行」。

11――常自念身　『増一経』に同じ（同注9）。パーリ本 kāyagatā sati sātasahagatā (p. 272)（悦びをともない、体を思念すること）。梵本 kāyagatā s(mṛt)i(ḥ)（T論文によりM校訂版を訂正：体を思念すること）。安訳「意不離身」。

de Jong はパーリ本 sātasahagatā と本経「常」は共に、S. sātatā-あるいは sātatyasahagatā に由来するのではないかという。注89も参照。

12――有漏触　『増一経』に同じ（同注10）。パーリ本 phasso sāsavo upādāniyo (p. 272)（煩悩や執着を引き起こす接触）。梵本 s(pa)rśaḥ sāsrava（upādānīyaḥ）(p. 54)。安訳は「世間麁細」。

13――有我慢　『増一経』に同じ（同注11）。底本の「是」を磧砂蔵本により改める。パーリ本＝梵本 asmimāna.「私は……だ（asmi）」と思い上がること（māna）。安訳「憍慢」。

14――不悪露観　パーリ本 ayoniso-manasikāro（不徹底な思念）。梵本 ayoni(śo manasikāraḥ). 安訳「意本観」（「意」は誤字か。de Jong は「非本観」とすることを示唆――一六頁）。「悪露」は「おろ」と読む。慧琳『音義』「悪露。上烏固反。……玉篇云、悪露、洩漏、無覆蓋也」（大正五四・七九二下）。次注を見よ。

15――悪露観　パーリ本 yoniso-manasikāro（徹底的な思念）。梵本 (yo)niśo manasikāro（T論文により、M校訂版を訂正）。安訳「本観」。

仏教梵語 yoniśas（=P. yoniso）は、「子宮、陰門」の意の S.yoni に接尾辞の -śas がついた語で、「出生の本源まで→根本から、徹底的に」の意味。安訳の「本観」もこの意味。したがって、パーリ本・梵本・安訳は、「根本からの、徹底的な思念」の意。

他方、「悪露」は難解。まず仏典以外を見ると、時代が下がるが『外台秘要』には「悪露、婦人新産積血也」とあり、産後の下りものの意味。

仏典では、㈠女性が不浄であることを示す文脈であらわれ、㈡身体の不浄なことを観ずる不浄観として出る。

㈠「常懐恐怖与婦人交接。念之悪露臭処不浄潔非我法也。尽我寿命不復与相近。当脱是悪露中去」（支讖訳『道行般若経』巻六、大正八・四五五中）。

「貪楽女色、不覚九孔悪露之臭穢、渾沌欲中、如猪処溷不覚其臭」（法炬訳『優塡王経』大正一二・七一中）。

この二つの文例の「悪露」は女性の体から出る不浄な液の意ではないかと思われる。

㈡「悪露不浄、無可楽者」（『無量寿経』巻下、大正一二・二七五下）。

「……有乱心者、無乱心者、菩薩悉皆分別。或以安般守意。或以悪露不浄観」（竺仏念訳『十住断結経』、大正一〇・一〇二九中）。

「汝今復当修行悪露不浄想。所有貪欲悉当除滅」（『増阿』巻七、安般品、大正二・五八一下）。

この場合には、人間の身体から出る、血や膿、尿などの不浄な液のこと。不浄観（aśubhā bhāvanā）は身体の不詳なことを観察するから、「悪露不浄観（想）」と表現された。

では本経は「悪露観」「非悪露観」の言語は何か。これには二つの可能性がある。「悪露観」を aśubhā bhāvanā（不浄観）、「非悪露観」を śubhā bhāvanā（浄観）の訳とみる。ただし、パーリ本・梵本・安訳と対応しないし、浄観を「非悪露観」と訳すのが疑問。

むしろ、ここの「悪露観」「非悪露観」は、パーリ本=梵本=安訳と同じく、yoniśo manasikāraḥ,ayoniśo manasikāraḥ の訳ではないかと思われる。先に述べたように、yoniśas（yoniso）は、「子宮、陰門」の S.yoni の派生語。ここの「悪露」は、yoniśas を、語源の yoni に遡って訳したものではないか。そして「不悪露」は否定辞のついた a-yoniśas（根本的でない、不徹底な）を訳したものと考えられる。しかし、「悪露」は yoni から出る液ではあっても、yoni 自体を「悪露」と訳すか疑問。要検討。

なお、パーリの *MN.* I, p. 11, Sabbāsavasutta に、paṭisaṅkhā yoniso cakkhundriyasaṃvarasaṃvuto voharati（徹底的に考慮して、眼の感官を制御している）とあるが、それに対応する安世高訳『仏説一切流摂守因経』には「眼見色、摂眼根、自守、行悪露観、念本従所生」（大正一・八一三下）とあり、『中阿』「漏尽経」には、「眼見色、護眼根者、以正思惟不浄観」（同、四三二中）とあるのを参照。

さて、三本と磧砂蔵本には、ここが「不悪露観」、前項が「悪露観」と、逆になっていて、早い時期から理解出来なくなったことを示している（注30も見よ）。

16——無間定　パーリ本 ānantariko ceto-samādhi. 梵本（ānanta)ryac(e)t(aḥ)samādhiḥ. 安訳「不中止定」。本経＝安訳＝梵本。

仏音はパーリ本を注釈して「他の箇所では、道（magga）に続いて生じる結果。しかし、ここでは、正しい観察（vipassanā）に続いて生じる道のこと」と言う。後の唯識説では世第一法の位で、主観と客観が空無であると理解する三昧のことをいう。

17——有漏解脱　パーリ本 akuppaṃ ñāṇaṃ（揺るぎない、確固とした智慧）。梵本（sāmayikī kāntā vimuktiḥ）（T論文により、M校訂版を訂正：時間に制約された、楽しい解脱）。安訳「令意止」。

この項は、『倶舎論』に引かれている。*Akbh.*, p.376, eko dharma utpādayitavyaḥ katama ity āha. sāmyikī kāntā cetovimuktir iti. 玄奘訳「一法応起、謂時愛心解脱」（大正二九・一三〇中）。これは梵本に同じ。

安訳の「意止」は後で S. smṛtyupasthāna（念処）の訳語として出るが（注43）、ここでは cetovimukti の訳か。

本経は原語の想定ができないが、あるいは kāntā vimukti を「有漏の解脱」と解釈して訳したのかもしれない。de Jong は、sāsravā vimuktiḥ（煩悩を伴う解脱）の訳と見ている。要検討。本経≠？・梵本≠安訳／パーリ本。

18——諸衆生皆仰食存　『衆集経』には「一切衆生皆仰食存」と出る（同注24）。パーリ本 sabbe sattā āhāra-ṭṭhitikā.（p. 273）（一切衆生は食べ物に依存している）。梵本（sa)rvasatvā āhārasthita(p. 355)（T論文により、M校訂版を訂正）。安訳「一切人在食」。本経＝パーリ本＝安訳＝梵本。

パーリ注釈分献では、この場合の āhāra（食べ物）を、paccaya（原因）で解釈するものが多いが（cf.*CP.*

D.,s.vv.,āhāra;āhāraṭṭhitika)、それは本来的ではない。

19——無礙心解脱　『増一経』に同じ（同注12）。パーリ本 akuppā cetovimutti（揺るぎない、確固とした〝心の解脱〟）。梵本 akopyā cetovimuktiḥ. 安訳「令意莫疑」。安訳の「莫疑」も、akopyā(immovable,steadfast) の訳だろうか。本経＝パーリ本＝梵本＝?.安訳。
　この項は『倶舎論』に引かれている。*Akbh.*,p.376, 玄奘訳「一法応証。謂不動心解脱」（大正二九・一三〇中）。時愛心解脱の対。

20——知慙知愧　『増一経』に同じ（同注13）。『衆集経』は「一有慚、二有愧」（注30）。パーリ本 sati ca sampajaññañ ca（意識をしっかりと持っていることと、はっきり分別すること）。梵本 smṛtiś ca saṃprajanyaṃ ca. 安訳「当有意、亦当念」。したがって、本経／パーリ本＝安訳＝梵本。

21——止与観　パーリ本 samatho ca vipassanā ca（精神集中と正しい観察）。梵本 (śamathaś ca vipaśya)nā ca. 安訳「止観」。本経＝パーリ本＝安訳＝梵本。止観については『沙門果経』注55参照。

22——名与色　『衆集経』（注26）。『増一経』（注15）に同じ。パーリ本 nāmañ ca rūpañ ca（名称と物質）。梵本 nāmaṃ ca rūpaṃ ca. 安訳「名、字」（rūpa を「字」と訳している）。本経＝パーリ本＝安訳＝梵本。『大縁方便経』注26参照。

23——無明愛　『増一経』「無明、有愛」（注16・17）、『衆集経』「一癡、二愛」（注27）。パーリ本 avijjā ca bhavataṇhā ca（無知と、生存に対する渇愛）。梵本 avidyā ca bhavatṛṣṇā ca. 安訳「癡、亦世間愛」。本経＝パーリ本＝安訳＝梵本。

24——毀戒破見　『三聚経』にも「云何二法趣向悪趣。一謂毀戒、二謂破見」（本文九二頁）と出る。パーリ本 dovacassatā ca pāpamittatā ca（他人の忠告に耳を傾けないことと、悪い人々と友人であること）。梵本 āhrīkyam anavatrāpyaṃ ca（羞恥心がないことと、恥じを知らないこと）。安訳「不愧不慚」。本経／パーリ本／安訳＝梵本。本経は S. śīlavipatti, dṛṣṭivipatti に対応するだろう。

25——戒具見具　『三聚経』「云何二法趣向善趣。一謂戒具、二謂見具」（本文九二頁）。パーリ本のこの項には、sovacassatā ca kalyāṇamittatā ca（他人の忠告によく耳を傾けることと、良い人々と友人であること）。梵本 hrīś ca vyavatrāpyaṃ ca（羞恥心と、恥じを知っていること）。安訳はここに「第六、両法難定。両法不当爾爾」とある。伝承の混乱があったか。本経／パーリ本／安訳／

梵本。本経は、S. śīlasampadā, dṛṣṭisampadā に対応。

26――有因有縁衆生生垢有因有縁衆生得浄　パーリ本 yo ca hetu yo ca paccayo sattānaṃ saṃkilesāya, yo ca hetu yo ca paccayo sattānaṃ visuddhiyā.(p. 274)（衆生を汚れに導く直接原因と間接原因、衆生を清浄無垢にする直接原因と間接原因）。梵本も同様。安訳「人本何因縁在世間、得苦。亦当知何因縁得度世」。ただし、梵本と安訳は第九項「知るべきことがら」に、この法を置く。内容は本経＝パーリ本＝安訳＝梵本。

27――尽智無生智　『衆集経』も出る（同注31）。パーリ本 khaye ñāṇaṃ, anuppāde ñāṇaṃ（〔煩悩の〕滅に関する智慧、〔煩悩が〕もはや生じないことに関する智慧）。梵本 kṣayajñānam anutpādajñānañ ca. 安訳「尽黠、不復生黠」（大正蔵に「點」とあるのは誤り）。本経＝パーリ本＝安訳＝梵本。

パーリの注釈によれば、尽智は、煩悩を滅ぼし尽くす八正道に関する智慧。無生智はもはや煩悩が生じない阿羅漢果に関する智慧。

28――是処非処　パーリ本は有為世（saṃkhatā dhātu）と無為界（asaṃkhatā dhātu）をあげ、本経と異なる。しかし、パーリ本 *Saṅgītisuttanta*（漢訳『衆集経』にはない）に、ṭhānakusalatā ca aṭṭhānakusalatā(p. 212)（道理に合うことに関して精通していること、道理に合わないことに関して精通していること）とある。梵本では「理解しがたいことがら」として sthānaṃ ca sthānato duṣprativedham asthānaṃ cāsthānataḥ(p. 57)（道理に合うことを、道理にあうことだと理解するのは難しい。また、道理に合わないことを、道理に合わないことだと理解するのも難しい）。安訳では「第六両方難定、両法不当爾爾。第七両方当知、当不爾爾」がこれに相当するだろう。

「処」は P. ṭhāna, S. sthāna,（本義は「場、場所」）の直訳だが、ここでは、underlying condition, cause, basis, occasion(*BHSD*., s.v.) の意味。『梵動経』注50・115も参照。如来の十力の一つに是処非処力がある。

29――明与解脱　『増一経』に同じ（同注18～19）。パーリ本 vijjā ca vimutti ca（正しい智慧と解脱）。梵本 vidyā ca vimuktiś ca. 安訳「慧亦解脱」。本経＝パーリ本＝安訳＝梵本。

30――一者親近善友二者耳聞法音三者法法成就　『増一経』に同じ（同注20～22）。三本と磧砂蔵本は「……三者非悪露観」。パーリ本 sappurisa-saṃsevo, saddhamma-savanaṃ, dhammânudhamma-paṭipatti(p. 274)（善い人と交際すること。正しい法を聴くこと。法に則した行動）。梵本 sa(t)pu(rusasaṃsevaḥ, saddharma)śravaṇam yoniśo manasikāraḥ(p. 58)（善い人と交際すること。正しい法を聴くこと。徹底的な思念）。安訳「事慧者、亦聞法経、亦当観本」。第三項目に関して本経＝パーリ本／安訳＝梵本＝本経の三本と磧砂蔵本。

三本と磧砂蔵本の「三者非悪露観」は明らかに、梵本＝安訳と同じく、yoniśo manasikāra を訳したもの。本経が翻訳された後、梵本＝安訳と同系統のテキストを手にした人が、意図的に改訳したもの。

ここには、「おおいに成し遂げることがら」を列挙しているから、ayoniśo manasikāra（不徹底な思念）ではなく、yoniśo manasikāra（徹底的な思念）を上げなければならない。だから、本経の訳語に従えば、「悪露観」とあるべきところ。なぜ、「非悪露観」とあるか。それは、「悪露観」の注で見たように、改訳の跡がある三本と磧砂蔵本は、「悪露観」（＝ yoniśo manasikāra）と「不悪露観」（＝ ayoniśo manasikāra）をあべこべにしている。「悪露観」と「不悪露観」の意味を逆に理解していた改訳者はここでも、yoniśo-manasikāra とあったのを、「非悪露観」と誤訳したのである。この事実は重要。

もし、改訳者が、ここや、以下に見られる改訳の際、原語で書かれたテキストを見て改訳したのではなく、単に、すでに翻訳されていた経典や論書とつき合わせて改訳したものなら、このような間違った訳語を使うはずがない。また、改訳者が、新しいテキストを手に、本経全体の徹底的な改訳を試みていたのなら、仏陀耶舎・竺仏念の訳語「悪露観」という語を使わず、別の訳語を作っただろう。改訳者は翻訳語「悪露観」の意味を理解していないほどだから。

したがって、改訳者は、原語（サンスクリット語にせよ、俗語にせよ）で書かれたテキストを手にして、そのテキストと仏陀耶舎・竺仏念訳の本経を対照し、内容が異なっている部分だけ、本経に改訳の手を入れたと考えられる。しかも、そのテキストは、梵本＝安訳と同じ系統のもの、すなわち（根本）説一切有部のテキストと思われる。

31 ——三三昧空三昧無相三昧無作三昧　『増一経』に同じ（同注23）。『衆集経』は「空三昧、無願三昧、無相三昧」（同注60）。パーリ本 tayo samādhī, savitakko savicāro samādhi, avitakko vicāramatto samādhi, avitakko avicāro samādhi.（p. 274）（三種の三昧。尋〔心の粗いはたらき〕と伺〔心の微細なはたらき〕とをもつ三昧。尋がなく伺だけの三昧。尋も伺もない三昧）。梵本はパーリ本

と同様（略）。安訳「当思惟、欲念定、不欲但念（定）、亦不欲亦不念（定）」。

本経の三本と磧砂蔵本には「有覚有観三昧、無覚有観三昧、無覚無観三昧」とあり、この改訳は、パーリ本＝梵本＝安訳に一致。S.vitarka（尋）と vicāra（伺）を、「覚」「観」と訳している。したがって、本経／パーリ本＝安訳＝梵本＝本経の三本と磧砂蔵本。

32 三受苦受楽受不苦不楽受　『衆集経』（注49）・『増一経』（注24）・『大縁万便経』（注35）に同じ。パーリ本 tisso vedanā, sukhā vedanā, dukkhā vedanā, adukha-m-asukhā vedanā.(p. 275)（三種の感受。快感と不快感とそのどちらでもない感受）。梵本も同様。安訳「三痛。楽痛、（苦痛）、亦不楽亦不苦痛」。

梵本＝安訳は、第九項「知るべきことがら」に、この三受を列挙し、この項には「三種の生存形態」を列挙している。すなわち、梵本 trayo bhavāḥ. kāmabhavo rūpabhava ārūpyabhavaḥ(p. 58)（三種の存在形態。欲望を伴う存在、形体をもった存在、形体のない存在）。安訳「欲有、色有、不色有」。

ところで、本経の三本と磧砂蔵本には「三受生処。欲処、色処、不色処」とあり、この改訳は、この項の梵本＝安訳に一致。S. bhava を「生存を受ける処」と解釈して、「受生処」と訳している。したがって、本経＝パーリ本／安訳＝梵本＝本経の三本と磧砂蔵本。

33 三愛欲愛有愛無有愛　『衆集経』（注50）・『増一経』（注25）・『大縁方便経』（注34）に同じ。パーリ本 tisso taṇhā, kāma-taṇhā, bhava-taṇhā vibhava-taṇhā.(p. 275)（三種の渇望。感官の対象に対する渇望、存在に対する渇望、断見に基づく渇望）。梵本 tisras tṛṣṇāḥ kāmatṛṣṇā, rūpatṛṣṇā, ārūpyatṛṣṇā(p. 59)（三種の渇望。感官の対象に対する渇望、形体に対する渇望、形体のないことに対する渇望）。安訳「欲愛、色愛、不色愛」。本経＝パーリ本／安訳＝梵本。

「有」「無有」は S. bhava, vibhava の訳。

改訳が予想されるところだが、三本と磧砂蔵本も底本と同じ。「有」「無有」を、S. rūpa, ārūpya の訳語と見て、改訳の必要を感じなかったのだろうか。

34 三不善根貪不善根恚不善根癡不善根　『衆集経』（注38）・『三聚経』にも出る。パーリ本 tīṇi akusalamūlāni. lobho akusalamūlaṃ, doso……, moho……(p. 275)（不善なことがらの三種の根本。貪欲・怒り・無知という、不善なことがらの根本）。梵本も同様（略）。安訳「本三悪。貪欲悪、瞋恚悪、愚癡悪」。本経＝パーリ本＝

安訳＝梵本。

35――三善根無貪善根無恚善根無癡善根　前項の逆。『衆集経』（注39）・『三聚経』にも出る。パーリ本 tīṇi kusalamūlāni. alobho kusala-mūlam, adoso……, amoho……(p. 275)（善いことがらの三種の根本。貪欲がないこと・怒りがないこと・無知でないことという、善いことがらの根本）。梵本も同様（略）。安訳「無有貪欲本、無有瞋恚本、無有愚癡本」。本経＝パーリ本＝安訳＝梵本。

36――三難解賢聖難解聞法難解如来難解　パーリ本はここに三出要界を列挙し（注38を見よ）、三難解への言及はない。梵本 trīṇi nimittāni. samādhinimittaṃ samādhisthitinimittaṃ samādhi-vyutthānanimittam(p. 59)（三種の様相。精神集中の様相、精神集中の状態に留まっている様相、精神集中から出てくる様相）。安訳「相。定相、定止相、定起相」。

本経の三本と磧砂蔵本には「三難解。三摩提相難解、三摩提住相難解、三摩提起相難解」とあり。梵本＝安訳に一致。S. samādhi（三昧）を「三摩提」と音写しているのが、注目される。本経／パーリ本／安訳＝梵本＝本経の三本と磧砂蔵本。

37――三相息止相精進相捨離相　『衆集経』には、「三相。止息相、精勤相、捨相」と出る（同注61）。パーリ本は過去・未来・現在に関する三種の智恚（ñāṇa）を列挙していて、「三相」への言及はない。梵本 trīṇi vimokṣamukhāni. śūnyatā apraṇihitam ānimittam(p.60)（解説への、三つの第一段階。空〔であると観ずること〕、願い求める対象がない〔と観ずる〕こと、個別的な相がない〔と観ずる〕こと）。安訳「三活向。空、不願、不想」。

本経の三本と磧砂蔵本には「空、無相、無作」とあり、梵本＝安訳に一致。本経／パーリ本／安訳＝梵本＝本経の三本と磧砂蔵本。

A.N. I,256 に samādhinimitta（精神集中の様相）、paggāhanimitta（努力の様相）、upekhānimitta（淡々としている様相）が列挙されるが、それと対応する。しかし、de Jong は「息止想」は śamatha-nimitta（精神鎮静の様想）にあると見ている。P. upekhā, S. upekṣā を「捨離」と訳すのは珍しい。

38――三出要界欲出要至色界色界出要至無色界捨離一切有為法彼名為尽　パーリ本はこの項に欲界・色界・無色界の三界を列挙し、三出要界は第七項「理解しがたいことがら」に置く。そこには、tisso nissāraṇīyā dhātuyo. kāmānaṃ etaṃ nissaraṇaṃ yadidaṃ nekkhammaṃ, rūpānaṃ etaṃ nissaraṇaṃ yadidaṃ āruppaṃ, yaṃ kho pana kiñci bhūtaṃ saṃkhataṃ paṭiccasamuppannaṃ nirodho tassa nissaraṇaṃ.（p. 275）（出離へ導く三つのことがら。超脱――あらゆる欲望を離れること。形体がないこと――あらゆる形体を離れること。滅尽――すでに生じたもの・前世からの因縁により作り出されたもの・因縁により生じたものを離れること）とある。

他方・梵本＝安訳はこの項に「三受」を列挙しているが（注32）、それに呼応して、本経の三本と磧砂蔵本にも「三受。苦受、楽受、不苦不楽受」とある。

したがって、項目の配置に関して、本経／パーリ本／安訳＝梵本＝本経の三本と磧砂蔵本。

39――三明宿命智天眼智漏尽智　『増一経』に同じ。（同注26）。『衆集経』「自識宿命智明、天眼智明、漏尽智明」（同注62）。パーリ本 tisso vijjā, pubbe-nivāsānussati-ñāṇaṃ vijjā, sattānaṃ cutûpapāte ñāṇaṃ vijjā, āsavānaṃ khaye ñāṇam vijjā.（p. 275）（三つの超人的能力。過去世の生存の状態を思い出す知という能力、衆生の再生に関して知る能力、煩悩が尽きたことを知る能力）。

他方、梵本＝安訳には、「無学（もはやこれ以上何も学ぶものがない位。阿羅漢果のこと）の者が持つ能力」とあり、本経＝パーリ本と異なる。梵本 tisro 'śaikṣyo vidyāḥ. katamās tisraḥ. aśaikṣī pūrvenivāsānusmṛtijñānasākṣīkriyā vidyā, aśaikṣī cyutyupapādajñānasākṣīkriyā vidyā, aśaikṣy āsravakṣayajñānasākṣīkriyā vidyā(p. 60)（無学の者が持つ三つの超人的能力。三つとは何か。過去世の生存の状態を思い出す知という、無学の者が持つ能力。無学の者が持つ、衆生の再生に関して知る能力。無学の者が持つ、煩悩が尽きたことを知る能力）。安訳「慧不復学。従本来、亦往生、爾無所応除」。

したがって、本経＝パーリ本／安訳＝梵本。改訳が予想されるところだが、三本と磧砂蔵本も底本と同じ。内容が大きく異なっているわけではないので、改訳しなかったのであろう。

40――諸比丘是為三十法如実無虚如来知已平等説法　三法×十項目で三十法。以下第三～十法の末尾に定型句として出る（ただし、「無虚」の替わりに、第四法では「無空」、第九法では「不虚」とあることと、第五・七・九法には「諸比丘」が無いことが異なる）。パーリ本・梵本・安訳には第一～二法にもこの句があるが、なぜか本経にはない。

パーリ本 it' ime tiṃsa dhammā bhūtā tacchā tathā avitathā anaññathā sammā tathāgatena abhisambuddhā.（p. 276）（これら三十のことがらは、有りのままであり、真実で、如実で、真正で、まさしくその通りである。如来はこれらを正確に理解する）。

梵本 itīma āyuṣmantas triṃśad dharmās [tathā avitathā ananyathā bhūtāḥ satyās tathyā yathābhūtā aviparītā aviparyastā evam etad yathābhūtaṃ samyakprajñayā draṣṭavyāḥ](p. 60)(［ ］は第一法から補った：尊い方々よ。これら三十のことがらは、如実で、真正で、まさしくその通りで、有りのままで、真理で、真実で、有るがままで、偽りではなく、間違いではない。まさしくこのように、有るがままに、正しい智慧で見るべきものである)。

安訳「是為行者三十法、是不非、是不異、有諦、如有、不惑、不倒、是如有、持慧意観」(「是如有是」とあるが、二つ目の「是」は衍字。「行者」は呼格 āyuṣmantas の訳)。

本経はパーリ本と近似しているが、「説法」とあるのは、特異。本経≒パーリ本／安訳＝梵本。

「如実」は「ありのままに」という意味ですでに『論衡』などに用例がみえる（『梵動経』注19参照)。

「平等」はここでは、P. sammā, S. samyak（完全に、正しく）に相当。『小縁経』注126・『増一経』注49・『阿㝹夷経』注171・『清浄経』注29『梵動経』注53・55参照。

41――四輪法　パーリ本 cattāri cakkāni（四つの車輪)。梵本 catvāri devamanuṣyāṇāṃ cakrāṇi yair deva ……（破損)…… yamānā vṛddhiṃ vaipulyam āpadyante kuśalair dharmaiḥ. katamāni catvāri (p.61)（人々と神々の四つの車輪。それによって、神……正しいあり方により繁栄と豊かさに到達する。四つとは何か)。安訳「天人輪」。本経＝パーリ本／安訳＝梵本。なお、*Mahāvyutpatti*, No.1603-7 やパーリの *AN*. Ⅱ, 32でも言及されるが、そこでの記述は梵本に類似している。

しかし、三本と磧砂蔵本には「謂四天人輪備悉具有天人四輪廻転生長荘満（明本は「厳」）於諸善」とあり、ここでも梵本に近似している。

S. cakra（P. cakka）は、「輪、車輪」が原義。ここでの意味はやや難しい。Edgerton は "circles or states of (desirable, happy) existence (in which gods and men may find themselves)"（*BHSD*., s.v.）と理解している。

他方、すでに仏音は、上述の *AN*. の文を引き、「繁栄への車輪」と説明し、*PTSD*. も "like the four wheels constituting the moving power of a carriage = a vehicle, instrument, means" とし、これに従い、Mittal は "Beförderungsmittel" と訳している（梵本独訳)。また、安世高『陰持入経』にもこの「四輪」が出ているが、その陳慧註は「輪者喩車輪也。能載致物。言人有是四輪、亦載致人於道也。四輪応四諦四禅、為属道衜也。百法四輪義同也」（大正三三・二〇上〜中）と解釈している。

　ここに列挙されている「住中国」「近善友」「自謹慎」「宿殖善本」の四項目は『増一経』にも見える。同註27〜30を見よ。安訳は「好郡居」「依慧人」「自直願」「宿命有本」。

42——自謹慎　すでに『増一経』註29で述べたように、対応する P. attasammāpaṇidhi, S. ātmanaḥ samyakpraṇidhānaṃ は、ここでは「自分の心の正しい方向に振り向けること」の意であろう（梵本独訳 "rechte Ausrichtung der eigenen Person"）。

　S. praṇidhāna(P. paṇidhāna), praṇidhi(P. paṇidhi) は、ここでは「心を振り向ける。心を据える」の意であろうが、仏典では、この意味から派生した「誓願、願」の意で使うことが多い。本経の「自謹慎」は前者、安訳の「自直願」は後者の意味を採ったもの。しかし、本経の三本と磧砂蔵本には「宿曾発精願」とあり、後者の意味を採って改訳したことを示している。

43——四念処　「念処」は P. satipaṭṭāna, S. smṛtyupasthāna. 以下の句に関しては「闍尼沙経』注97〜99・『衆集経』注91などを参照。安訳「四意止」。

阿論は本経に類似している。すなわち「何謂修四念処。謂内身観身、行勤精進、応正智念、除世間貪憂。外身観身、……。内外身観身、……。受・心・法亦如是」（大正二八・六一三上。六三三中にも類句が出る）。

44——四食摶食触食念食識食　『衆集経』注85・『増一経』注32参照。安訳「四飯。摶飯、楽飯、念飯、識飯」（S. sparśa "接触" を「楽」と訳しているのは興味深い）。

45——四受欲受我受戒受見受　「受」は P.＝S. upādāna（執着）に対応する。詳しくは『増一経』注33を見よ。パーリ本には cattāro oghā（四つの奔流）が列挙されていて対応しない（パーリ本 *Saṅgīti-suttanta* は cattāri upādānāni として列挙している。『衆集経』注87）。梵本 catvāry upādānāni. katamāni catvāri. kāmopādānaṃ dṛṣṭyupādānaṃ śīlavratopādānam ātmavādopādānam (p. 63)（四つの執着。何が四つか。感官の対象に対する執着、誤った見解への執着、誤った戒や誓いに対する執着、個我があるという説に対する執着）。安訳「四蟻。欲蟻、意生是蟻、戒願蟻、受身蟻」（三本では蟻＝癢）。

　すでに『増一経』注33で指摘したように、一般に四受（取）は「欲、見、戒、我」の順で列挙される。確かに梵本やパーリ本 *Saṅgīti-suttanta*・梵本 *Saṅgīti-sūtra* の相当箇所でもこの順序である。しかし、本経を始め、漢訳『長阿含経』では、「欲、我、戒、見」の順になるという特徴がある（ただし『大縁方便経』は「欲取、見取、戒取、我取」）。ところが、三本と磧砂蔵本ではここの箇所は「欲受、我受、戒受、見受」となっていて、一般的な順序に書き改めていることが分かる。

46——四扼欲扼有扼見扼無明扼　『衆集経』にも出る（同注123参照）。パーリ本 cattāro yogā. kāma-yogo, bhava-yogo, diṭṭhi-yogo, avijjā-yogo.(p. 276)（四つの束縛。欲望という束縛、生存という束縛、誤った見解という束縛、無知という束縛）。他方、梵本は catasro vipattayaḥ（四つの失敗）として戒・正しい見解・正しい行為・正しい生計に失敗することを列挙している。安訳「四失。戒失、意是失、行失、業失」。本経＝パーリ本／安訳＝梵本。阿論は本経に全同（大正二八・六五一中）。

「扼」は三本と磧砂蔵本には「枙」につくる。S.yoga の訳。yoga は「軛《くびき》（yuga）をつけること。軛をつけた乗り物。軛」の原意から「連結、結合」、さらに仏典では「束縛、執着」の意になる（*PTSD*., s.v. yoga^3, “bond, tie; attachment[to the world and its lust]”）。

47——四無扼無欲扼無有扼無見扼無無明扼　前項の否定。『衆集経』に出る（同注123参照）。パーリ本 cattāro visaṃyogā. kāmayoga-visaṃyogo, ……（四つの束縛からの離脱。欲望という束縛からの離脱……）。他方、梵本は catasro saṃpattayaḥ（四つの成功）として、戒・正しい見解・正しい行為・正しい生計の成功を列挙している。安訳「四成。戒成、意是成、行成、業成」。本経＝パーリ本／安訳＝梵本。なお、de Jong によれば、梵本・安訳の挙げる四種の sampatti(＝sampadā) はパーリ文献には見えないという。

48——有四聖諦苦諦集諦尽諦道諦　大正蔵の「滅」を底本・磧砂蔵本により「尽」に改める。『衆集経』にも出る（同注117参照）。パーリ本は四種の三昧を列挙していて対応してない（パーリ本では知るべきことがらの項にこの四諦を列挙している）。梵本 catvāry āryasatyāni. katamā(ni catvāri. duḥkham āryasatyaṃ, duḥkhasamudayo, duḥkhanirodho, duḥkhanirodhagāminī)pratipad āryasatyam(p. 64)（四つの聖なる真理。四つとは何か。苦という聖なる真理、苦の生起、苦の滅、苦の滅へ至る道という聖なる真理）。安訳「四諦。苦諦、習（元本・明本に集）諦、尽諦、受滅苦諦」。本経＝安訳＝梵本／パーリ本。

「集諦」は宋本に「習諦」とある。「習」は「畳」に通じ、「かさなる、つもる」の意。

49——四智法智未知智等智知他心智　パーリ本 cattāri ñāṇāni. dhamme ñāṇaṃ, anvaye ñāṇaṃ, paricce (*v.l.* paricchede は採らない) ñāṇaṃ sammuti-ñāṇaṃ. (p. 277) (四つの智慧、法に関する智慧、類推に関する智慧、他人の心を知る智慧、常識に関する智慧)。梵本 catvāri jñānāni. duḥkhajñānaṃ, samudaya (jñ)ā(naṃ, nirodhajñānaṃ, mārgajñānam) (p. 64) (四つの智慧、苦に関する智慧、生起に関する智慧、滅に関する智慧、道に関する智慧)。安訳「四黠。苦黠、習黠、尽黠、道黠」(「黠」は智慧の意)。本経＝パーリ本／安訳＝梵本。『衆集経』にも本経とほぼ同文が見える(同注120)。

　本経のこの部分の三本の磧砂蔵本には「苦智、集(宋本は「習」)智、滅智、道智」とあり、安訳・梵本と内容が一致している。

　さて、すでに『衆集経』の注120で指摘されているように、「未知智」と「等智」は問題のある訳語である。まず前者に関して、P.＝S. anvaya (論理的前後関係、推論、類推)は俗語では、*aṇṇaya となり得、これが、S. ajñāta (未知の)の俗語形 aṇṇāya と混同された結果、「未知智」と訳されたのではないかと Behrsing は推定している (Anm. 180)。ただし、パーリ語や西北インドの俗語では、-nv->-mm-, -m- (西北インド)、-nn- (例、S. dur-anvaya>P. dur-annaya) となり、また、-jñ->-ññ-, -ñ- (西北インド) となるから、それらの言語では、上の二語の混同はまず起こらない。また、この語は、多く「比智」「類智」と訳されるが、本経と同じく「未知智」と訳しているものも幾つかある。例えば、『鞞婆沙論』巻一三(大正二八・五〇九中以下)、『阿毘曇八犍度論』巻一一(大正二六・八二一上以下)。前者では「遙知故、名未知智。……従果遙知因、従身行口行遙知心」などと解釈しているが、推論して未知のものを知る智慧という意味で、「未知智」と訳したのではないか。

　つぎに「等智」について。P. sammuti (同意、選択、決定、一般の意見、通説) は、ここでは、「世間一般の常識」ほどの意であろう。S. sammati に由来するこの語は、仏教梵語で saṃvṛti, saṃvṛtti という形に back-formatiom される。この語は、本経や『衆集経』だけでなく、多くの古い漢訳で「等智」と訳されているが、なぜそう訳されたのか不明である(水野弘元、「Pali, Sanskrit, Prakrit 相互の関係語の語形及び語義の異同について(その一)」『仏教研究』一五号、一六頁以下を参照)。ただ『鞞婆沙論』に「何以故説等智。答曰、知等、故名等智。如此中、浄不浄行、尽行裁割縫・去来・坐臥・言語・飲食、如是余事、是謂知等。故曰等智」(大正二八・五一〇下)、『六十巻毘婆沙論』に「何等名等智。答曰、世人等行此智、故名等智。如男女来去、世人現所行法等」(同・三四四下)とあるのを見ると、世人が等しくもっている智慧の意で、「等智」と意訳したのかも知れない。なお、『衆集経』注120は S. samyak の俗語形 sammā と混同された可能性を示唆しているが、無理。

また「他心智」に関して。P. paricca は難解。パーリの伝承でも分かりにくかったようで、pariccheda(識別)とする text もある。*MN.* Ⅱ, p.19 では、pa-ricca を、parasattānaṃ para-puggalānaṃ cetasā ceto paricca pajāti(他の衆生、他の人々の心中をくまなく把握して知る。cf. *DPL.*, s.v. paricca)と説明し、パーリの注釈書はこれを引用している。他方、梵本で書かれた論書では、paracitta-jñāna(他人の心に関する智慧)となるが、パーリの語形の方がより本来的であろう。要検討。

前項の四諦とこの四智をあわせ、八智という。

50——四弁才法弁義弁辞弁応弁　『衆集経』注121参照。パーリ本はこの項に上記の四諦を列挙している。梵本(ca-tasraḥ saṃjñāḥ. parittam eke saṃjānaṃti, mahadga-tam eke saṃ(jā)na(ṃ)ti, a(pra)māṇa(m e)ke saṃ(j-ā)na(ṃ)ti, nās(t)i(kiñcid ity ākiñcanyāyatanam eke saṃjānaṃti)(p. 64)(四つの知覚。ある人々は小さなものを知覚し、ある人々は大きなものを知覚し、ある人々は無量のものを知覚し、ある人々は無の領域を知覚する)。安訳「四相識。少識。多識。識(宋本には「識」字なし)無有量・無所有不用識。知多、知無有量、知無所有不用智知」。本経/パーリ本/安訳=梵本。阿論の訳語は本経に同じ(大正二八・五九五中以下)。

ここでも、本経の三本と磧砂蔵本では「知小、知大、知無量、知無辺法」と改訳されている。これは安訳・梵本と一致するもの。他方、『衆集経』には、四弁才も出るが、「四つの知覚」も「謂四思惟。少思惟、広思惟、無量思惟、無所有思惟」と訳されている(本シリーズ第2巻二〇五頁)。上記の三本と磧砂蔵本の改訳語は、『衆集経』の訳語を参照しなかったことが分かる。

51——四沙門果須陀洹果斯陀含果阿那含果阿羅漢果　『衆集経』注118・『増一経』注34参照。パーリ本は本経と同内容。梵本(catvāraḥ sākṣīkaraṇīyā dharmāḥ. santi dharmāḥ kāyena sākṣīkartavyāḥ)(santi smṛtyā), sa-(n)ti cakṣuṣā, santi pr(aj)ñ(a)yā sākṣīka(rtavyā dharmāḥ)(p. 64)(四つの証得されることがら。身で証得さ

れるものがある。思念によるものがあり、視覚によるものがあり、智慧で証得されるものがある）。安訳「一法身当知、二法意当知、三法眼当知、四法慧当知」。本経＝パーリ本／安訳＝梵本。

ここでも、本経の三本と磧砂蔵本では「有法須身証、有法須念証、有法須眼証、有法須慧証」と改訳されている。これは安訳・梵本と一致するもの。他方、『衆集経』には、四沙門果も出るが、この「四つの証得されることがら」も列挙され、「謂四受証。見色受証、身受滅証、念宿命証、知漏尽証」と訳されているから（本シリーズ第2巻二〇二頁、同注115参照）、前項同様、『衆集経』の訳語を参照せずに改訳されたことが分かる。三本と磧砂蔵本に見られる意図的な改訳は、ここまででひとまず絶える。次の五法以下でも、内容が安訳・梵本と一致しない項目は多々あるが、それらに合わせて改訳された形跡はほとんどない。

52――無虚　大正蔵には「無空」とあるが、底本・宋本・明本・聖護蔵本・房山石経および磧砂蔵本には「無虚」とある。意味は同じ。

53――五滅尽枝　以下の部分は同じ表現が『衆集経』と『増一経』に出る。『衆集経』注138～142・『増一経』注35～40を見よ。パーリ本・梵本も内容的にほぼ一致している（上記二経の注を参照）。安訳「五種断意。何等五。⑴道弟子、有道信有根著本、無有能壊者。忍辱亦仙人、若天、若魔、若梵、亦余世間耶。⑵亦無有匿、無有態、真直、如有身行。意著道慧同行。⑶身亦少病安善。如応持腹行、身不大寒、不大熱、無有恚、時和令消、飲食噉、令身安調。⑷発精進行、有瞻精進方便、堅得好法、意不捨方便。寧肌筋骨血幹尽、精進不得中止。⑸要当得所行、行慧従起滅慧得道者、要不厭行直滅苦」。

ただし、本経とパーリ本が、健康なことを第二項に、正直なことを第三項にしているのに対し、安訳と梵本は逆にしている。ゆえに順序に関して、本経＝パーリ本／安訳＝梵本。

なお、しばしば指摘したように、S. pradhāna（努力）は俗語で p(r)ahāṇa となり、pra√hā（捨てる、取り除く）の派生語と誤解され、「断」「滅」「滅尽」と訳される（『転輪聖王修行経』注134・『衆集経』注94・『増一経』注34など参照）。しかし、これは誤訳というよりは、その当時の教理を反映しているといえよう。というのも、この語を「努力」と「（懈怠あるいは煩悩を）断滅」と両方の意味で解釈する論書が多々見られるからである（水野前掲論文一五頁参照。また阿論六一六下～七上も参照)。

54——五根信根精進根念根定根慧根　『衆集経』(注136)と『増一経』(注41)に同じ。パーリ本の対応箇所には、完全な三昧の五つの特徴が列挙され、梵本・安訳は五種の禅定について詳説していて、本経とは異なる。ただし、「五つのことがら」の第六項の対応箇所にはパーリ本・梵本・安訳のいずれにも五根が列挙されている。したがって、本経/パーリ本=安訳=梵本。ちなみに安訳の訳語は「念根」が「意根」となっているだけで他は本経に同じ。

55——五受陰色受陰受想行識受陰　『衆集経』(注132)と『増一経』(注42)に同じ。パーリ本・安訳・梵本も本経に一致する。安訳「五種。一為色受種、二為痛受種、三為想受種、四為行受種、五為識受種」。安訳ではP.=S. vedanā(感受、感覚、苦痛)を「痛」と訳している(『大縁方便経』注23参照)。教理上、vedanāを「苦痛」の意でとる伝統があったのかも知れない。本経=パーリ本=安訳=梵本。

56——五蓋貪欲蓋瞋恚蓋睡眠蓋掉戯蓋疑蓋　『衆集経』(注133)と『増一経』(注43)に同じ。パーリ本・安訳・梵本も本経に一致する。安訳「五蓋。一為愛欲蓋、二為瞋恚蓋、三為睡眠蓋、四為戯楽蓋、五為悔疑蓋」。本経=パーリ本=安訳=梵本。

57——五心礙結　パーリ本　cetokhila ('spritual barrenness'), 梵本 cetaḥkhila ('geistige Verhärtung'). 安訳「心意釘」。

　khila の原意は「不毛の地」。これから、'barrenness of mind, hardness of heart' (*PTSD*., *BHSD*.) の意となる。安訳の「釘」は kīla, khīla(「くい、閂、木釘」)との混同を示している。

　「礙結」は「礙、止也」(『説文』)とあり、「むすぼれて妨げるもの」の意。『増阿』巻四九では「結」と訳している(大正二・八一七上〜中)。

58——一者比丘疑仏……是為四心礙結　パーリ本 idh' āvuso bhikkhu satthari kaṅkhati vicikicchati nādhimuccati na sampasīdati. yo so āvuso bhikkhu satthari kaṅkhati vicikicchati nādhimuccati na sampasīdati, tassa cittaṃ na namati ātappāya anuyogāya sātaccāya padhānāya. yassa cittaṃ na namati ātappāya anuyogāya sātaccāya padhānāya, ayaṃ paṭhamo cetokhila. idh' āvuso bhikkhu dhamme kaṅkhati …… (略) …… saṃghe kaṅkhati …… (略) …… sikhāya kaṅkhati …… (p. 278)(君たち。ここで比丘が師を疑い、いぶかり、心を寄せず、信じないとき……彼の心は熱意、専心、

ねばり強さ、努力へとは向かない。……これが第一の心の頑固さ。君たち、ここで比丘が法を疑い、……僧衆を疑い、……修学を疑い、……これが第四の心の頑固さ）。梵本は破損部分もあるが、一致するようだ。安訳「若学者不信道、疑、不下、不可、不受、如是心意一釘為未捨。不受道法教誡故」。本経＝パーリ本＝安訳＝梵本。ただし、本経は戒に関する部分で特異な表現をしている。

59――穿漏行　「穿漏」は同じ方向の字を重ねた六朝代の造語。詩賦などでは、あばらやのすきまだらけの様を意味する。『衆集経』注168にあげられた庾信の「小園賦」の例を見よ。

60――又復比丘於梵行人生悪向心……而毀罵之　パーリ本 idh' āvuso bhikkhu sabrahmacārīsu kupito hoti anattamano āhata-citto khila-jāto. yo so āvuso bhikkhu sabrahmacārīsu kupito hoti anattamano āhata-citto khilajāto. tassa cittaṃ na namati ātappāya anuyogāya sātaccāya padhānāya. ahaṃ pañcamo cetokhilo (p. 238)（君たち。ここで比丘が仲間の修行者に対して怒り、腹を立て、気分を害し、わだかまりを生じたとき、……彼の心は熱意、専心、ねばり強さ、努力へとは向かない。これが第五の心の頑固さ）。梵本 …… ś ca vijñaiḥ sabrahmacāribhis tān vākpratodakair vi(garhati? aṅgulipratodakaiś ca?) …… (kupitaḥ?) sabrahmacāriṣu (p. 67)（学識ある仲間の修行者たちに……、彼らを言葉で突いて、〔責め、指で突いて〕……仲間の修行者に対して〔怒る〕)。安訳「亦如有学者、在道散名聞、慧者、同学者、持悪口向喙勤意離嬈侵。若有道名聞、慧者、同学者、持悪口向喙勤意離嬈侵、如是、是為五心意釘未捨」。パーリ本の表現は他とは異なる。本経は梵本・安訳により近似している。

「又復」の「復」は「而復」「或復」「雖復」などの例と同様、語調を整える接尾辞。志村良治『中国中世語法史研究』九九頁参照。

「生悪向心」は難解。三本と磧砂蔵本には「生悪害心」とあるが、敢えて底本の読みを採る。

「毀罵」は同義字を重ねた六朝代の造語。『法華経』法師品「若有悪人以不善心、於一劫中現於仏前、常毀罵仏、其罪尚軽」（大正九・三一上）。

61――五喜本一悦二念三猗四楽五定　パーリ本・梵本・安訳はこの項目で五根を列挙していて、対応しない。注54で述べたように本経の五根の対応箇所で、パーリ本には、完全な三昧の五つの特徴が列挙され、梵本・安訳は五種の禅定について詳説している。これらは、この「五喜本」と関係があるかも知れない。パーリ本のその箇所には、pañcaṅgiko sammā-samādhi, pīti-pharaṇatā, sukha-pharaṇatā, ceto-pharaṇatā, āloka-pharaṇatā, paccavekkhaṇa-nimittaṃ.（pp. 277-278）（完全な三昧の五つの要素。喜悦の拡散、楽の拡散、思念の拡散、輝きの拡散、考察の相）。まず、安訳は五種の禅定について詳説しているが（大正蔵で一段余り）、内容的にはパーリ本に対応するようである。梵本は復元不可能なまで破損しているが、残存部分には（〔 〕の中は不確かな部分、（ ）は補った部分）、

///[lobha]……ti. puna[r=a]para(ṃ) bhikṣuṇ[ā]
/// /// ……niṣaṃ[ṇo]……[purato]///
///[su]gṛhītaṃ bhavati [sumanasi]kṛtaṃ su[juṣṭ](aṃ) [su]///（p. 34）

（〔貪欲〕……さらに、別の比丘は……座り……〔前に〕。〔しっかりと〕受け、〔よく思念〕し、よく〔専念し〕、〔よく〕）

とあり、これは安訳の「亦有道弟子（中略）熟念、熟居、熟受」という表現に対応するし、破損部分の長さの点からも、梵本と安訳は対応していたと思われる。

「五喜本」は、後に出る「九喜本」（注189）・「九愛本」（注191）の表現を参照。ここに列挙される訳語は、七覚支や九喜本にも見える。それらを参考にすれば、「喜」は仏教梵語 prāmodya, P. pāmojja（喜悦）に、「悦」は P. pīti, S. prīti（満足、悦楽）、「念」は P. sati, S. smṛti,（心に保って忘れないこと）、「猗」は P. passaddhi, S. praśrabdhi,（心身が落ち着き、安穏であること）、「楽」は sukha（楽）、「定」は samādhi（三昧）に相当するか（『増一経』注63～69・109・115などを参照）。要検討。

62――五解脱入　以下は『衆集経』にほぼ同文があるが、「五喜解脱入」となっている（同注151参照）。パーリ本・梵本・安訳のこの項には、五出要界が列挙され、この五界脱入は第九項「知るべきことがら」の下に列挙されている。逆に本経の第九項には、五出要界が列挙されている。

パーリ本 pañca vimuttāyatanāni. 梵本 pañca vimuktāyatanāni. 安訳「五解脱」。この語は難しい。仏音は vimuccana-karaṇāni（解脱を得させるもの）と注釈し、英訳は five occasions of emancipation, 独訳は fünf Weisen Befreiung.

63――若比丘精勤不懈楽閑静処専念一心未解得解未尽得尽未安得安　パーリ本に欠く（『衆集経』注152参照）。梵本・安訳にはこの項目の第一項の最後に類句がある。すな

わち、yatra sthitasya bhikṣor vā bhikṣ(uṇyā vāvimuktaṃ cittaṃ vimucyate) 'samāhi(taṃ ci)ttaṃ samādhīyate 'parikṣīṇ(ā āsra)vāḥ (pa)rikṣīyante 'nanuprāptaṃ cottare yogakṣemaṃ nirvānam anuprāpnoti (p. 71)（それに依る比丘や比丘尼の解脱していなかった心は解脱し、集中していなかった心は集中し、滅し尽くしていなかった煩悩は滅尽し、到達していなかった最高の安穏・涅槃へ到達する）。安訳「已行者得住、未正意得正意、未定意得定意、未解結得解結、未得無為、便致無為」である。ただし、本経の表現は、むしろ *AN*. Ⅲ, p. 21により近似のものがある。すなわち、yattha bhikkhuno appamattassa ātāpino pahitattassa viharato avimuttaṃ vā cittaṃ vimuccati, aparikkhīṇā vā āsavā parikkhayaṃ gacchanti, ananuppattaṃ vā anuttaraṃ yogakkhemaṃ anupāpuṇāti（比丘が慎重、熱心に、専念していれば、解脱していなかった心は解脱し、滅し尽くしていなかった煩悩は滅尽し、到達していなかった最高の安穏へ到達する）。

64――若比丘聞仏説法……是為初解脱入　『衆集経』にほぼ同文。パーリ本・梵本・安訳もほぼ対応する。パーリ本は『衆集経』注153を参照。梵本（略）。安訳（略）。「歓喜」は、仏教梵語 prāmodya, P. pāmojja（喜悦）に、「法愛」は P. pīti, S. prīti（満足、悦楽）、安訳「喜」に、「心身安隠」は P. kāyo passambhati , S. kāyaḥ prasrabhyate（身が落ち着き、安穏になる）、安訳「身楽」、「禅定」は P. cittaṃ samādhiyati, S. cittaṃ samādhıyate（精進が集中する）、安訳「意定、定意」に相当する。「得如実智」はパーリ本・梵本には対応句がないが（『衆集経』は「得実知見」。そこでもパーリ本・梵本に対応句がないという。同注153参照）、安訳では「如有知、如有見」「如知見」が対応する。

本経では「歓喜」→「法愛」→「身心安隠」→「禅定」→「如実智」となり、安訳の「喜」→「身楽」→「定意」→「如知見」に近似する。他方、パーリ本・梵本は、如実智がないかわりに sukha があり、prāmodya（喜悦）→ prīti（悦楽）→ praśrabdhi（安穏）sukha（楽）→ samādhi（禅定）となっている。

65――於是比丘……於法得定亦復如是　第二～五解脱入を説く。パーリ本・梵本・安訳も内容的には一致するが、それらでは項ごとに先行する項を繰り返し、積み重ねて表現していて、本経より冗漫。なお、パーリ本では第二と第三が入れ替わっており、きわめて特異。

66――受持諷誦　梵本 (sa ya)thā-śrutān yathā-paryāptān dharmān vistareṇa svareṇa svā(dhyāyaṃ karoti)（p.

71）（「師たちが法を説かないときでも」聞いた通り、憶持した通りの法を事細かに声を出して復唱したら〔喜悦……三昧が生じる〕」）。パーリ本は第三項に置くが表現はほぼ同じ（『衆集経』注154参照）。安訳「但如聞如受、竟便自諷読」。

67――為他人説　パーリ本は第二項に置く。梵本・安訳はほぼ同じ。

68――思惟分別　パーリ本 dhammaṃ cetasā anuvitakketi anuvicāreti manasā ’nupekkhati（p. 279＝p. 242）（法を思量し、考察し、心で観照すれば〔喜悦……三昧が生じる〕」）。一方、梵本は、(dharmān ekā)kī rahogataś cintayati tu(layaty upa)parīkṣate（p. 72）（一人密かに法を考え、思量し、観照すれば〔喜悦……三昧が生じる〕」）。安訳は梵本に同じ。

69――於法得定　パーリ本（『衆集経』注155参照）・梵本・安訳ほぼ同じ。梵本(asya bhikṣor anyataraṃ sam)ādhinimi(ttaṃ bhavati sugṛhītaṃ) sumanasik(ṛtaṃ supradhāritaṃ) s(u)prativid(dh)aṃ（p. 73）（「〔1－4のことがなくても〕この比丘がある三昧の対象を、しっかり把握し、よく考察し、熟考し、洞察したら〔喜悦……三昧が生じる〕」）。

70――賢聖五智定　パーリ本 pañcañāṇiko sammā-samādhi（五つの智慧を持つ完全な三昧）。梵本 āryaḥ pañcajñānikaḥ sam(yaksamā)dhi(ḥ). 安訳「道五慧定」。『衆集経』になし。次注以下に見るように、項目の順序から見て、本経＝パーリ本／安訳＝梵本。

「賢聖」は仏典では「優れたひと」「優れた」の意で使うことが多い。ここでも S. ārya（聖なる、優れた）に対応する『増一経』注40などを参照。

71――一者修三昧現楽後楽生内外智　パーリ本 ‘ayaṃ samādhi paccuppannasukho c’ eva āyatiñ ca sukha-vipāko ti’ paccattaṃ yeva ñāṇaṃ uppajjati.（p. 278）（「この三昧は、いま楽を生じ、将来も楽の結果を生ず」と自己に関して智慧が起きる）。梵本と安訳はこの項目を第四項に置く。以下、表現上、梵本はパーリ本にほぼ同じ。安訳「是定見致楽、行受亦好。如是四慧内起生」。

本経には以下「生内外智」とあるが、これは特異。パーリ本や梵本 jñānam adhyātmam（自己に関する智慧）＝安訳「慧内自生」「慧内起生」とは異なる。

72――二者賢聖無愛　パーリ本 ariyo nirāmiso（「〔この三昧は〕聖なるもので、欲求を離れている」〔と自己に関して智慧が起きる〕」）。梵本も、異なるのは、āryo nirāmiṣo niraupadhika（聖なるもので、欲求を離れ、生存の基体となるものがない）の部分だけ。安訳「道徳者無所著、無所供従。是一慧内自生」。梵本・安訳はこの項目を第一項に置いている。「無愛」は S. nirāmiṣa（欲求を離れている）に相当する。漢訳者の意図は「（禅定が）すぐれていて、愛着を超えていて……」というのかも知れない。

73――三者諸仏賢聖之所修行　パーリ本 akāpurisa-sevito（「〔この三昧は〕気高い人がのみ行ずるもの」〔と……〕）。梵本・安訳はこの項目を第二項に置く。安訳「是定恒人不能致、慧者可」。

74――四者猗寂滅相独而無侶　パーリ本 santo paṇīto paṭippassaddha-laddho ekodibhāvâdhigato（p. 279）（「〔この三昧は〕静まり、卓絶し、落ち着き、精進集中に達した」〔と……〕）。梵本・安訳はこの項目を第三項に置く。安訳「是定従一向致、得猗、得道行」。「猗」はここでも P. passaddhi, S. praśrabdhi（心身が落ち着き、安穏であること）に対応。

75――五者於三昧一心入一心　パーリ本 'so kho panâhaṃ imaṃ samādhiṃ sato va samāpajjāmi, sato vuṭṭhahāmîti'（p. 279）（「実に私は意識があるままこの三昧に達した。意識をもってそれから出よう」〔と……〕）。梵本・安訳もこの項目を第五項に置く。安訳「是定、従是定自在坐、自在起」。

76――五出要界　『衆集経』にもほぼ同文が出る（同注147〜150参照）。上述の様に（注62）、パーリ本・梵本・安訳のこの部分には、五解脱入が記され、逆に五出要界は第七項「理解しがたいことがら」の下に列挙されている。したがって配置に関しては、本経／パーリ本＝梵本＝安訳。梵本（pañca）niḥsaraṇīyā dhātavaḥ（出離へ導く五つのことがら）。安訳「五行得要出」。阿論「五出界」（大正二八・五七七下）。

77――一者比丘……是為欲出要　前半、パーリ本・梵本・安訳には「欲望の対象を考察しながらも、心は欲望の対象に走らず、好まず、止まらず、委ねない」とあり、本経が言葉足らずと分かる。他はほぼ同内容。ただし、梵本と安訳は「鶏の羽や皮ひもも火に入れれば縮んで丸まり、二度と伸びない。だから心を愛欲（＝火）に向けない」という比喩を挿入していて、本経・パーリ本と異なる。『衆集経』注148・149参照。

78――瞋恚出要嫉妬出要色出要身見出要　『衆集経』注150参照。梵本 vyāpādo 'vyāpādo vihiṃsāvihiṃsā rūpam ārū(pyaṃ satkāyaḥ) satkāyani(ro)dho 'sti ni(ḥ)saraṇaṃ（p. 69）（悪意と悪意なきこと、害することと害心なきこと、物質と物質を超えていること、存在する個体と存在する個体の滅という出離がある）。安訳「瞋恚不瞋恚、侵不

侵、色不色、（中略）従身得要出」。阿論は「出瞋恚界・出害界・出色界・出自身界」（大正二八・五七七下～八上）。

「出要」は幾度か出た（『散陀那経』注52・『衆集経』注17・『清浄経』注23などを参照）。ここではパーリ本 nissaraṇa, 梵本 niḥsaraṇa（出離）に対応。安訳は「要出」と訳す（注7も見よ）。彼は「出要」「従是要得出」なども使う（『人本欲生経』大正一・二四五中）。これらの語義については要検討。

「嫉妬」は P. =S. vihiṃsā, P. vihesā（害すること）に対応している。『小縁経』注42（= P. vyāpanna-citta〝悪意〟）・『転輪聖王修行経』注114（= P. vyāpāda〝悪意〟）・『阿㝹夷経』注52・75参照。

79―五無学聚無学戒聚定聚慧聚解脱聚解脱知見聚　『増一経』に同文がある（注44参照）。パーリ本・梵本同じ。ただし、梵本には「無学」（= S. aśaikṣa〝学を完成した〟）の語を欠く。安訳は「一不学陰、二不学戒、三不学定、四不学慧、五不学度世解脱」とあり、「解脱知見」がなくて「陰」（S. skandha〝集まり〟）が入っている（誤訳か）。本経＝パーリ本≠梵本／安訳。

80―六重法　以下は『増一経』に同文がある（注45～49参照）。「六重法」はパーリ本 cha sāraṇīyā dhammā（六つの喜ばせることがら、好意的な関係）。梵本 ṣaṭ saṃraṃjanīyā dharmāḥ. 安訳「不共取重」。内容は皆一致するが、六法の順序に関して、本経・パーリ本・梵本は、⑴～⑶身・口・意の慈悲、⑷施物を分ける、⑸持戒、⑹正しい見解の順序だが、安訳は、⑸⑹⑷の順になっている。「六重法」の語義については水野前掲論文三一頁以下参照。

81―名曰重法可敬可重和合於衆無有諍訟独行無雑　パーリ本 ayam pi dhammo sāraṇīyo piya-karaṇo garu-karaṇo saṃgahāya avivādāya sāmaggiyā ekībhāvāya saṃvattati（この好意的な関係は、親しみと尊敬とを招き、親和、協調、協和、和気藹藹とした状態へ導く）。梵本もほぼ同じ。安訳「是法不共取重、従是得愛、従是得敬、可意已、得愛已、得敬行、聚合、不諍訟、一向行定、致忍」。これらと較べて見ると、本経の「可敬可重」も比丘にかけるのが本来的と思われるが、ひとまずは重法にかけて訳した。

82―成就賢聖出要平等尽苦正見及諸梵行　『増一経』注49参照。安訳「所求道要厭者、但行直滅苦」。

83―六念念仏念法念僧念戒念施念天　いわゆる六随念のこと。『衆集経』（同注190）・『増一経』（同注50）にも出る。『衆集経』では「六思念」。パーリ本 cha anussati-ṭṭhānāni（六つの想起することがら）。梵本は写欠。安訳「有六念。一為念仏、二為念法、三為念同学者、四為念戒、五為念与、六為念天」。

梵本と安訳のこの項には六等法（注89）が列挙され、安訳は第八項「生ずべきことがら」にこの六念を挙げる（梵本には六法の第八〜十項の写本がない）。逆に、本経・パーリ本の第八項には六等法が挙げられている。したがって、配置に関して、本経＝パーリ本／安訳＝梵本。

なお、本経の三本・聖護蔵本および磧砂蔵本には「六念。仏念、法念、僧念、戒念、施念、天念」とある。

84――六内入眼入耳入鼻入舌入身入意入　『衆集経』（注157。「内六入」と出る）・『増一経』（注51）に同じ。パーリ本・安訳も一致。安訳「六内入。眼内入、耳・鼻・口・身・意内入」。本経＝パーリ本＝安訳＝梵本。

85――六愛色愛声愛香味触法愛　底本の「香」は三本と磧砂蔵本には「香愛」とある。『衆集経』（注165。「六愛身」と出る）・『増一経』（注52）に同じ。パーリ本・梵本・安訳も一致。「愛」は、P. taṇhā, S. tṛṣṇā（渇望、欲望）に対応。安訳「六愛。眼更愛、耳・鼻・口・身・意更愛」。本経＝パーリ本＝安訳＝梵本。

86――六不敬法不敬仏不敬法不敬僧不敬戒不敬定不敬父母　本経・パーリ本・梵本・安訳を比較すると、最後の二項目に差異が出る。

まず、パーリ本 cha agāravā. idh' āvuso bhikkhu satthari agāravo viharati appatisso, dhamme ……, saṃghe……, sikkhāya……, appamāde……, paṭisanthāre……（p. 280）（六つの不敬。君たち。ここで比丘が師を敬わず、無視していること。法を……、僧衆を……、修学を……、油断しないということを……、心のこもった応対を尊ばず、無視していること）。

次に梵本と安訳。まず、梵本 ṣaḍ agauravatāḥ. katamāḥ ṣaṭ. buddhe 'gauravo viharati ……（破損）……(pā)pamitraś ca bhavati（p. 77）（六つの不敬。六とは何か。仏を敬わず……いること。……〈不明〉……悪い友人とつき合うこと）。梵本は破損部分が多いが、これはまさしく安訳の「六不恭敬。一為不恭敬仏、二為不恭敬法、三為不恭敬同学者、四為不恭敬戒、五為悪口、六為悪知識」に対応している。

したがって、最後の二項目に関して、本経／パーリ本／安訳＝梵本。

87――六敬法敬仏敬法敬僧敬戒敬定敬父母　大正蔵の「法戒」は「敬戒」の誤植。七不敬法の逆。パーリ本 cha

gāravā（六つの尊敬）。梵本 ṣaḍ gauravatāḥ. 安訳「六恭敬」。六不敬法と同じく、最後の二項目に差異が出る。本経／パーリ本／安訳＝梵本。

88――六無上見無上聞無上利養無上戒無上恭敬無上念無上　『衆集経』にも出る（同注189）。パーリ本・梵本・安訳のこの項には六出要界（注91を見よ）が列挙され、逆に第九項「知るべきことがら」にこの六無上を挙げる（梵本には六法の第八～十項の写本がないから不明だが、おそらく安訳に一致していたに違いない）。ただし、その内容は諸本一致する。したがって、配置に関して、本経／パーリ本＝安訳＝梵本。

　パーリ本 cha ānuttariyāni（六つの無上）。安訳は「六無有量」として、見・聞・利・戒・事・念無有量を挙げる。

89――六等法　パーリ本 cha satatavihārā（六つの、恒常なあり方）。梵本 ṣaṭ sātatavihārāḥ. 安訳「六共居」。ただし、梵本と安訳は六法の第二項にこれを置き、安訳はこの第八項に六念を置いている（梵本には六法の第八～十項の写本がない。注83参照）。したがって、配置に関して、本経＝パーリ本／安訳＝梵本。

　なぜ「等」と訳されているのか。ここでは捨 upekṣā（P. upekkhā）について述べており、その苦楽を離れ、物事に対して心が平等で揺れ動かぬ様を取り上げ、「等」と訳したのだろうか。パーリ文献では、この法を chaḷaṅgupekkhā（六つの捨）とも呼んでいる（*DA.*, Ⅲ, 1037; cf. *CPD.* s.v., upekkhā）。

90――於是比丘眼見色無憂無喜住捨専念　パーリ本 idh' āvuso bhikkhu cakkhunā rūpaṃ disvā n' eva sumano hoti na dummano, upekhako viharati sato sampajāno.（p. 281）（君たち。ここで比丘が眼で物を見て、喜んだり、がっかりしたりしない。しっかりと意識をたもちつつ、淡々としている）。梵本も一致（略）。安訳「眼見色、亦不善亦不悪、但観行、意正知」。内容に関しては四本とも一致している。

　「住捨」は S. upekṣako viharati（淡々としている）に対応する。「住」は止住するの意であるが、ここでは viharati（住む）の直訳であろう。

91――六出要界　『衆集経』にも同文が出る（同注181～188参照）。前述の様に（注88）、パーリ本・梵本・安訳のこの部分には、六無上が記され、逆に六出要界は第七項「理解しがたいことがら」の下に列挙されている。五出要界も、本経は第九項「知るべきことがら」に置き、パーリ本・梵本・安訳は第七項に置いていた。

　パーリ本 cha nissaraṇīyā dhātuyo（出離へ導く六つ

のことがら）。梵本も一致（略）。安訳「六行度世」。

前述の様に、配置に関しては、本経／パーリ本＝安訳＝梵本だが、以下の注で分かるように、内容に関しては、本経＝パーリ本／安訳＝梵本。阿論（大正二八・五七八上〜中）の内容は本経に一致する。

92——勿謗如来如来不作是説　パーリ本には対応文があるが、梵本・安訳にはない。パーリ本 mā bhagavantaṃ abbhācikkhi, na hi sādhu bhagavato abbhakkhānaṃ, na hi bhagavā evaṃ vadeyya (p. 248)（世尊を中傷するな。世尊を中傷することは良くない。世尊がそんなことを仰るはずがない）。『衆集経』でも、パーリ本には対応があるが、梵本・宋訳（『仏説大集法門経』）・『門論』（『阿毘達磨集異門足論』）にはない。阿論には対応句がある。

93——欲使治慈解脱更生瞋恚者無有是処　『衆集経』注183参照。安訳「已等心定意、已行、已作、已有。寧当有瞋恚耶。無有是」。

「慈解脱」は、パーリ本 mettā ceto-vimutti（慈心による心の解脱）。梵本 maitrāś cetaḥsamādhiḥ（慈心からなる心の三昧）。安訳「等心定意」、阿論「慈解心」とあり、本経＝阿論＝パーリ本／安訳＝梵本。ちなみに『衆集経』に対応する宋訳「慈心解脱観」、『門論』「慈心定」。

「瞋恚」はパーリ本＝梵本 vyāpāda（悪意）。安訳「瞋恚」。

94——我行悲解脱生憎嫉心行喜解脱生憂悩心行捨解脱生憎愛心　『衆集経』注184〜186参照。「悲解脱」は、パーリ本 karuṇā ceto-vimutti（哀れみによる心の解脱）。梵本 karuṇāś cetaḥsamādhiḥ（哀れみからなる心の三昧）。安訳「慈心定意」「慈意定心」。「憎嫉」は、パーリ本 vihesā（害すること）。梵本 vihiṃsā。安訳「殺意」。先には「嫉妬」と訳されていた（注78）参照。

「喜解脱」は、パーリ本 muditā ceto-vimutti（優しさによる心の解脱）。梵本 muditāś cetaḥsamādhiḥ（優しさからなる心の三昧）。安訳「喜心等定意」「等意定心」。「憂悩」は、パーリ本＝梵本 arati（〔修行に〕喜びを感じないこと。不快）。安訳「意不止不可」「不定不可」「不可不定」。仏教梵語＝P. muditā は、本来、mṛdu-tā（優しいということ）に由来するが（mṛdu-tā > mudu-tā > muditā）、かなり初期から√mud（喜ぶ）の派生語と誤解されていたようだ。ここでも、muditā の対として arati（不快）をもってきていることが、その誤解を示している。

「捨解脱」は、パーリ本 upekhā ceto-vimutti（平静さ

による心の解脱）。梵本 upekṣaś cetaḥsamādhiḥ（平静さからなる心の三昧）。安訳「観定意」。「憎愛」は、パーリ本 rāga（貪欲）。梵本 kāmarāgavyāpāda（欲望の対象に対する貪欲と悪意）。安訳「愛欲瞋恚」、阿論「愛恚」。パーリ本／安訳＝梵本＝阿論となるが、本経の「憎愛」の語はどちらとも決しがたい。ちなみに『衆集経』に対応する宋訳「欲貪」、『門論』「欲貪瞋」。

95――行無我行生狐疑心行無想行生衆乱想　『衆集経』注187・188参照。パーリ本・梵本・阿論ではこの二項目の順序が入れ替わっている（ただし、梵本は後半が欠落している）。『衆集経』に対応する宋訳と『門論』も入れ替わっている。しかし、安訳は本経と同じ順序。

「行無我行生狐疑心」は、パーリ本も同内容（『衆集経』注187参照）。梵本欠落。安訳「無有疑、但意不能」。

「無想行」は、パーリ本 animittā cetovimutti（固定的な様相がないと観ずることによる心の解脱）。梵本 animittaś cetaḥsamādhiḥ（固定的な様相がないと観ずることからなる心の三昧）。安訳「定意無所念」。「衆乱想」は、パーリ本 nimittānusāri viññāṇaṃ（様相を追い求める認識）。梵本・安訳も同方向。安訳「意往念識」「意行念識」。

96――六神通　以下は『増一経』に同文がある（注53～59参照）。パーリ本も同じく六神通を列挙しているが、ずっと詳しい表現をとっている。梵本は写本が欠落。安訳「六知。一神足、二徹聴、三知人意、四知本従来、五知往生何所、六知結尽」。したがって、内容は本経＝パーリ本＝安訳。

97――七財信財戒財慙財愧財聞財施財慧財　『増一経』に同文がある（注60参照）。パーリ本 satta dhanāni. saddhā-dhanaṃ, sīla-°, hiri-°, ottappa-°, suta-°, cāga-°, paññā-°（七つの財。信じることという財。戒・羞恥心・恥を知ること・教えを聴聞すること・施し・智慧という財）。梵本は、以下第六項まで写本が欠落。安訳「七宝」として、信・戒・愧・慙・聞・施・慧宝を挙げる。本経＝パーリ本＝安訳。「慙」「愧」については『衆集経』注30・『増一経』注13・60参照。安訳は、本経とは逆に、S. hrī を「愧」で、(vy)apatrāpya, vyavatrāpya を「慙」で訳している。

98――七覚意　『増一経』に同文がある（注61～69）。『衆集経』（注201）・『自歓喜経』（注41～43）にも出る。パーリ本は七覚意の名称のみを列挙。梵本不明。安訳も「七覚意」として、意・分別法・精進・可・猗・定・護覚意の名称のみを列挙している。本経≒パーリ本＝安訳。

『衆集経』の場合と同じく（同注201参照）。すでに安訳で P. upe(k)khā, S. upekṣā (looking on[in an uninterested way], disregard, equanimity, indifference. acc. to CP. D., s.v.) の相当訳語として「護」が用いられている。この場合の「護」は「みまもる」の意か。なお、安世高は『陰持入経』でも「護覚意」と訳しているが、その陳慧の注には「護覚意。意危難護、其妙難制。若衎在欲、慎将護之、使其出欲。在色、在無色、護之亦然。故曰護覚意」（大正三三・一二下）とある。要検討。

99――七識住処　以下は『衆集経』（注193～197）・『増一経』（注70～73）に同じ。『大縁方便経』も類似している（同注80・83・85～89）。パーリ本・梵本・安訳も同じ方向。パーリ本 satta viññāṇa-ṭṭhitiyo（「輪廻再生の主体としての」識の居場所）。梵本も一致。安訳「七識止処」。阿論「七識住処」（大正二八・六五三下）。

パーリ本は本経同様、七法の第三項に置くが、梵本・安訳は第七項「理解しがたいことがら」に置き、安訳はこの第三項に「七有」を置いている（梵本は写本欠落）。したがって、配置に関しては、本経＝パーリ本／安訳＝梵本。また、次注に見るように、表現も本経＝阿論＝パーリ本／安訳＝梵本。

安訳（おそらく梵本も）にのみ「七有」（sapta bhavāḥ. 七つの生存形態）があるのは注目すべきこと。とくに、「七有」の中に「中有」（antarā-bhava. 死んで次の生を受けるまでの身体。中陰）を含めており、その存在を認めるかどうかで、部派の間で論争があった。中有存在説をとるのは説一切有部、正量部など、中有を否定するのは、大衆部、一説部、説出世部、鶏胤部、法蔵部（本経はこの部派に属する）、南伝の上座部（パーリ本）である。このことから、安訳は梵本と同じく、説一切有部の阿含経だと確認されるのである。部派の主張が、阿含経にはっきりと反映していることは重要。この『十上経』の本経・パーリ本・梵本・安訳の間に見える異同も、個々の部派が、それぞれの立場から、取捨選択を加えた結果と考えられるからである。

このように、ある部派がその主張に沿うべく〝創作した〟阿含経は、当然、他の部派から否定された。そのことは、中有論争においても見られる。

まず、説一切有部の『倶舎論』巻八「謂七有経。彼説七有。謂地獄有、傍生有、餓鬼有、天有、人有、業有、中有」（玄奘訳、大正二九・四二上～中＝*Akbh*, p. 114）とあり、同じく有部の『順正理論』巻二四に「又聖教説有中有故。謂契経言、有有七種。即五種有、業有、中有」（大正二九・四七五上）とあって、説一切有部では、「七有」を説く阿含経を〝聖教〟と見ていたことが分かる。他方、同じ『倶舎論』に「謂契経言、有有七種、即五種有、業有、中有。若此契経彼部不誦」（大正二九・四四下。*Akbh.*, p. 121）とあって、他の部派は、その阿含経を認めないことを伝えている（『順正理論』巻一、大正二九・三三〇上も参照）。そして、中有を否定する立場の『成実論』は「又経中説四有。本有・死有・中有・生有。又説七有。五道有、業有、中有。……汝言四有・七有者、是経不然。以下順法相故」（巻三、大正三二・二五六中～下）と、中有を説く阿含経を〝捏造〟と決めつけている。

この『十上経』でも、おそらく、本来「七有」がなかったのに、説一切有部（安訳＝梵本）が後から入れたものと考えられる。

100――若有衆生若干種身若干種想　パーリ本 sant' āvuso sattā nānatta-kāyā nānatta-saññino（p. 282）（君たち。体も種々異なり、考えも種々異なる衆生たちがいる）。梵本 rūpiṇaḥ santi sattvā nānā(tvakāyā nānātvasaṃ)jñ-(i)nas（p. 80）（体も種々異なり、考えも種々異なる、形相を持った衆生がいる）。安訳「有色身異身異相」。阿論「或有衆生若干身若干想」。梵本・安訳には rūpiṇaḥ（形相を持った）＝「有色身」が余分にあることが分かる。

以下、遍浄天まで、梵本・安訳にはこの語があり、空処住以下には、arūpiṇaḥ（形相を持たない）の語がついている。これは、他の三本と異なるところ。このことは後に出る「九衆生居」（注190）についても言える。

101――梵光音天最初生時　パーリ本 devā brahma-kāyikā pathamābhinibbattā(p. 282). 梵本 devā brahma-kāyikā ye etat pra(thamābhinirvṛttāḥ)（p. 81）. 安訳「天上天名為梵、上頭有」。阿論「若初生梵天」。

たびたび指摘したように、なぜか本『長阿含経』では、brahma-kāyikā（梵天の仲間の天。梵衆天）の相当訳として「梵光音天」が当てられている（『衆集経』注69・『増一経』注71参照）。教理的な解釈を挟み、次の「光音天」との関連でこう訳したのだろう。要検討。

この句の後半も問題。P. paṭhama, S. prathama の意味に関して意見が分かれる。まず、パーリ本に関して、注釈家は、te sabbe pi paṭhamajjhānena nibbattā（彼らは皆、第一の禅定〔初禅〕によって再生した）と解釈し、（*Manorathapūraṇī* IV, p. 26）、英訳もこれに従っている。他方、Nyayatiloka の *Buddhistisches Wörterbuch* （Konstanz 1952）は “die erstgeborenen Götter der Brahmawelt” と訳し（s.v. viññāṇaṭṭhiti）、梵本の独訳もこれに従っている。

「初禅で再生した梵衆天」「最初に再生した梵衆天」のいずれの意味にせよ、本経の「梵光音天最初生時」や『衆集経』「梵光音天初始生時」（同注69）とはずれる。少なくとも前者とはかなりの径庭がある。

102――光音天……遍浄天……空処……識処……不用処　大正蔵の「徧」は「遍」の誤り。『衆集経』注69・71・『増一経』注72・73・『大縁方便経』注86〜90などを参照。安訳は自明・遍浄・空・識・無有想の天の名を列挙している。阿論は光音天・遍浄天・無辺空処・無辺識処・無所有処。

103――七使法欲愛使有愛使見使慢使瞋恚使無明使疑使　『増一経』に同文がある（注74）。パーリ本も列挙の順序は違うが、内容は一致する。梵本は欠落。安訳「七結」として、「愛欲結・不可結・楽有結・自憍慢結・邪結・癡結・疑結」を列挙している。門論には、欲貪（kāmarāga）・瞋（pratigha）・有貪（bhavarāga）・慢（māna）・無明（avidyā）・見（dṛṣṭi）・疑（vicikitsā）の各随眠（anuśaya）と出る（大正二六・四三九上）。これらの列挙順序を比較すると別表の様になる。

項目	欲愛	有愛	邪見	慢心	瞋恚	無明	疑い
本経	1	2	3	4	5	6	7
パーリ本	1	6	3	5	2	7	4
安訳	1	3	5	4	2	6	7
門論	1	3	6	4	2	5	7

104――七非法是比丘無信無慙無愧少聞懈堕多忘無智　パーリ本・安訳も一致。梵本は欠落。パーリ本 satta asaddhammā（七つの悪しきあり方）として、asaddha（信心がない）、ahirika（羞恥心がない）、anottapin（恥を知らない）、appa-ssuta（学がない）、kusīta（怠惰である）、muṭṭha-ssati（忘れやすい）、dupañña（無知）を挙げる（p. 282）。安訳は「悪人七法」として、「不信・無有愧・無有慙・無有精進・忘意・不定意・無有慧」と列挙しているが、その順序は本経＝パーリ本と異なる。門論（「七法妙法」。大正二六・四三六下）も安訳と同じ順序。本経＝パーリ本の「少聞」appa-ssuta の代わりに、安訳＝門論は、「不定意」「不定」（＝ S. asamāhita〝心が散漫になっている〟）とある。本経＝パーリ本／安訳＝門論。

「懈堕」はすでに『淮南子』要略訓に「懈堕分学、縦欲適情」と出る。

105——七正法於是比丘有信有慚有愧多聞不懈堕強記有智　前項の否定。パーリ本・安訳も一致。パーリ本 satta sad-dhammā（七つの善いあり方）。梵本は欠落。安訳「七慧者法」として「信・愧・慚・発精進・守意・定・慧」。門論は「七妙法」（大正二六・四三八上）。前項同様、安訳＝門論の列挙の順序は、本経＝パーリ本とは異なる。また、本経＝パーリ本の「多聞」bahu-ssuta の代わりに、安訳＝門論は、「定」（＝S. samāhita〝精神が集中している〟）とある。したがって、本経＝パーリ本／安訳＝門論。

「強記」は、すでに『孔叢子』嘉言篇「洽聞強記、博物不窮」などどある。

106——七正善法好義好法好知時好知足好自摂好集衆好分別人

パーリ本は satta sappurisa-dhammā（善人の七つのあり方）として、dhammaññū（法に通じている＝本経の「好法」）、atthaññū（意味に通じている＝「好義」）、attaññū（自己を知っている＝「好自摂」？）、mattaññū（節度を知っている＝「好知足」）、kālaññū（適時を知っている＝「好知時」）、parisaññū（人々の集団について通じている＝「好集衆」）、puggalaññū(*v.l.* puggalaparovaraññū; 。-paroparaññū.〔様々な〕個人に関して知っている＝「好分別人」）を列挙しているが、順序は本経とは異なる（p. 283）。梵本は写本欠落。しかし、梵本と同じく有部に属する梵本『涅槃経』Mahāparinirvāṇa-sūtra(ed.by Waldschmidt）に七法が列挙されている。すなわち、dharmajñā arthajñāḥ kālajñā mātrajñā ātmajñāḥ pariṣajjñāḥ pudgalavarāvarajñā（S.126）とあり、列挙の順序は第一・第二項を除き本経に一致する。安訳「一有法、二有解、三知時、四知足、五知身、六知衆、七知人前後」とある。

『涅槃経』と安訳の第七項目はパーリ本の variant reading に符合する。P. -parovaraññū の v が p と同化して、P. -paroparaññū の形ができる一方、逆に p が v に同化し、さらに o と ā が交替する（cf. Oskar von Hinüber, Das ältere Mittelindisch im Überblick, Wien 1986. § 121）ことによって、梵語化した -varāvarajñā という形ができ、さらにこの形を *Mahāvyutpatti* No.124 は mchog daṅ mchog ma yin pa（-varāvara-）と訳している。安訳は -parovaraññū に対応する訳だと思われる。この語の意味は、衆生の様々な資質（機根）を知っているということである。

七項目の列挙順序に関して、本経≒安訳＝梵本／パーリ本。しかし内容は一致する。

前述のように（注99）、梵本・安訳はこの項には七識住処を置き、第十項「証得すべきことがら」にこの七正善法を列挙している（ただし、梵本の第十項は写本欠落）。

「正善」は類義字を重ねた語。

「好義」はすでに「論語」子路篇「上好義、則民莫敢不服」などと見えるが、中国古典では正義を好むこと。ここでの意味合いとは異なる。

「好法」も『荀子』に「好法而行士也。篤志而体君子也」とあるが、法律を好むことで、本経の場合とは少し異なる。

「知足」は『老子』の言葉。第三十三章「知足者富」、第四十四章「知足不辱、知止不殆、可以長久」、第四十六章「禍莫大於不知足、咎莫大於欲得」。

「集衆」は『法華経』化城喩品「導師知息已　集衆而告言」（大正九・二七上）、『注維摩』巻二「肇曰、天竺多諸異道、（中略）欲明己道者、則声鼓集衆、詣堂求論」（大正三八・三三九下～三四〇上）とある。本経では、「集衆」で「集団」という意の名詞かもしれない。

107 ——七想不浄想食不浄想一切世間不可楽想死想無常想無常苦想苦無我想　『衆集経』にほぼ同文があるが、第四が、「無想」（同注199参照）。『衆集経』の場合と同様にパーリ本の項目とあまり一致しない。パーリ本は satta saññā. anicca-saññā, anatta-s°, asubha-s°, ādīnava-s°, pahāna-s° virāga-s°, nirodha-s° (p. 283)（七つの想念。無常の想念。無我・不浄・〔世の〕災禍・〔煩悩の〕除滅・離欲・寂滅の想念）。

梵本＝安訳は〝七つの禅定の準備段階〟(sapta samādhipariṣkārāḥ,「定意」）をここに列挙している。これは『衆集経』にも「七三昧具」として出る（同注200）。本経≠パーリ本／安訳＝梵本。

阿論には「七想。不浄想、食厭想、一切世間不楽想、死想、無常想、無常苦想、苦無我想」とあり（大正二八・六三八中）、本経とほとんど一致することは注目に値する。

108 ——七勤勤於戒行……勤於禅定　『衆集経』には、「七勤法」として同文がある（同注198）。パーリ本 satta niddesa(*v.l.* niddasa)-vatthūni, 梵本 sapta nirdoṣavastūni（七つの欠陥のないことがら）、安訳「現恩」。『衆集経』注198で述べられているように、これらの諸語の関係を見いだすのは難しいが、あえて、二つの案を提示しておく。

(1) S. nirdeśa (indicating; description, specific. acc. to MW. > P. niddesa と見る。安訳の「現恩」もこれに対応す

るのかも知れない。またパーリの注釈家は *v.l.* niddasa を採り、これを〝十年以内?〟〔=S. nirdaśa〕の意で取り、阿羅漢位のこととしているが、この niddasa も S. nirdeśa に由来するものであろう（S. nirdeśa ＞ *niddeśa ＞ *niddaśa ＞ niddasa）。しかし、S. nirdeśa を想定した場合、梵本の nirdoṣa との関係が分からない。なお、門論には「無過失事（nirdoṣa-vastu）者、謂能顕示清浄増語」（四四〇上以下）とあり、nirdoṣa（無過失）と nirdeśa（顕示）を関連付けていたようだ。

(2) **S.*nir-dveṣa**（*敵意がないこと。*嫌悪感がないこと）＞ **P.niddesa** と見る。他方で、*nir-dveṣa ＞ nir-doṣa(dveṣa と doṣa は同語源 du を持ち、しばしば意味を共有する)。パーリ本の **tibbacchanda**（激しい欲望をもつ）、**avigata-pema**（愛をもっている）と対になっているかも知れない。

いずれにせよ、問題が残る。要検討。なお、本経の「勤」は内容を採って意訳したものと思われる。

個々の項目は、『衆集経』の場合同様、諸本大きく異なり、興味を惹くところである。本経とパーリ本は類似し、安訳=梵本が全く別の形をもっている。

パーリ本 idh' āvuso bhikkhu sikkhāsamādāne tibbacchando hoti āyatiñ ca sikkhāsamādāne avigata-pemo. dhamma-nisantiyā……, icchāvinaye……, paṭisallāne……, viriyārambhe……, satinepakke……, diṭṭhipaṭivedhe (p. 283)（君たち。ここで比丘が修学を始めることを激しく欲し、将来も修学を始めることに対して愛好を失わない〔=本経の「勤於戒行」〕。法への洞察〔=?「多聞」〕・欲望を取り除くこと〔=「滅貪欲」〕・一人きりになって坐禅すること〔=「禅定」〕・精進努力〔=「精進」〕・慎重さ〔=「正念」〕・正しい見解を洞察すること〔=?「破邪見」〕）。

本経の「破邪見」は、P. diṭṭhi-paṭivedha, S. dṛṣṭi-prativedha の意味を誤解しての訳だろう。S. prativedha(P. paṭi-) は動詞 S. prati√vyadh（射抜く、傷つける、貫通する）に由来するが、仏教語としては「洞察」の意となる。本経は、S. dṛṣṭi(P. diṭṭhi) を、〝邪見〟の意でとり、prativedha（あるいはその俗語形）を、動詞 prati√vyadh の持つ原意に従い、〝射抜くこと→破ること〟と取ったのではないか。

梵本は最初の項目だけしか残っていないが、これは安訳と一致している。すなわち、iha bhikṣos tathāgatasyāntike śraddhābhinirviṣṭā bhavati mūla(jātā pratiṣṭhitā)(p. 83)（ここで、如来に対する信が比丘の心にとりつき、しっかりと根付く）。安訳「一為若道行者意在仏、信入道、根生住、無有能壊。（以下略）」。安訳は難解だが「七現恩」として「信」「持戒」「好知識」「独居」「持精進行」「意計」「守意行」「念慧」を挙げているようだ。したがって、本経≒パーリ本／安訳＝梵本。

109―七漏尽力　以下は『増一経』にほぼ同文がある（同注75〜84）。パーリ本ほぼ同じ。梵本は写本欠落。すでに見たように（注106）、安訳はこの第十項に「七正善法」を列挙しており、この「七漏尽力」は「七つのことがら」のどこにも言及がない。かわりに安訳の第三項には「七有」を列挙している（注99参照）。本経＝パーリ本／安訳。

110―漏尽比丘逆順観察如実覚知　この部分は『増一経』と表現が異なる（同注78）。パーリ本の第三項目に一致する。

111―五根五力　パーリ本には五力への言及なし。

112―八因縁　以下は『増一経』にほぼ同文がある（同注85〜103）。パーリ本 aṭṭha hetū aṭṭha paccayā（八つの直接原因と、八つの間接原因）。梵本 aṣṭau dharmapratyayāḥ（法の八つの間接原因）。安訳「八因縁」。個々の項目には、四本間でかなりの異同があり、独立した項目としての成立は比較的遅いと思われる。また、この『八因縁』の第四〜七項目には、十法の第一項「十救法」と重なる部分がある（注203の表を参照）。

解題でも述べたように、梵本では、この項目の末尾に、この項目の内容を要約した antaroddāna が入る。Pelliot 将来の写本は、その antaroddāna から始まり、以下、八正道〜八不怠法と八解脱の都合六項目を記載している（解題参照）。

113―於是比丘……是謂初因縁　パーリ本・梵本・安訳ほぼ一致する。

114―生慙愧心有愛有敬　パーリ本には対応句があるが、安訳にはない。梵本はちょうどこの部分の写本が欠落。

115―随時請問此法云何義何所趣……甚深義理是為二因縁　パーリ本は一致するが、梵本＝安訳は多少異なる。梵本…… kālena kālaṃ gaṃbhīragaṃbhīrāṃ dhārmīṃ kathāṃ śrotum（折々に奥深い法話を聞くために……）。安訳「得時時、聞微妙経」。本経＝パーリ本／安訳＝梵本。

116―既聞法已身心楽静是為三因縁　パーリ本・梵本・安訳と一致する。「楽静」は P. vūpakāsa, *S.* vyapakarṣa (estrangement, alienation, separation, seclusion. acc. to *PTS-D.* ここでは煩悩から離れること。cf. *BHSD.*, s.v. vyapakṛṣṭa）に対応、安訳「却身、却意」。

117―既楽静已不為遮道無益雑論……是為四因縁　パーリ本

の対応部分には「比丘が戒をたもち、戒律規定を守り、正しい行いと交際をし、些細な罪をも恐れ、受けた戒めに従って身を律する」とあり、本経と異なる。梵本は写本欠落。安訳には「已聞法、精進行」とある。したがって、本経／パーリ本／安訳（＝？梵本）。「遮道無益雑論」は『阿摩昼経』注171参照。

118　多聞広博……是為五因縁　パーリ本は一致する（『増一経』注95・96参照）。梵本は写本欠落。安訳「守意行、尽力、自久作、久説、欲念、得念」とある。したがって、本経＝パーリ本／安訳（＝？梵本）。

なお、安訳はパーリ本の第七因縁＝本経の第八救法・パーリ本の第九救法に一致する。

119　修習精勤……是為六因縁　大正蔵の「僧善」は「増善」の誤植。パーリ本は一致する。安訳は「受語亦如受法行」とある。これは本経の第三救法・パーリ本の第四救法・安訳と梵本の第八救法に一致する（そこでは安訳「受好語、如好法言随行」）。梵本にも［bhikṣuḥ suvaco bhavati］sauvacasyakarakair dharmaiḥ samanvāgataḥ. āyatyāṃ brahmacaryasya pūrvavat (p. 85)（［　］内は第八救法から補った。また、M校訂版の°kārakairを°karakairに訂正。D. Schlingloff, *op. cit.*, S. 24, Anm. 2を見よ：比丘が、言葉遣いが良く、言葉遣いが良くなるような属性をもっている。将来、梵行云々）とある。校訂者Mittalは、第五因縁としているが、間違い。安訳と同じく第六因縁。したがって、本経＝パーリ本／安訳＝梵本。

120　有以智慧……是為七因縁　パーリ本の対応部分には「さらに比丘が、すぐれた記憶力をもち、最高の優れた記憶力をもっていて、長い間実行され、語られてきた事を思い起こし、想起する」とある。また梵本の対応部分は、断片しか分からないが、「さらに比丘が、師のそばにいて、法を好み、常に法を唱える」とある。安訳「楽法、楽行、数説法」。したがって、本経／パーリ本／安訳＝梵本。

121　賢聖八道正見正志正語正業正命正方便正念正定　いわゆる八正道のこと。『衆集経』（注204）と『増一経』（注104）に同じ。パーリ本・梵本・安訳も一致。安訳「得道者八種道」として、直見・直念・直語・直法・直業・直方便・直意・直定を列挙している。『闍尼沙経』注100参照。

122　世八法利衰毀誉称譏苦楽　『衆集経』（注202）と『増一経』（注105）に同じ。パーリ本・梵本・安訳も一致。安訳は「八世間法」として利・不利・名聞・不名聞・論議・称誉・楽・不楽を列挙。

123――八邪　八正道の対。『増一経』に同文がある。（同注106）。パーリ本・梵本・安訳も一致。安訳は「不直見」……「不直定」を列挙。

124――八懈怠法　パーリ本 aṭṭha kusīta-vatthūni（八つの怠惰）、梵本 aṣṭau kausīdyavastūn(i)、安訳「八瞢瞢不精道」。門論「八懈怠事」（大正二六・四四一下）。阿論「八懈怠事」（大正二八・六五四中）。

八項目の列挙順序に関して、本経と他の諸本を比較すれば、別表の様に分類できる。本経の列挙順序を1、2……とした場合、他の第何項目に対応するかを示したものである。列挙順序に関してはパーリ本はかなり異なっているが、次注以下に見るように表現を細かに見れば、本経＝パーリ本／安訳＝梵本。なお、順序・内容ともに本経と阿論は一致する。梵本と本経で順序が違っている。

本経・門論・阿論	パーリ本	梵本	安訳
1	5	2*	1
2	6	1*	2
3	2	4**	6
4	1	3**	5
5	4	6**	4
6	3	5	3
7	7	7	7
8	8	8	8

*　M校訂版も Pelliot 将来写本もこの順序で安訳とは異なる。

**　M校訂版の基づく写本にはこの三項が欠落。Pelliot 将来写本には1〜3項だけある。

125――懈怠比丘乞食……是為初懈怠　阿論は一致。パーリ本もほぼ一致する。梵本・安訳・門論には冒頭に、「村や町の近くに住む比丘が、早朝、衣鉢を持って村や町に食を乞い求めようとして、『美味しいものが十分手に入るはずだ（Mittal は na lapayāmi "入らないはず" と補っているが、疑問）』と考えたが、手に入らず……」とあり、多少異なる。

126――不得　底本の「不得食」を三本・聖護蔵本・磧砂蔵本により改める。

127――疲極　『法華経』化城喩品「我等疲極、而復怖畏、不能復進。（中略）是時疲極之衆、心大歓喜、歎不曾有」（大正九・二六上）。同義字を重ねた語。

128――不能堪任坐禅経行　「堪任」は類義字を重ねた六朝代の造語。『法華経』妙荘厳王本事品「父王今已信解、堪任発阿耨多羅三藐三菩提心。（中略）皆悉堪任受持是法華経」（大正九・六〇上〜中）。

また支謙訳『維摩詰経』および鳩摩羅什訳『維摩詰所説経』の弟子品・菩薩品では「我不任詣彼問疾」が「我不堪任詣彼問疾」と併用される（大正一四・五二〇中以下および五三九下以下）。さらに『注維摩』の相当箇所では「非是弟子所堪能也」と注釈され（大正三八・三四四上）、「堪能」とも類義なことが分かる（曲守約『中古辞語考釈続編』二〇〇頁も参照）。また『増阿』巻十三には「此尊堪任与人説法、非為不能」（大正二・六一二上）とある。

以上の用例から「堪任」「堪能」は「任」「堪」「能」に同じく、「力にかなう、手におえる、たえられる」の意であることが分かる。

129 臥息　『魏志』東夷伝「父母兄弟臥息異処」。

130 懈怠比丘得食既足……　第二懈怠。初懈怠と事情は同じ。パーリ本・阿論は一致し、梵本・安訳・門論には冒頭に、「村や町の近くに住む比丘が、早朝、衣鉢を持って村や町に食を乞い求めようとして、『美味しいものが十分手に入るはずだ』と考える。彼は美味しい食べ物を沢山得て……」とあり、多少異なる。

131 沈重　同義字を重ねた語。古典では落ち着いているという意。例えば、陶弘景「授陸景游賫文」に「質直居本、沈重樹志」（『全上古三代秦漢三国六朝文』所収）。しかし、ここでは現代語と同じく「重い、だるい」の意。

132 寝息　潘岳「悼亡詩」に「寝息何時忘、沈憂日盈積」（『文選』巻二四所収）

133 懈怠比丘設少執事……即便寝息　第三懈怠。パーリ本・安訳・門論・阿論も一致。梵本は写本が欠落しているが、次の八不怠法の類似文からみて、ここでも本経と一致する。

「執事」はすでに『論語』子路篇「居処恭、執事敬」とある。パーリ本 kamma（仕事）、S. karman, 安訳「行道」、阿論「作務」に対応。

134 懈怠比丘設欲執事……即便臥息　第四懈怠。パーリ本・梵本・安訳、門論・阿論も一致。梵本はM校訂版には欠落しているが、Pelliot 将来写本にはある。

135 懈怠比丘設少行来……即便臥息　第五懈怠。パーリ本・梵本・安訳・門論・阿論も一致。

136 宜当臥息　「宜当」は同じ方向の判断詞を重ねた六朝代の造語。適当・当為などを示す（『転輪聖王修行経』注111を参照）。この句の前後で「今宜臥息」「当予臥息」「当須寝息」などと言い替えられている。やはり、この『長阿含経』では「宜」と「当」の区別があまり意識されていないようである（『転輪聖王修行経』注30を見よ）

137 懈怠比丘設欲少行……是為六　第六懈怠。パーリ本・梵本・安訳・門論・阿論も一致。

138 即尋　前には同じ文脈で「即便」と出た。「即尋」は『小縁経』注12参照。

139 懈怠比丘設遇小患……未証欲証　第七懈怠。パーリ本・梵本・安訳・門論・阿論も一致。Mittal は断片的な梵本写本に、duḥkhito bāḍhaglānaḥ（〔比丘が〕重病にかかって苦しむ）と補っているが、これは誤った補い。ここの梵本も本経・パーリ本と同様、「ちょっと患っただけで横になる」比丘を語っていたはず。安訳は「已得病苦」。

140――困篤羸痩 『論衡』解除篇「病人困篤」。『漢書』趙充国伝「……土地寒苦、漢馬不能冬、（中略）皆多羸痩」。

141――当須 「当須」も同じ方向の判断詞を重ねた六朝代の造語。適当・当為などを示す。

142――懈怠比丘所患已差……未証欲証 第八懈怠。パーリ本・梵本・安訳・門論・阿論も一致。Mittal は、akāle maraṇaṃ syāt kālakriyā（不意の死、命終があるかもしれない）と、八不怠法の couterpart（p. 92）から補っているが、諸本との比較からみて、不必要。

143――八不怠 八懈怠法の counterpart をなしている。内容は諸本ほぼ同じ。パーリ本 aṭṭha ārabbha-vatthūni（八つの努力）、梵本 aṣṭau vīryārambhavastūni（八つの精進努力）、安訳「八精進方便道」。門論「八精進事」。八項目の列挙順序に関しては、八懈怠法の場合と同じい。やはり、列挙順序に関してはパーリ本はかなり異なっているが、概ね表現は、本経＝パーリ本／安訳＝梵本。梵本と安訳で順序が違う。

本経・門論	1	2	3	4	5	6	7	8
パーリ本	5	6	2	1	4	3	7	8
梵本	2	1	4	3	6	5	7	8
安訳	1	2	6	5	4	3	7	8

144――精進比丘乞食……是為初 パーリ本はほぼ一致。初懈怠と同じく、梵本・安訳・門論には冒頭に、「村や町の近くに住む比丘が、早朝、衣鉢を持って村や町に食を乞い求めようとして、『美味しいものが十分手に入るはずだ』（Mittal はここでも、na lapsyāmi〝入らないはず〟と補っているが、誤り）と考えたが、手に入らず……」とあり、多少異なる。

145――軽便 類義語を重ねた六朝代の造語。『幽明録』「人有山行墜澗者、無出路、（中略）体殊軽便、能登巌岸（『太平御覧』巻六九所引）

146――宜可 上述の「宜当」「当須」と同様のコンテキストで使われている。やはり同じ方向の判断詞を重ねた六朝代の造語。『捜神記』巻九「得一金印、文曰『忠孝侯印』。（中略）上言『堯舜時旧有此官、今天降印、宜可復置』」。

147——精進比丘乞食得足……即尋精進　第二不怠。第二懈怠と事情は同じ。パーリ本はほぼ一致し、梵本・安訳・門論には冒頭に、「村や町の近くに住む比丘が、早朝、衣鉢を持って村や町に食を乞い求めようとして、『美味しいものが十分手に入るはずだ』と考える。彼は美味しい食べ物を沢山得て……」とあり、多少異なる。「得足」は、『後漢書』光武帝紀「人情得足、苦於放縦、快須臾之欲、忘慎罰之義」。

148——精進比丘設少執事……即便寝息　第三不怠。パーリ本はほぼ一致。梵本と安訳・門論には、後半、本経とパーリ本にない文がある。すなわち、梵本　kh(a)ṇḍasya vā cchidrasya vā paripūraṇārthaṃ vyāyatate（p. 90）（不十分な点や欠損を補うために努力する）とあり、これはまさしく安訳「令我閉所犯。令有方便」に対応する。

149——精進比丘設欲執事……即便臥息　第四不怠。パーリ本・梵本・安訳・門論も一致。Mittal はこの項目にも前注の文を補っており、安訳には対応文がないが、門論にはある。

150——精進比丘設有行来……即便臥息　第五不怠。パーリ本は一致。梵本・安訳・門論には、後半に、前々注に引いた文があり、本経・パーリ本と異なる。

151——精進比丘設欲少行……是為六　第六不怠。パーリ本・梵本・安訳・門論も一致。

152——精進比丘設遇患時……即便精進　第七不怠。パーリ本には、uppanno hoti appamattako ābādho（p. 287＝256）（ちょっとした病が生じた）とあり、本経・梵本・安訳・門論と大きく異なる。これは第七懈怠に見える文、伝承の間に間違って置き換えられたのであろう。また、本経と梵本（Pelliot 将来写本による）・安訳には「あるいは死ぬかもしれない」とあるが、パーリ本にはない。

153——或能命終　本来「或」は推測を表す副詞で、「能」は可能性を示す能願動詞だが、ここでは二字で「～かもしれない」という意味を持つ複合語。『大般涅槃経』巻十一聖行品「若識非我、出息入息或能是我」（大正一二・六七五下）。

154——精進比丘患得小差……是為八　第八不怠。パーリ本・安訳はほぼ一致。梵本・門論はここに、「不意の死、命終があるかもしれない」とあり、他と異なる。

155——八不閑妨修梵行　パーリ本　aṭṭh' akkhaṇā asamayā brahmacariya-vāsāya（宗教的実践の生活にとって、時宜を得ない、時機の悪い時）。梵本＝安訳は、ここに八解脱を置き、この八不閑法に相当する項は梵本＝安訳には無い。しかし、安訳では、九法の第九項「知るべきことがら」に「九不応時、人不得行」とあり、これが部分的に一致する（梵本は写本欠落）。阿論「八難処妨修梵行」（大正二八・六五四下）。以下、パーリ本・阿論は本経にほぼ一致。

　仏を見ず、仏法を聞くことのできない、いわゆる八難（S. aṣṭa akṣaṇāḥ または aṣṭa akṣaṇāni）に言及している。P. a-kkhaṇa, S. a-kṣaṇa は「時宜に外れた→不遇、不運」の意であり、八難というときには、仏や仏法に会うチャンスのないことをいう。

　さて否定辞 a のない kṣaṇa（P. khaṇa）には「一瞬、瞬間、機会」の他に“a leisure moment, vacant time, leisure”（*MW.*）の意味があり、そこから、八難を「八無暇」（唐、達磨流支訳『法雨経』大正一六・二八六上。唐、義浄訳『仏説八無暇有暇経』大正一七・五九一上以下など）や「八無閑」（姚秦、竺仏念訳『菩薩瓔珞経』大正一六・六一中）、あるいは、本経の様に「八不閑」（『菩薩瓔珞経』同・一五上、一〇一下にも見える）とも直訳しているのである。しかし、これらの直訳では原意が伝わるか疑問である。

　『説文』「暇、閑也」（段注本は正字の「閒」に改めている）とある。

156——如来至真出現於世説微妙法寂滅無為向菩提道　「至真」は『荘子』などの「至人」「真人」に由来する語（『小縁経』注58参照）。「出現於世」は『釈提桓因問経』注129参照。「微妙」は『老子』に由来し、道のかそけく、人知を超えた様を示す（『小縁経』注62・『釈提桓因問経』注9などを参照）。「寂滅無為」の「無為」は言うまでもなく、『老子』の言葉で、道家の理想とする境地（『典尊経』注209を参照）。

　「寂滅」は「滅」「寂静」と同様、涅槃 nirvāṇa（“blown out, extinguished[as a lamp or fire], calmed, quieted, dead”. acc. to *MW.*）の意訳として使われたり、涅槃 nirvāṇaを形容する śānta（“appeased, pacified, tranquil, free from passions, ceased, extinguished”. acc. to *MW.*）の訳語として用いられる。そして、「寂静楽者、滅煩悩故、不造業故、息生死故、名為寂静。（中略）由滅諸過故、復名為寂滅楽矣」（『大乗義章』巻一八、大正四四・八二四上）という解釈がなされる。

　確かに nirvāṇa や śānta の持つ意味領域には「寂」（『説文』「宋、無人声也」。宋は寂の古字。『広雅』釈詁「寂、静也」）と重なる部分もあり、「寂静」「寂滅」と訳したのもうなずける。

　他方、『老子』第二十五章「有物混成、先天地生、寂兮寥兮、（中略）字之曰道、強為之名曰大」（晋、王弼

注「寂寥、無形体也」)、『荘子』天道篇「夫虚静恬淡寂漠無為者、天地之平、而道徳之至」などと道家では、道や道を体得したもののひっそりした静かさを「寂」で表しているが、これを踏まえて、上述の様に仏家が涅槃や覚りの境地を「寂静」「寂滅」あるいは「寂然、寂照、寂光、寂常」などと表現するようになったのではないか。『大般涅槃経集解』巻一に、涅槃を釈して「慧朗述法瑤曰、此言寂滅、謂即心識不可得之名也」(大正三七・三八〇中)とあるのは、この証左となるだろう。

「菩提道」は菩提への道の意ではなく、bodhi(覚り)の音写「菩提」と、その格義的な意訳「道」の合成語。bodhi を「道」と訳すことは『小縁経』注29・『釈提桓因問経』注33・50を参照。また『典尊経』注105も見よ。

なお、漢文としてはこの一文を「如来が法を説き、寂滅無為となり、悟りへ向かう」ととることもできる。

157——地獄　パーリ本　niraya(地獄)。『世記経』地獄品解題および注1に詳しい。地獄の原語は、S. niraya(=P.)または、S. naraka(=P.)これらの語源に関しては議論があり、確定していない(cf, M. Mayrhofer, *Kurzgefaßtes etymologisches Wörterbuch des Altindischen,* s.vv. narakaḥ, nirṛtiḥ. 水野博士も前掲論文二七頁で語源説明を試みているが、その説明は疑問)。「地獄」という訳語は漢の安世高から始まり、安訳の対応箇所でも「地獄」とある。また後には仏典以外でも使われるようになる。『三国志・魏書』蔣済伝「仁欲攻濡須洲中、済曰『賊拠西岸、列船上流、而兵入洲中、是為自内地獄、危亡之道也』」。『弊宿経』注59参照。

158——畜生　パーリ本　tiracchāna-yoni(=S. tiryag-yoni. 動物)すでに『韓非子』解老篇に「民産絶則畜生少、兵数起則士卒尽」とある。安訳も「畜生」。

159——餓鬼　パーリ本　petti-visaya(死霊のすむ所)。「餓鬼」は漢訳仏典から始まる語。安訳も「餓鬼」。多く、P. peta, S. preta(死霊、先祖霊)の訳語。peta は、過去の悪業(とくに貪欲)の報いとして、地獄に堕ちたもので、常に飢餓に苦しみ、枯葉の様に痩せ細っている。中には、人間の時に住んでいた近所に出没したり、町外れに現れたりして人々を驚かすものもいる。昔住んでいた家を訪れる彼らのために、家の外に食べ物や飲物を供えることは大変な功徳になると信じられていた。彼らも業の報いが尽きれば、別の境涯に生れ変わることが出来る。

他方、中国では古代から、人が死ねば魂は天にのぼって神となり、形体の主宰である魄は地に帰って鬼となり（『礼記』祭義「衆生必死、死必帰地、此之謂鬼」）、この鬼神は祖先神としてそれを祭る子孫を保護し、祭る者が絶えると悪鬼となると考えられていた。

160――長寿天　パーリ本　dīghāyukaṃ deva-nikāyaṃ（長生きする神々）。安訳も「長寿天」。
　天界は安穏で長寿だから神々は仏法に耳を傾けようという気持ちが起きない。ここでは特定の天の名ではなく（cf. *BHSD*, s.v. dīrghāyuka）、広く、長寿である神々のこと。『大乗義章』巻八『長寿天者、色無色界命報延長、下極半劫、名長寿天。彼天之中、寂静安穏、凡夫生彼、多謂涅槃、保著情深。又無仏法可依求出。所以是難」（大正四四・六二九中）。
「長寿」という漢語はすでに『管子』内業篇「平正擅匈、論治在心、此以長寿」。

161――辺地無識無仏法処　パーリ本　paccantimesu janapadesu paccājāto hoti milakkhusu aviññātāresu yattha n' atthi gati bhikkhūnaṃ bhikkhunīnaṃ upāsakānaṃ upāsikānaṃ（p. 287＝264）（比丘・比丘尼・在家の信者など無縁な、辺境の、無知な未開人の間に生まれること）。阿論はパーリ本と一致。安訳「不知法義処。無有説者、不能得受」。

162――或有衆生生於中国而有邪見懐顛倒心悪行成就必入地獄
　パーリ本　…… ayañ ca puggalo majjhimesu janapadesu paccājāto hoti, so ca hoti micchā-diṭṭhiko viparīta-dassano 'n' atthi dinnaṃ n' atthi yiṭṭhaṃ ……（p. 287＝264）（この人が中央地域に生まれても、彼が邪まな見解、倒錯した心の持ち主で、「布施がなんだ。祭式がなんだ。……」と考える）。パーリ本では邪見と顛倒心の内容を説明している点と、「悪行……地獄」に相当する文がない点で本経と異なっている。阿論「或有衆生共生国中、然邪見倒見、邪見倒見果報純熟故、畢生地獄、是名第六難処妨修梵行」とあり、本経と一致。
「中国」はここでは Majjhima-janapada（中央地域、中央インド）に対応する。『増一経』注27参照。「顛倒」は『転輪聖王修行経』注115参照。「悪行成就」は「悪しき行為の果報が完成して」の意。聖護蔵本の「悪行成熟」を取るべきかもしれない。

163――不得聞法修行梵行是為不閑　三本・聖護蔵本および磧砂蔵本には「不得聞法、是為不閑処、不得修行梵行」とある（ただし、磧砂蔵本は「修梵行」となっている）。

164――諸根具足　三本と磧砂蔵本により、底本の「彼諸根具足」を改める。身体の様々な器官が完全なこと。

165——聖教　すでに漢、王充『論衡』率性「被服聖教、文才雕琢」とある。

166——八大人覚　パーリ本 aṭṭha mahāpurisa-vitakkā（偉大な人の八つの思慮）。梵本 aṣṭau mahāpurisa-vitarkāḥ. 安訳「八大人念」。「大人」に関しては『露遮経』注16を参照。なお、本経の第1〜8項目に相当する他本の列挙順序は表の様になる。内容は本経＝パーリ本＝安訳＝梵本。

項目	少欲	知足	閑静	自守	精進	専念	定意	智慧
本経	1	2	3	4	5	6	7	8
パーリ本・梵本	1	2	3	8	4	5	6	7
安訳	1	2	8	3?	4	5	6	7

167——道当少欲多欲非道　パーリ本 appicchassa ayaṃ dhammo, nâyaṃ dhammo mahicchassa (p. 287)（この教えは少欲の人にふさわしい。この教えは欲深い人にはふさわしくない）。梵本も一致（略）。安訳「道法少欲者、非多欲者」。

ここでは P. dhamma, S. dharma を「道」と訳している。パーリの注釈家は、nava lok' uttara-dhammo（九出世間法。四向・四果と涅槃）のことを解釈している。

168——閑静　『大縁方便経』注6を参照。ここではパーリ本 pavivitta（独居）、梵本 praviviktaに対応する。安訳「道法無有家、楽無有家、不楽共居。有家、楽共居、無有道法」。ただし、安訳のみこれを第八項目に置く。

169——道当自守戯笑非道　パーリ本 nippapañcārāmassa ayaṃ dhammo nippapañca-ratino, nâyaṃ dhammo papañcārāmassa papañca-ratino (p. 287)（この教えは虚妄を超えた境地〔＝涅槃〕を喜ぶ人、虚妄を超えた境地を楽しむ人にふさわしい。この教えは虚妄〔＝輪廻〕を喜ぶ人、虚妄を楽しむ人にはふさわしくない）。梵本もほぼ一致。安訳は対応文が不明。「道法受行者。不受行者、無有道法」が当たるか。

「自守」はすでに『法言』修身篇に「君子自守」と出る。

「戯笑」も古典から見える語。例えば、『管子』軽重丁「戯笑超拒、終日不帰」。ここでは S. prapañca (P. papañca) に相応する。この語の意義を定義するのは難しいが、K. R. Norman によれば、"Papañca is the world, as expanded, diversified, distorted, vitiated, by human senses (phassāyatanāni) or defects (taṇhā etc.), i.e. the saṃsāra. When the causes of papañca are removed, a state of nippapañca is obtained”.（*The Elders' Verses I Theragāthā*, PTS London, 1969, p. 204).「戯論」「調戯」とも訳される（『釈提桓因問経』注113参照）。『阿嵬夷経』注172も参照。しかし、なぜ「戯笑」と訳したかは未詳。要検討。

170——八除入　パーリ本　aṭṭha abhibhāyatanāni（八つの制圧した領域）。梵本　aṣṭāv abhibhvāyatanāni, 安訳「（八）自在」、門論「八勝処」（大正二六・四四五中以下）。阿論「八勝入」（大正二八・六四二以下）。以下内容は、本経＝パーリ本＝安訳＝梵本。ただし、梵本は第三・四・七・八項の写本が欠落。

仏教梵語 abhibhv-āyatanāni, P. abhibhā°（“sphere of sovereignity, mastery over the senses”. acc. to *BHSD.*）の abhibhū は abhi√bhū（勝る、支配する、攻撃する）に由来する語、そこで「除」「自在」「勝」と訳されている。āyatana（場、領域、範囲）が「入」と訳されることは『増一経』注51参照。他にも「八除処」などの訳例がある。

171——内有色想観外色少若好若醜常観常念　パーリ本　ajjhattaṃ rūpasaññī eko bahiddhā rūpāni passati parittāni suvaṇṇa-dubbaṇṇāni, tāni abhibhuyya ‘jānāmi passāmīti’ evaṃ-saññī hoti（p. 287＝260）（自己の内に物質を認識し、さらに〔自己の外の〕外界において、物質が限定的で、美しかったり、醜かったりするのを見て、それを制し、「私は知っている。私は見ている」と認識すること）。梵本・安訳も一致。

172——内有色想観外色無量……　パーリ本前注の　parittāni（限定的で）が　appamāṇāni（無限で）に替わり、他は同じ。梵本・安訳も一致。ただし、梵本のM校訂版の読みを de Jong の示唆により、……rūpasaṃjñī……adhimātrāṇi と改める。

173——内無色想外観色少……　パーリ本前々注の rūpa-saññī（物質を認識し）が arūpa-saññī（物質を認識せず）に替わり、他は同じ。梵本写本欠落。安訳は一致。ただし、梵本は第二項に置く。

174——内無色想外観色無量……　パーリ本注（171）の rūpa-saññī（物質を認識し）が arūpa-saññī（物質を認識せず）に、parittāni（限定的で）が appamāṇāni（無限で）に替わり、他は同じ。梵本写本欠落。安訳は一致。

175——譬如青蓮華亦如青波羅㮈衣……　「青蓮華」はパーリ本　ummāpupphaṃ（亜麻の花）、梵本 umaka-puṣpa に対応。安訳「華名為郁」。門論「烏莫迦花」。阿論「優摩華」（＝umā-puṣpa “亜麻の花”）。

概して仏典で八除入を説明するときは、青紫の花をつける亜麻で喩える。なぜ、本経には「青蓮華」とあるのか疑問。「青蓮華」は普通、S. utpala（青蓮華）のこと。他にも『鞞婆沙論』に「青蓮華」とある（大正二八・五〇六上）。

「波羅棕衣」はパーリ本 vatthaṃ bārāṇaseyyakaṃ ubhato-bhāgavimaṭṭhaṃ（p. 287＝260）（裏表とも良く仕上がっているベナレス産の衣）、梵本 saṃpannaṃ vārāṇasīyakaṃ vastram（p. 96）（立派なベナレス産の衣）に相当。

176——黄華　パーリ本 kaṇikāra-puppha, 梵本 karṇikāra-puṣpa に対応する。和久博隆編著『仏教植物辞典』によれば、学名 Pterospermum acerifolium. 和名シロギリ（白桐）のこと。

177——赤華　パーリ本 bandhujīvaka-puppha, 梵本欠落。学名 Pentapetes phoenicea. 真昼に赤い花を開き、翌朝には萎むという。

178——白華　パーリ本 osadhi-tārakā. 梵本欠落。文字通りには、〝薬の星〟。どの星のことかは不明だが、仏典では、白く輝く明るい星としてしばしば言及される。安訳「明星」、門論「烏沙斯星」、阿論「鹵土星」。なお、「太白」（金星のこと。『中阿』「第一得経」、大正一・八〇〇上）とも訳され、*Mahāvyutpatti* の八除入の項（No 1525）には、uśanas-tārakā（金星）とある。

本経は、青、黄、赤と花の名前が続いたので、ここも「白華」としてしまったとも考えられる。なお、『大集法門経』も「白色華」としている（大正一・二三三上）。

179——八解説　『衆集経』（注203）・『増一経』（注107）・『大縁方便経』（注92～97）・『清浄経』（注163～167）にほぼ同文が出る。パーリ本 aṭṭha vimokhā（八種の解脱）、梵本 aṣṭau vimokṣāḥ, 安訳「八解脱」。阿論「八解脱」（六三九下以下）。梵本と安訳は第七項「理解しがたいことがら」に八解脱を置き、安訳は、この第十項に「八力」を列挙する（梵本は写本欠落）。この八解脱は Pelliot 将来の梵本写本にもある。

180——色観色一解脱　三本と磧砂蔵本には「内有色想、観外色。一解脱」とある。

パーリ本 rūpī rūpāni passati. ayaṃ paṭhamo vimokho（p. 288＝261）（〔自己の内に〕物質を認識して、〔外界の〕物質を見る。これが第一の解脱）、梵本・阿論も一致。底本の読みは、これらに対応する。認識の主体 rūpī（〝色をもつもの〟、自己の内に物質を認識するもの）も、その対象 rūpa（〝色〟、物質的存在）も「色」と訳しているわけで、これでは、原意は伝わらない。

安訳には「或時行者、内想色、外観色、若少好醜所色、自在知、自在見、意想亦如有。是為一解脱」（八除入の第一に同じ）とあり、『大集法門経』巻下「内有色想、観外色、解脱」（大正一・二三二）とあるのを見ると、三本と磧砂蔵本の読みは、別のテキストを見て改訳したものの可能性がある。

181――内有色想観外色二解脱　三本と磧砂蔵本には「内無色想、観外色。一解脱」とある。パーリ本　ajjhattaṃ arūpa-saññī eko bahiddhā rūpāni passati. ayaṃ dutiyo vimokho（p. 288＝261）（自己の内に物質を認識せず、外界に物質を見る。これが第二の解脱）、梵本・阿論も一致。これは「内無」とする三本と磧砂蔵本の読みに対応する。『衆集経』でも「内無」とある。

他方、『増一経』と『清浄経』に「内有」（本文八五頁、大正一・七六中）とあり、『大縁方便経』にも「内色想……」とあって、本経の底本に一致する。『大縁方便経』注94は、いずれも「内無色想……」と改めることを示唆しているが、ここでは（教理的には変だが）、底本の読みを採っておく。前注同様、三本と磧砂蔵本の読みは、後に意図的に改訳されたものの可能性がある。要検討。

なお、安訳には「或時行者、内思色、外観色。是為二解脱」とあり、「内有」の方向。ただし、同じ安世高訳でも『人本欲生経』では「内観色、不想、外観色。是為第二解脱処」（大正一・二四六上）とあり、「内無」の方向。

182――浄解脱三解脱　パーリ本　‘subhan’ t’ eva adhimutto hoti（p. 288＝262）（「清浄だ」という考えを強く持つ）、梵本 śubhaṃ vimokṣaṃ kāyena sākṣīkṛtvopasaṃpadya viharati（p. 93）（独訳　Das Schöne als Loslösung realisiert er innerlich, erreicht es und verharrt［darin］.）。安訳「或時行者、浄解脱、身知受行」。阿論「浄解脱、是名第三解脱」。

「浄解脱」は P. subho vimo(k)kho, S. śubho vimokṣaḥ の訳。第二解脱で不浄観をなしたあと、純一に青い（黄色い・赤い・白い）色をした物を見て、「これは純一に青い（黄色い・赤い・白い）」と強く印象づけられ（adhimutto, adhimuktaḥ. 勝解）、その物に思念を集中すること（*Atthasālinī*［PTS版］422, *DA.* II, p. 513. 門論、大正二六・四四三中〜下など）。だから、パーリ本は ‘subhan’ t’ eva adhimutto hoti と呼んだ。

他方、パーリの *Paṭisambhidāmagga* は四梵行（brahmavihāra）を行ずることと解釈しているが（PTS版、vol. II, p. 39）、これは特殊。

183――度色想滅瞋恚想住空処四解脱　『大縁方便経』注96参

照。パーリ本・安訳にほぼ同じ。梵本には末尾に「空無辺処の神々のように」とあり、他と異なる。安訳「一切度色、滅恚、若干念不念、無有要空、受空行。是為四解脱」。本経の「瞋恚」は P. paṭigha, S.pratigha（嫌悪感）に相当。しかし、ここでは、'(psychologically) sensory reaction'（*PTSD.*）,'Sinnesrückwirkung'（梵本独訳）の意味。

184——度空処住識処五解脱　梵本には末尾に「識無辺処の神々のように」とあり、他と異なる。安訳は「一切度空、無有要識、受行。一切度識、無所識有不用受行。是為五解脱」とあり、前半は五解脱で後半は六解脱。これは漢訳後のミス。

185——度識処住不用処六解脱　梵本には末尾に「無所有処の神々のように」とあり、他と異なる。

186——度不用処住有想無想処七解脱　梵本には末尾に「非想非非想処の神々のように」とあり、他と異なる。

187——度有想無想処住想知滅八解脱　『大縁方便経』注97参照。本経はパーリ本と一致。「想知」は P. saññā-vedayita, S. saṃjñā-vedayita（想念と感受）に対応。梵本には後半、kāyena sākṣīkṛtvopasaṃpadya viharaty (p. 94)（身の内に知覚し、達成して、〔そこに〕留まる）とあり、これは安訳「一切……滅想思、身知受行」に一致。本経＝パーリ本／安訳＝梵本。

188——九浄滅枝法戒浄滅枝心……見……度疑……分別……道……除……無欲……解脱浄滅枝　『増一経』に同文がある（同注108）。パーリ本　nava pārisuddhi-padhāniyaṅgāni（九項目の浄化努力）。梵本　nava vīrya(vitaraṇaviśuddhipūrvaṅgamā dharmāḥ)（独訳　neun Eigenschaften, denen die Läuterng in der Betätigung der Energie vorausgeht.）に対応。ただし、梵本は校訂者 Dieter Schlingloff が他の経典（Daśabalasūtra）から推定したもの。安訳「精進致浄」。本経と梵本はこの九法の第一項に置くが、パーリ本・安訳は第二項に置く。

安訳は精進度致浄・意度致浄・見度致浄・疑度致浄・道道致浄・慧見如浄・見慧愛断度致浄・断種・度世の九つを列挙している。安訳の「精進度致浄」の句は梵本の vīrya-vitaraṇa-viśuddhi にあたる。Schlingloff は梵本の第一項目を śīla-viśuddhiḥ と推定しているが、安訳から見て、vīrya-vitaraṇa-viśuddhi とすべきところ、彼も安訳を全く利用していない。他方、本経の「滅尽枝」はパーリ本の padhāniyaṅga に一致（『増一経』注35参照）。

『増一経』注108に指摘するように、本経の「分別、道、除、無欲」の各滅尽枝は、パーリ本・梵本・安訳との対応が不明。要検討。不明な項目を除き、表現と内容は、本経＝パーリ本／安訳＝梵本。

189——九喜本一喜二愛三悦四楽五定六如実知七除捨八無欲九解脱　『増一経』に同文がある（同注109）。『三聚経』にも「九善（三本と磧砂蔵本には「喜」）法」として、同じリストがある。パーリ本 nava yoniso-manasikāra-mūlakā dhammā(p. 288)（正しい思惟から生じる九つのもの）、梵本 nava cetasaḥ prasādapūrvaṅgamā dharmāḥ(p. 18)（心の清澄さ、平静さから始まる九つのもの）、安訳「九意喜」。パーリ本と安訳は九法第一項にこれを置く。したがって、配置に関しては、本経＝梵本／安訳＝パーリ本。

『増一経』で見るように、本経とパーリ本は一致する。梵本は写本欠落。安訳は聞法喜・念喜・喜喜・楽喜・受猗喜・安喜・定喜・止喜・離喜を列挙している。安訳は難解だが、本経＝パーリ本と同じではない。本経＝パーリ本／安訳。

190——九衆生居……九衆生居　『衆集経』（注206）と『増一経』（注110）に同じ。パーリ本 sattāvāsa（生きものの住むところ）、梵本 satvāvāsa, 安訳「九神止処」、阿論「九衆生居」（大正二八・六五五上）。

先に出た七識住処（注99）に、第五の無想天と第九の有想無想処を加えたもの。内容は諸本ほぼ一致するが、七識住処の場合と同じく、梵本・安訳には、無想天まで、rūpiṇaḥ（形相を持った〔衆生がいる〕）＝「有色」が余分にあり、空処住以下には、arūpiṇaḥ（形相を持たない〔衆生がいる〕）とあって、他とは異なっている。したがって、この点に関して、本経＝阿論＝パーリ本／安訳＝梵本。

191——九愛本因愛有求……因守有護　『増一経』に同文がある（同注111）。『大縁方便経』にもより詳しい記述がある（同注36）。パーリ本 nava taṇhā-mūlakā dhammā（渇愛から生じる九つのもの）。梵本は写本欠落。安訳のこの項には「九結」が列挙されていて、本経とは異なる。阿論「九愛根法」（大正二八・六四七上）、「九愛本法」（同・六五五上）。本経とパーリ本は対応はしているが、以下に見るように、微妙に異なっている。

『大縁方便経』注36に、パーリ本や安世高訳『人本欲生経』などとの対照表がある。ここでは、その表を参考にして、いくつかの問題点をあげることにする。

まず、本経に対応するパーリ本は、「taṇhā（渇愛）から生じる九つのもの」として、(1) pariyesanā（希求、追求）→(2) lābha（獲得）……（中略）……→(6) pariggaha（所有）→(7) macchariya（物惜しみ）→(8) ārakkha（防御、防護）→⑼嘘・口論・喧嘩・争いなどの悪い状態、とあり、当然ながら、taṇhā（渇愛、愛）を九つの中に含めていない。

　ところが、本経の場合、パーリ本の⑼嘘・口論・喧嘩・争いなどの悪い状態に相当するものがなく、愛も九つのうちの一つに数え、⑴愛→⑵求→⑶利……（中略）……⑺嫉→⑻守→⑼護とせざるを得ない（『増一経』も同じ）。一見、これは本経の間違いに思われるが、阿論にも「九愛本法」として、「愛→求→利養→所作→欲染→堪忍→慳惜→積聚→愛護・傷害・捶打・相繋閉・共闘諍」とあり、愛護（＝P. ārakkha）と傷害などを分けていないから、愛を九つの一つに数えざるを得ないのを見ると、あながち本経の間違いとも言えない。

　一方、『大縁方便経』（異訳とパーリ本も含めて）には、⑴愛→⑵追求→⑶獲得と始まって、⑽嘘・口論・喧嘩・争いなどの悪い状態に終わる、十支の縁起を列挙している。

　このことから、本来、『大縁方便経』のように十支あったものを、九法として整理しようとしたとき、「愛」を十支から除いた結果がパーリ本、最後の「争い」を十支から除いた結果が本経の伝えているものと推測される。

　なお、パーリ文献では、pariggaha（獲得）→macchariya（物惜しみ）→ārakkha（防御、防護）の順になっているが、諸漢訳は、一致して、「物惜しみ→所有→防護」の順序（『大縁方便経』注36の表の当該項は改める必要がある）。これはP. pariggaha, S. parigraha に「手に入れること。獲得」と「手に入れたもの。所有物、家」の意味があり、パーリ本は前者の意味で使ったもの（cf. *DA.* Ⅱ, p. 499）。

　また『大縁方便経』注43が問題にしている、『人本欲生経』の「家」という訳語も、S. parigraha の訳。

　また「用」はパーリ本 vinicchaya（分別）に相当する。パーリの注釈には「物を得て、善し悪し・美醜を分別するから、分別という。『いくつかは観賞用に、いくつかは耳などを楽しませるものとしよう。いくつかは自分の物にしよう。いくつかは他の人に上げよう。いくつかは使ってしまい、いくつかは隠しておこう』と考えるから」と解釈している（*DA.* Ⅱ, p. 499）。本経も「用途、利用法」の意で「用」と訳したもの（『大縁方便経』注39参照）。

192 ——九悩法　『三聚経』にも見える。パーリ本 nava āghāta-vatthūni（憎しみの九つの原因）、梵本は写本が欠落していうが、校訂者は navāghātavastūni と推定している。安訳「九悩本」。本経＝パーリ本≠安訳（＝梵本）。

193——有人已侵悩我今侵悩我当侵悩我　パーリ本 'anattham me acarī ti' āghātaṃ bandhati. '……caratī ti……'carissatī ti' āghātaṃ bandhati(p. 289＝262)（「彼が私を害した」と考えて憎しみをいだく。「……害している。……害することだろう」と考えて憎しみをいだく）、梵本は写本欠落。安訳はパーリ本よりもさらに詳しい記述。例えば第二悩は「若行者已有作悪、已施悪、已不安、已侵、亦余悪已施。若行者向念是。従是生悩。是為二悩」とある。次の九無悩の文から見て、ここでも梵本は安訳に一致していたと思われる。「侵悩」は見なれない語。

194——九無悩　三本と磧砂蔵本により、底本の「無悩」を改める。九悩法の否定。パーリ本 nava āghāta-paṭivinayā（九つの憎しみの除去）、梵本 navāghātaprativinodanāni（九つの憎しみの除滅）、安訳「除九意悩」。次注に見るように、内容的に、本経＝パーリ本／安訳≠梵本。

195——我所憎者彼已愛敬我悩何益已不生悩　第七無悩法。ここに諸本の違いがはっきり出る。パーリ本には 'appiyassa me amanāpassa atthaṃ acari, taṃ kut' ettha labhā ti' āghātaṃ paṭivineti(p. 289＝263)（「彼は、私の嫌いな人、嫌な人を優遇した。〔しかし、彼への憎しみが〕何になろう」と考えて、憎しみを取り除く）とあり、本経に一致。

　他方、梵本は断片的だが、明らかに安訳に一致している。すなわち、…… (amitrasya me……kāmahitakāma)sukhakāmasparśakā(mayogakṣemakāma) (p. 21)（私の敵に……〔不明〕……に対する喜び・幸福に対する喜び・楽に対する喜び・快感に対する喜び・安らぎに対する喜び〔を与える？〕）とあるが、これは安訳「為令我怨有利、令安、令楽、令安隠」に対応する。

196——九梵行　パーリ本・梵本・安訳にはない、きわめて特異な項。パーリ本のこの項には九異法を列挙し、安訳は「九依住」(de Jong は nava apāśrayaṇāni との対応を示唆している）を列挙している。梵本は、断片的であるが、安訳と一致している。したがって、本経／パーリ本／安訳＝梵本。

197——於八解脱逆順遊行捨有漏成無漏心解脱智慧解脱　「於……遊行」は『大縁方便経』注98・99参照。「捨有漏……」は『典尊経』注230・231・『小縁経』注142・『大縁方便経』注57を参照。ここでも「無漏心解脱」ととった。

198——九想不浄想観食不浄想一切世間不可楽想死想無常想無

常苦想苦無我想尽想無欲想　三本と磧砂蔵本により、底本の「観食想」を「観食不浄想」に改める。

パーリ本には、nava saññā. asubba-saññā, maraṇa-°, āhāre paṭikkūla-°, sabbaloke anabhirati-°, anicca-°,anicce dukkha-°, dukkhe anatta-°, pahāna-°,virāga-saññā.（pp. 289-290）（九つの想念。不浄を想念すること。死の想念。食べ物が不浄と想念すること。一切世間に楽はないという想念。無常の想念。無常における苦の想念。苦における無我の想念。捨離の想念。離欲の想念）とあり、死の想念の位置が本経とは異なるが、内容は一致。他方、梵本＝安訳は九次第定を列挙し、本経＝パーリ本とは異なる。本経＝パーリ本／安訳＝梵本。

なお、阿論の「何謂九想。不浄想、食厭離想、一切世間不楽想、死想、無常想、無常苦想、苦無我想、断想、離欲想、是名九想」（大正二八・六四三中）は本経と順序・内容が同じ。

199 ――九異法　パーリ本は九法第九項に、nava nānattā（九つの相違）を列挙。内容は一致。梵本は写本欠落。安訳は「九不応時」（nava akṣaṇāḥ）として、八不閑法（注155）に類似したものを列挙。

200 ――生果異因果異生触異……受……想……集……欲……利……因求異生煩悩異因煩悩異　三本と磧砂蔵本は、底本と初めと終わりが異なり、「因界異、生触異。……因求異、生煩悩異」となっている。だから、三本と磧砂蔵本の読みに従えば、次の様に訳すことができる。

⑴領域（界）の違いにより、⑵接触の違いを生じ、⑶接触の違いにより、感受の違いを生じ、⑷感受の違いにより、想念の違いを生じ、⑸想念の違いにより、集起の違いを生じ、⑹集起の違いにより、貪欲の違いを生じ、⑺貪欲の違いにより、利得の違いを生じ、⑻利得の違いにより、希求の違いを生じ、⑼希求の違いにより、煩悩の違いを生じる。

パーリ本は、dhātu-nānattaṃ paṭicca uppajjati phassa-nānattaṃ……（p. 289）（〔感官の対象〕領域の多様性により、接触の多様性を生じ……）とあり、三本と磧砂蔵本の読みと同じ方向。底本の読みでは、内容が変だが、敢えてその読みを採った。ここでも、三本と磧砂蔵本の読みは、教理に通じた者の改訳を伝えている可能性があるからである。

「果」はパーリ本対応なし。「触」は、phassa（接触）、「受」は、vedanā（感受作用）、「想」は、saññā（想念）に対応する。パーリ本では saṅkappa（＝ S. saṃkalpa〝決心、意図〟）が、「集」に対応する箇所にあるが、なぜ「集」と訳されているのか不明。「欲」は chanda（欲望）。

「利」は問題。パーリ本のこの箇所には pariḷāha（= S. paridāha "焦燥・心痛" "faverish longing, ardent desire". acc. to *BHSD.*）とある。可能性としては、(1)北西インドでは、ḷ と l の交替があり、bh > h となるから、例えば S. paridāha > pariḍāha > パーリ本 pariḷā-ha>*parilaha とあったものを、√labh（得る、利益を得る）の派生語として解釈して「利」と訳したか、(2)パーリ本では第九項目が lābha（利得、利益）だが、法蔵部（本経の属する部派）の伝承ではここに lābha があったのかも知れない。

「求」は pariyesanā（追求、得ようと努めること）に対応。パーリ本では lābha が、本経の「煩悩」に対応する箇所にあるが、これも問題。むしろ、パーリ本の第七項目の pariḷāha に対応すると考えた方がよいかもしれない。つまり、本経とパーリ本では、第七と第九項目が入れ替わっている可能性がある。これは P. pariḷāha, S. praidāha の語義解釈の違いにより生じた結果と思われる。要検討。

201——九尽　以下は『増一経』に同文がある（同注112～121）。パーリ本 nava anupubba-nirodhā（順次消滅する九つのことがら）。梵本は写本欠落。安訳は「無（「九」の間違い？）滅」として、名字乃至老死の九滅を列挙。

『増一経』注113以下で見るように、パーリ本には、本経の「刺」に相当する語がない。阿論は「九滅」とし九項目を列挙しているが（六四三上～中）、本経とほぼ同じ。本経＝阿論≒パーリ本／安訳。

202——若入初禅則声刺滅　『増一経』注113参照。パーリ本は paṭhamajjhānaṃ samāpannassa kāma-saññā nirud-dhā hoti(p. 290＝266)（第一の禅定に入れば、愛欲の想念が消滅する）とあり、本経と異なる。阿論は「若入初禅定、言語刺激」とあり、本経と一致。

203——十救法　以下は、『増一経』にほぼ同文がある（同注122～134）。パーリ本 nātha-karaṇā dhammā（保護となるあり方、保護してくれる法）、梵本も一致。安訳「救法」。この様に、題名は四本一致しているが、各項目の順序や内容は異なる。

「十救法」の中の数項目は、「八因縁」の第四～七項目に重なるものがある。また、梵本と安訳では、七法第九項の「七勤法」（梵本は「七無過失事」、安訳「七現恩」という項目名）と七項目を共通に持つ。

本経の列挙順序を1、2……とした場合、他の本の第何項目に対応するかを示したのが別表。パーリ本の第七項目と、梵本＝安訳の第一項目は、本経に対応するものがない。併せて、梵本の「七無過失事」、安訳「七現恩」との対応、および諸本の「八因縁」との対応も表示した。その見方は、例えば、本経の第八救法・パーリ本の第九救法・梵本と安訳の第六救法は、梵本・安訳の第六現恩、パーリ本の第七因縁・梵本と安訳の第五因縁に等しいなどと見るのである。梵本の七無過失の中、第一以外の項目、および梵本の第五因縁の写本欠落だが、おそらく安訳と同じ内容。

項目	持戒	友人	言葉	好法	助力	多聞	努力	想起	智慧	専一
本経の十救法	1	2	3	4	5	6	7	8	9	10
パーリ本の十救法	1	3	4	6	5	2	8	9	10	7満足
梵本の十救法	2	3	8	9	10	1信	5	6	7	4
安訳の十救法	2	3	8	9	10	1信	5	6	7	4
梵本七無過失	(2)	(3)				1信	(5)	(6)	(7)	(4)
安訳の七現恩	2	3				1信	5	6	7	4
本経の八因縁						5	6		7	
パーリ本の八因縁	4					5	6	7		
梵本の八因縁			6	7				(5)		
安訳の八因縁			6	7				5		

204——三者言語中正多所含受　『増一経』注126参照。パーリ本 bhikkhu subbaco hoti sovacassa-karaṇehi dhamm-ehi samannāgato khamo padakkiṇa-ggāhī anusāsa-niṃ(p. 290＝267)（比丘が、言葉遣いがよく、言葉遣いが良くなるような属性をもっていて、穏やかであり、数えをすんなり把握する）。梵本 bhikṣuḥ suvaco bhavati sauvacasya-karakair dharmaiḥ samanvāgataḥ. pūrvavat (p. 24)（比丘が、言葉遣いがよく、言葉遣いが良くなるような属性をもっている。云々）。安訳「受好語、如好法言随行」。

　本経の、「含受」（『増一経』では「堪忍」）はパーリ本 khamo に対応するが、安訳（おそらく梵本も）にはない。したがって、本経＝パーリ本／安訳＝梵本。

205——四者好求善法分布不悋　パーリ本は「比丘が、法を好み、優しく語り、法や律に対して大きな喜びを抱く」とある。梵本 dharmakāmo bhave(ti dharma)rataḥ so 'bhīkṣṇaṃ dharmam udāharati śāstur anti(ke-……不明)(p. 24)（〔比丘が〕師のそばにいて、法を好み、法を喜び、常に法を唱える）。安訳は梵本に一致。

206——六者多聞聞便能持未曾有忘　パーリ本は一致。梵本＝安訳は、「如来に対する信が比丘の心にとりつき、しっかりと根付く」という内容。これは梵本の七無過失事＝安訳の七現恩の第一項目と同じ。したがって、本経＝パーリ本／安訳＝梵本。

207――十者楽於閑居専念思惟於禅中間無有調戯　パーリ本には「衣・施された食べ物・住まい・病薬といった生活必需品が、どんなものであれ、比丘はそれに満足する」とあり、本経と異なる。一方、梵本には「比丘が、沈思している（pratisaṃlīno）。以下前述の通り」、安訳には「独坐思惟。行牽両制、制身制意」とあり、本経に幾分近い。本経≒安訳＝梵本／パーリ本。

208――十正行……正解脱正知　八正道に正解脱と正知を加えたもの。『増一経』に同文がある（同注135）。パーリ本・梵本・安訳に対応文がない。パーリ本は十遍処（dasa kasiṇāyatanāni）を、梵本＝安訳は、後に出る十滅法を列挙している。したがって、本経／パーリ本／安訳＝梵本。

209――十色入眼入……触入　十二処から、色形のない意（こころ）と、その意の対象を除いた十を列挙している。『増一経』に同文がある（同注136）。パーリ本 das' āyatanāni（感受作用の十の場）、梵本（daśa rūp)īṇy āya(ta)nāni（色・形をもつ、感受作用の十の場）に対応。安訳「十内外色入」。内容は四本一致しているが、十項目の列挙順序が異なる。本経以外の三本は、眼、色、耳、声……と、一つの感官とその対象を set に列挙している。本経≒パーリ本＝安訳＝梵本。

210――十邪行……邪智　上の「十正行」の対。『増一経』に同文がある（同注137）。パーリ本の dasa micchattā（十の邪なこと）、梵本＝安訳は十の障害（nīvaraṇa,「十内外蓋」）を列挙している。本経＝パーリ本／安訳＝梵本。『順正理論』は、有部の『増十経』（＝『十上経』）が「十の消去すべきことがら」として「内外五つずつの蓋法」を説いていると伝えている（大正二九・三五二下～三上）。これは、梵本＝安訳に一致。

211――十不善行迹身殺盗婬口両舌悪罵妄言綺語意貪取嫉妬邪見　「十不善行迹」はパーリ本 dasa akusala-kamma-pathā（十の悪しき行為）。梵本 da（śākuśalāḥ）karmapa-(thāḥ), 安訳「十事悪行」。

「行迹」は S. karma-patha（行為）の直訳。「業道」「業迹」とも直訳される。patha は「道、小路」の原意を持ち、そこから、「迹、道」と訳されているが、ここの場合の patha は、概念を総称する時に付加する一種の冗語で、ほとんど意味がない。なお、漢語としての「行迹」は「行跡」に同じく、「人がある仕事をなしたあと。なした仕事ぶり」の意であり、karma-patha とはずれがある。『漢書』鄒陽伝「長君行迹多不循道理者」。

この十不善行迹のリストは『小縁経』にも出る（本

シリーズ第2巻九二頁。同注39〜42参照）。「悪罵」はパーリ本 pharusā-vāca, 梵本 pāruṣya（粗暴な、罵る言葉）。「妄言」は、パーリ本 musā-vāda, 梵本 mṛṣāvāda（嘘）。「貪取」は、パーリ本 abhijjhā, 梵本 abhidhyā（渇望、貪欲）に対応。ここでも、パーリ本＝梵本 vyāpāda（害すること、悪意）を「嫉妬」と漢訳している。

ちなみに安訳「殺、盗、犯色、両舌、妄語、麤語、綺語、癡、瞋、邪意」。安訳の「癡」は注目に値する。これは、上記のパーリ本 abhijjhā, 梵本 abhidhyā が、P. avijjā, S. avidyā（無知）と混同されたことを示しているからである。同じ混同は *Mahāvastu* Ⅱ, p. 99 にも見える。したがって、内容は、本経＝パーリ本＝梵本＝≠安訳。

212——十善行　前項の否定。パーリ本 kusala-kammapathā, 梵本も同様。安訳「十浄行」。

213——十賢聖居　パーリ本 dassa ariyavāsā（聖なる人の十の遵守）、梵本 (da)śāryāvāsāḥ, 安訳「十徳道居」。P.＝S. vāsa の原義は「居住」だが、ここの場合は、「（梵行や布薩などの）遵守」の意味。以下の十項目の内容に関して、パーリ本と梵本と安訳はほぼ一致するが、本経は少し伝承の違いを示している。また、パーリ本は、十項目を列挙した後、各項目の説明を加えているが、その説明部分は、他の三本に対応がなく、明らかに後世の付加。

『成実論』にも『十聖処』として出る（巻二、大正三二・二五三中）。

214——一者比丘除滅五枝　五つの支分とは、パーリ本によれば、貪欲・瞋恚・睡眠・心のざわつき・疑惑の、いわゆる五蓋のこと。『成実論』によれば「五上結」のこと。

215——二者成就六枝　パーリ本・『成実論』によれば、上述の「六等法」（注89）のこと。

216——三者捨一　問題。パーリ本 ekārakkho（一つの守護、守衛、番人を持っていること）、梵本の e(kārakṣaḥ)(*Mahāvyutpatti*, No. 428), 安訳「守一」。『成実論』「守一法」。パーリ本・『成実論』によれば、注意深さ（p. sati）をもつこと。

なぜ、本経では「捨一」と訳されているか。ārakṣa（守護）と、arakṣa（守護がいない）、arakṣya（守護されない→捨てる？）との混同によるのだろうか。要検討。

217——四者依四　パーリ本 caturāpasseno（四つの依存）、梵本（caturapāśrayaṇaḥ）（*Mahāvyutpatti*, No.430), 安訳「依四」。パーリ本によれば、「比丘が、一つのことがらに注意深く従い、一つのことがらを注意深く堪え忍び、一つのことがらを注意深く取り除き、一つのことがらを注意深く避けること」の四依法（cattāri apassenāni, cf. *DN.* Ⅲ,p. 224）のこと。『成実論』は「依四法者、謂乞食等四依法也。復有人言、依四法者、聖人有法遠離、有法親近、有法除滅、有法忍受」と別の説明をしている。

218——五者滅異諦　パーリ本 panunna-paccekasacca（異端の真理を追い払う）、梵本 praṇunna-pratyekasatyaḥ、安訳「自解、不復待解」。『成実論』「滅偽諦」。他方、*Mahāvyutpatti,* No.426 には「praṇata-pratyekasatya, 尋各真諦」とあり、伝承に混乱がある（cf. *BHSD.*, s.v. praṇata）。

219——六者勝妙求　パーリ本 samavaya-saṭṭhesano(*v.l.* sañcavayasaṭhesano, samacayasaṭhesano. samavaya は未詳。英訳 has utterly given up quests.）。梵本 samutsṛṣṭeṣaṇaḥ（欲求を捨てた。*Mahāvyutpatti,* No.427, samutsṛṣṭaiṣaṇaḥ）、安訳「已捨求」。『成実論』「捨諸求」。

　パーリ本は、S. √sṛj（投げる、放つ、捨てる）の過去分詞形 sṛṣṭa（捨てた）＞P. saṭṭha となったもの。一方、なぜ本経には「勝妙」とあるか。これは、S. sṛṣṭa（捨てた）とS. śreṣṭha（最高の、優れた）の俗語形が同じ siṭṭha だから、誤解を生じ、後者の意味で取って、「勝妙」と訳したものと思われる（しかし、北西インドの俗語では、この誤解は生じ難い。なぜなら、śr- ＞ ś- または ṣ- となり、siṭṭha とはならないだろうから）。しかし、「勝妙求」では、本来の意味と正反対の意味になり、誤解もはなはだしい。

　「勝妙」は類義字を重ねた語で、翻訳仏典から始まる。多く、S. śreṣṭha に対応。

220——七者無濁想　パーリ本 anāvila-saṃkappo（汚れのない意志）。梵本も同様。安訳「処求已清浄」。『成実論』「不濁思惟」。パーリ本によれば、欲望と悪意と殺意のないこと。『成実論』は「滅六種覚、心得清浄」と説明している。

221——八者身行已立　パーリ本 passaddha-kāya-saṃkhāra（身体の潜在的形式力を鎮静した）。梵本も同様。安訳「身行已止」。『成実論』「離諸身行」。「身行」は S. kāya-saṃskāra（身体の潜在的形成力）の直訳。

222——九者心解脱十者慧解脱　『大縁方便経』注57などを参照。

223——十称誉処　パーリ本・梵本・安訳に対応文なし。パーリ本は十想（dasa saññā. 上述の九想＋滅尽想）、梵本＝安訳は十遍処（daśa kṛtsnāyatanāni, 安訳「十普定」）を列挙。本経／パーリ本／安訳＝梵本。

なお、AN. V, pp. 129 f. に dasa pāsaṃsāni ṭhānāni（称賛すべき十のことがら）として、対応する文があるから、それを参照する。

224——十滅法　パーリ本 nijjarā-vatthūni（消滅へ導く十の事柄）、梵本 daśa nirjvara-vastu, 安訳「十種直」。内容はパーリ本で、正解脱と正智の順序が逆になっているのを除き、本経＝パーリ本＝安訳＝梵本。ただし、梵本＝安訳は十法の第二項に置き、この項には如来の十力を列挙。

225——十無学法　パーリ本 dasa asekhā dhammā（学を完成した人の十のあり方）、梵本 daśāśikṣā dharmāḥ, 安訳「十足学、不復学」。前項とおなじく、パーリ本は正解脱と正智が逆。内容は本経＝パーリ本＝安訳＝梵本。

226——爾時舎利弗仏所印可諸比丘聞舎利弗所説歓喜奉行　パーリ本 idam avoca āyasmā Sāriputto. attamanā te bhikkhū āyasmato Sāriputtassa bhāsitaṃ abhinanduṃ(p. 292)（舎利弗はこれを説いた。歓喜した比丘たちは尊者舎利弗の説法を称賛した）。梵本……（不明）……（da-）śottaro n(āmadharmaparyāyaḥ. idam avocad āyuṣmān śāriputra āptamanasas te bhikṣava āyuṣmataḥ śāriputrasya bhāṣita)m abhyanandan(p. 30)（……『十上』という〔教説である。舎利弗はこれを説いた。歓喜した比丘たちは尊者舎利弗の説〕法を称賛した）。安訳「（前略）是名為十報法。如応是上説為是故説。舎利曰已説竟、諸受著心、蒙恩」。

梵本の〔 〕の部分は校訂者 Schlingloff がパーリ本などを参照して補ったもの。梵本と安訳は、ともに経名に言及しているが、梵本の欠落部分も安訳に一致していたに違いない。

P. ṭhāna, S. sthāna を「処」と直訳しているが、原意は、「対象、ことがら」ほどの意味。

AN. には、「寡欲な比丘が、寡欲の話を比丘たちにもするとき、これが称賛すべきことがら。……」とあり、本経とは異なる。また、挙げられた項目も多少異なり、appiccho（本経の「少欲」と対応）、santuṭṭho（「知足」）、pavivitto（独居している。「楽閑静」）、asaṃsaṭṭho（世俗とまじらないでいる）、āraddhaviriyo（「精進」）、sīlasampanno（「持戒」）、samādhisampanno（「得禅定」）、paññāsampanno（「得智慧」）、vimuttisampanno（解脱を完成している）、vimuttiñāṇadassanasampanno（解脱したことに対する知見を完成している）が列挙され、本経の「得信」「多聞」「専念」に相当するものがない。

増一経

注

1　舎衛国祇樹給孤独園　「舎衛」の推定中古音は śi̯a-ji̯w-äi-, すでに後漢の安世高の訳経に見える。S. Śrāvastī の俗語形の音写。釈尊当時マガダ国と並んで最も有力であった中インドのコーサラ国の都市の名であるが、のちに国名として用いられた。『釈提桓因問経』注71・『布吒婆楼経』注4など参照。
「祇樹給孤独園」はコーラサ国の王子 Jeta の園林を富豪給孤独（Anātha-piṇḍada）が買いとって釈尊に献じた僧園。「祇樹」は Jeta-vana（Jeta の園林）の訳。「祇」の推定中古音 gʻi̯ę, tśi̯ę.「樹」は vana の意訳。安世高の訳語。「祇洹」と音写されることもある。「舎衛園」は『釈提桓因問経』注71参照。「祇樹給孤独園」は『世記経』閻浮提州品注4参照。

2　微妙法上中下言皆悉真正義味清浄梵行具足　これは一種の定型句。パーリ語や梵語の仏典には、多く、「初めも善く、中間も善く、終わりも善く、内容も表現も立派で、純粋で、完全で、清浄で、（純正で、）とりもなおさず聖なる行である法」とでる。『十上経』注5・『転輪聖王修行経』注124・125・『阿摩昼経』注24～26・130・『種徳経』注23～25を参照。「清浄」は『釈提桓因問経』注156・『清浄経』解題・『阿摩昼経』注220を参照。「梵行」は『釈提桓因問経』注46参照。

3　多成法　底本には「成法」とあるが、三本と磧砂蔵本により「多成法」に改める。以下同じ。「多成」は P. bahukāra, S. bahukara（とても役立つ。大いに資する）に対応する。bahu は「大いに、非常に」の意であり、kara, kāra は √kṛ（行う、なす）の派生語だから、漢訳者は「多成」と訳したのであるが、原意とは少しずれがある。Daśottara-sūtra（漢訳『長阿含経』の『十上経』に対応する。以下 Daś と略す）の対応箇所に対する Mittal の独訳では、bewirkt viel.（Kusum Mittal, *Dogmatische Begriffsreihen im älteren Buddhismus*, I, Fragmente des Daśottarasūtra aus zentralasiatischen Sanskrit-Handschriften, Berlin, 1957）パーリ本の Dasuttara-suttanta（以下 Das と略す）の英訳では、helpeth much.『十上経』注9参照。

4――修法　「修」は P. bhāvetabba, S. bhāvavayitavya（修養すべき、修習すべき）に対応する。

5――覚法　「覚」は P. pariññeya, S. parijñeya（正確に知るべき、把握すべき）に対応。

6――滅法　「滅」は P. pahātabba, S. prahātavya（捨て去るべき）に対応。

7――証法　「証」は P. sacchikātabba, S. sākṣīkartavya（自分の目で確かめるべき、認識すべき）に対応。

8――不捨善法　Das と Daś に依れば P. appamādo kusalesu dhammesu, S. apramādaḥ kuśaleṣu dharmeṣu（善いあり方をおろそかにしないこと）に対応。『十上経』注10参照。

9――常自念身　Das と Daś に依れば、P. kāyagatā sati sātasahagatā（悦びをともなない、体を思念すること）, S. kāyagatā smṛtiḥ（体を思念すること）に対応。『十上経』注11参照。

10――有漏触　P. phasso sāsavo upādāniyo, S. sparśaḥ sāsrava upādānīyaḥ（煩悩や執着を引き起こす接触）に対応。

「漏」は āsrava（P. āsava. 煩悩）の訳語。動詞 ā√sru（漏れる、流れる）の派生語であるところから「漏」と訳したもの。āsrava の語に関しては、榎本文雄「āsrava（漏）の成立について――主にジャイナ古層経典における――」（『仏教史学研究』第2巻第1号、一九七九年）、同『初期仏典における āsrava（漏）』（『南都仏教』第50号、一九八三年）に詳しい。『阿摩昼経』注275も参照。anāsrava（P. anāsava. 煩悩のない）が「無漏」と訳されるのに対し、sāsrava（煩悩を持つ、煩悩に覆われた）が「有漏」と訳されている。bhava-āsrava（生存にとらわれる煩悩）も「有漏」と訳されるが（例えば、『遊行経』、本シリーズ第1巻二一一頁）、それとは異なる。前者は「漏が有る」、後者は「有への漏」の意。

「触」は sparśa（P. phassa）の訳語で、感官と対象と感受作用の接触のこと。『大縁方便経』注24参照。

11――有我慢　P. = S. asmimāna に対応。asmimāna とは、「私は……だ（asmi）」と思い上がること（māna）。私はきれいだ、金持ちだ、生れが良いと考えたり、逆に、私は醜い、貧乏だ、卑しいなどと卑下すること（cf.

Vibhaṅga, pp. 353–355)。あるいは、物質や感受作用・表象作用・心作用・認識作用（色、受、想、行、識）に対して「これが私だ」と思いなすこと（*DA.*〈*Dīgha-nikāya* に対する注釈〉Ⅲ, p. 1056; *Vibhaṅga*, p. 356)。類義語に ahaṃkāra（自分に対する慢心）, mamaṃkāra（自分のものと思いなす慢心）がある。

12——無礙心解脱　P. akuppā cetovimutti, S. akopyā cetovimukti（揺るぎない、確固とした〝心の解脱〟）に対応。注釈に依れば、阿羅漢の位に達した者のもつ解脱（arahatta-phala-vimutti, *DA.* Ⅲ, p. 1057)。「無礙」という漢語の意は、妨げなく、自由自在なこと。漢の楊雄の『法言』君子篇に「君子之行独無礙乎。如何直往也。水避礙則通於海、君子避礙則通於理」とある。『十上経』注19参照。

13——知慚知愧　Das と梵本の Daś およびそれに対応する安世高訳『十報法経』（大正一・二三三下）の対応箇所では、意識をしっかりと持っていることと（P. sati, S. smṛti 安世高訳「当有意」）、はっきり分別すること（P. sampajañña, S. samprajanya 安世高訳「当念」）の二つを列挙しているのに対し、『長阿含経』『十上経』と本経とでは「知慚」と「知愧」の二つをあげていることは興味を惹くところである。

「知慚」は P. hiri, S. hrī に、「知愧」は P. ottappa, S. vyavatrāpya に対応する。hiri は自分の内なる声によってはじらいと思うこと。lajjā（はじらい）に類する。ottappa は他人の目を気にして面目ないと自責すること（日本語の「はぢ」はどちらというとこれに近い）。uttāsa, bhaya（おそれ）に類する。以上、*DA.* Ⅲ, p. 978; *Visuddhimagga*, pp. 464–465 参照。また、『俱舎論』には、「慚愧差別……有敬有崇有所忌難有所随属、説名為慚。於罪見怖、説名為愧。……於所造罪、自観有恥、説名為慚。観他有恥、説名為愧」（大正二九・二一上。cf. *Akbh.*, p. 60）と二説をあげている。

「愧、慙也」と訓詁されるように、「慚」と「愧」とは、ほぼ同義のようである（注88参照）。「知愧」の用例は未見だが、「知慚」は、梁の簡文帝『七励』に「隆周謝徳、盛漢知慙」（『文苑英華』巻三五一所収）とある。また『中庸』に「好学近乎知、力行近乎仁、知恥近乎勇。知斯三者則知所以修身」とあるなど、「知恥」の例は古典から見える。『闍尼沙経』注85参照。

14——止与観　「止」は S. śamatha（P. samatha）に、「観」は S. vipaśyanā（P. vipassanā）に対応。『沙門果経』注55参照。『十上経』注21参照。

15——名与色 「色」(P.＝S. rūpa) は、個人存在の物質的な方面を意味し、五陰 (pañca-skandha) のうちの色陰にあたり、「名」(P.＝S. nāman) は、精神的側面をさし、五陰のうちの受・想・行・識陰 (感受作用、表象作用、心作用、認識作用) にあたる。『大縁方便経』注26参照。Frauwallner, *Geschichte der indischen Philosophie*, Bd. I, S. 204–208 および、M. Falk, *Nāma-rūpa, and Dharma-rūpa*, pub. by Univ. of Calcutta, 1943 も参照。『十上経』注22参照。

16——無明 「無明」は P. avijjā, S. avidyā (無知) にあたる。真理 (具体的には苦・集・滅・道の四諦) に対して無知なることが、迷いの生存の根源であると説かれる。漢語「無明」に関しては『大縁方便経』注29に詳しい。『十上経』注23参照。

17——有愛 「有愛」は P. bhava-taṇhā, S. bhava-tṛṣṇā (生存に対する渇愛) の直訳。『大縁方便経』注34参照。

18——明 P. vijjā, S. vidyā (正しい知恵、超人的な知恵) に対応。注釈家は、阿羅漢のもつ三つの知恵 (無学の三明) としている。過去を知る知恵 (宿命智)、自他の未来を知る知恵 (天眼智)、煩悩が尽きたことを知る知恵 (漏尽智) の三つ (*DA*. Ⅲ, p. 1057, 『阿毘達磨集異門足論』巻二、大正二六・三七五下)。三明は注26参照。漢語「明」に関しては『大縁方便経』注29参照。

19——解脱 P. vimutti, S. vimukti (輪廻から解脱すること) に対応。

20——親近善友 P. sappurisasaṃseva, S. satpuruṣasaṃseva (善い人と交際すること) に対応する。

21——耳聞法音 P. saddhammasavana S. saddharmaśravaṇa (正しい法を聴くこと) に対応。

22——法法成就 P. dhammānudhammapaṭipatti, S. dharmānudharmapratipatti この語の解釈には諸説がある。(1) dhammānudhamma を reduplicative compound と見て、「様々な法の実践」と解す (*PTSD*., s.v. anudhamma)。(2) anudhamma を下級の dhamma と見る (*DPL*., s.v.)。(3) anudhamma を、「正しい方法」と解して、dhammānudhammapaṭipatti を「法に対する正しい方法の実践 (あるいは到達)」とする (*CP*-*D*., s.v.; *BHSD*., s.v., anudharma)。(4) Otto Franke は dhammānudhamma を一つの冗語 (Pleonasmus) と見て、dhammānudhammapaṭipatti を “der Lehre gemäβ sich wandelnd” と訳している (Franke, S. 131, Amn. 5)。さらに Geiger は、‘Anudhamma und Abhidhamma’という小論文で (*Pāli Dhamma*, S. 115–119)、Frankeの説に従い、“der Lehre gemäβ sich verhalten”

と訳している。

おそらくは、（4）の説が妥当ではあるまいか。『清浄経』注30・『阿摩昼経』注333参照。

23――三三昧空三昧無相三昧無作三昧　三本と磧砂蔵本により、底本の「想」を「相」に改める。「三昧」は P.＝S. samādhi（心が統一され静まった状態）に対応する音写。『弊宿経』注125（本シリーズ第2巻）参照。「空三昧」は P. suññato samādhi, S. śūnyatā-samādhi に対応。個人存在と一切の事象とが空であると観ずる三昧。「無相三昧」は P. animitto samādhi, S. ānimittaḥ samādhiḥ に対応。空である以上は、個別的、相対的な相・特徴もないと観ずる三昧。「無作三昧」は P. appaṇihito samādhi, S. apraṇihitaḥ samādhiḥ に対応。個別的な特徴がない以上は、もはや何も願い求める対象はないと観ずる三昧。だから、多くの場合「無願三昧」と訳される。では、なぜ apraṇihita（願わない）を「無作」と訳したのかが問題になる。すでに安世高は「不願」と訳しているが（『十報法経』〈大正一・二三四上〉）、羅什がもっぱら「無作」と訳している（彼は avijñapti, akṛtrima も「無作」と訳しているが、ここでは、apraṇihita の対応例だけをあげる）。『法華経』信解品「但念空無相無作」（大正九・一六中）。『維摩詰所説経』問疾品「於空無相無作中而自調伏」（大正一四・五四五中）。そして、「無作」に関して、道生は、「遣成無相、似有意作。意作非理。故言無作也。既順空、随無相、便応冥符此矣」と注し（『注維摩』巻二、大正三八・三四七上）、意識が起きないことと解釈している。また、羅什は『維摩詰所説経』菩薩品の「示現受生而起無作」（大正一四・五四三下。チベット訳に、smon pa med pa la sgom pa とあり、apraṇihita に対応することは明らか）に対する注で、「無作、不作受生行也。無作則絶於受生。故誨令為示現而起無作也」とし、僧肇も「作謂造作生死也」とし、輪廻の原因となる業を作らないことと解釈している（『注維摩』巻四、大正三八・三六九中）。「無作」と訳した以上、このような解釈が生じるのは当然であろう。時代が下ると「無願」と訳されるようになり、原語の意味が把握されるようになる。ちなみに浄影寺慧遠の『大乗義章』巻二には、「言無願者、経中或復名為無作、亦名無起。釈有三義。一就理彰名。理中無有貪求願楽。故名無願。理中無有作用集起。是故亦名無作無起。二就生死法相以釈。生死之法不可願求。故名無願。三就行以論。於生死中不生願求。故名無願。不作願求。故名無作。不起願求。故曰無起」（大正四四・四八八下〜四八九上）とあり、「無作」に関して、「作用がない」と、「願を起こさない」との二つの解釈を紹介している（後者の解釈は『大般涅槃経』徳王品にもみられる。「無作者、於二十五有不作願求」大正一二・七五五上）。

いずれにせよ、なぜ apraṇihita をあえて「無作」と訳したか判然としない。また、果たして、当時の仏教者たちが、この訳語から、その原義を理解できたかは疑問である。

24――受　P.＝S. vedanā に対応する。『大縁方便経』注23参照。

25――欲愛有愛無有愛　「欲愛」は P. kāma-taṇhā, S. kāma-tṛṣṇā に、「有愛」は P. bhava-t°, S. bhava-t°。に、「無有愛」は P. vibhava-t°, S. vibhava-t°。にそれぞれ対応する。

注釈家に依れば（*DA.* Ⅲ, p. 988; *Vibhaṅga*, p. 365;『阿毘達磨集異門足論』巻四・大正二六・三八二下）、kāma-t°。とは、五つの感官の対象、すなわち色・声・香・味・所触に対して渇望すること。bhava-t°。とは、存在への渇望。すなわち色界（欲望は除かれたが、まだ肉体の存する世界）と無色界（精神のみ存する世界）に対して渇望すること。vibhava-t°。とは、断見（生はこの世限りとする誤った見解）に基づく渇望。『大縁方便経』注34・『十上経』注33参照。

26――三明宿命智天眼智漏尽智　「三明」は P. tisso vijjā, S. tisro vidyāḥ（三つの超人的能力。注18参照）に対応。「三明」に関しては、榎本文雄「初期仏典における三明の展開」（『仏教研究』第12号、一九八二）を参照。『十上経』注39も参照。

「宿命智」は P. pubbe-nivāsānussati-ñāṇaṁ vijjā, S. pūrve-nivāsānusmṛti-jñānasākṣikriyā vidyā（過去世の生存の状態を思い出す知という能力）に対応。

「宿命」という漢語は翻訳仏典から始まるようである。「宿」には「宿怨」「宿志」というように「かねてからの、ひさしい」という意味がある（『小爾雅』「宿、久也」）。これより派生して仏典では、「宿縁」「宿善」「宿業」「宿世」「宿願」と、もっぱら「過去の生存以来の、前世からの」もしくは「過去世の、前世の」の意で用いる。したがって「宿命」とは「過去世におけるいのち、過去での生命」の意味である。「宿命」の「命」を「天命」の意にとって、いわゆる「しゅくめい」「過去からの運命」の意味で解釈するのは本来的ではない。

「天眼智」は P. sattānaṁ cutūpapāte ñāṇaṃ vijjā, S. cyutyupapāda-jñ°。vidyā（衆生の再生に関して知る能

力）に対応。この原語の意味することが、divyaṃ cakṣus（天的な眼力。具体的には、衆生の死後の状態を見る眼力）と同内容なので、その語を借りて、「天眼智」と訳したもの。「天眼」は仏典に始まる語。顔之推『顔氏家訓』帰心篇「若有天眼、鑒其念念随滅、生生不断、豈可不怖畏邪』。

「漏尽智」は P. āsavānaṃ khaye ñāṇaṃ vijjā, S. āsravakṣayajñ° vidyā（煩悩が尽きたことを知る知恵）に対応。「漏」は「煩悩」の異名。注10参照。「漏尽」は『清浄経』注130参照。

27——住中国　P. paṭirūpa-desa-vāso S. pratirūpo déśāvāsaḥ（あるいは pratirūpa-de°）（適正な場所に住むこと）に対応する。注釈家によれば、仏教教団（四衆）のある所に住むことという（*DA.* Ⅲ, p. 1058）。あるいは、「町から遠からず近からず、閑静で空気のよいところ」をさすという（中村元『ブッダのことば』三〇七頁）。

「中国」という漢語は翻訳仏典では、P. Majjhima-janapada, S. Madhyadeśa（中央の地域、中央インド）の訳語として使われる。律文献の伝えるところによると、Mahākātyāyāna の進言をいれ、釈尊は、中央地域と辺境との区別を定め、受戒に必要な十人の比丘を得られぬ辺境では五人の比丘で受戒してもよいことにした。中央地域（中国）と辺境との区分は諸伝で異なるが、大体ガンジス河の上流・中流地方にあたる（cf. *DPPN.*, s.v.: 赤沼『固有名詞辞典』paccanta janapada の項参照）。

ここでも、漢訳者は「適正な場所に住むこと」を、比丘たちが沢山いて仏教が盛んな地域に住むことと解釈して「住中国」と訳したに違いない。

なお、以下の四つの項目は、*Suttanipāta*（*Sn.* と略す）, 259–260; *Khuddaka-Pāṭha*（PTS ed., *Kh.* と略す）, p. 3 に類句がある。

28——近善友　P. sappurisūpassayo, S. satpuruṣāpāśraya（善い人に頼ること、善い人の近くにいること）に対応。注釈家は、仏などの善い人のもとに住み、仕えることという（*DA.* Ⅲ, p. 1058）。*Sn.* 259 に「愚者に親しまず、賢者に親しみ、敬うべきひとを敬うこと。これが最高の吉祥」とあるのを参照。

29——自謹慎　P. attasammāpaṇidhi, S. ātmanaḥ samyakpraṇidhānaṃ（自分の心を正しい方向に振り向けること。*CPD.* は、the right aspiration [attention and preparation] of one's self と訳している）。注釈家は、不品行・不信・欲深さを捨てて、正しい行い・信・施すことに自己を確立すること（patiṭṭhāpana）という（*Paramatthajotikā*

Ⅰ, p. 134; *DA.* Ⅲ, p. 1058)。P. paṇidhi, S. praṇidhāna は、多く「請願、願」の意をもつが、ここでは「心を振り向ける。心を据える」ほどの意であろう。「謹慎」という漢語は、類語を重ねた語で、こまかに気を配り、言動を慎むこと。『荀子』不苟篇「君子……柔従而不流、恭敬謹慎而容」、『漢書』霍光伝「小心謹慎、未嘗有過」などとすでに古典から見える。「謹慎」という訳語と、上述のパーリ語や梵語とは、意味のずれがある。『十上経』注42参照。

30——宿殖善本　P. pubbe katapuññatā, S. pūrve kṛtapuṇyatā（前世で善行を積んでおいたこと）に対応する。注釈家によれば、前世で善根を積むことによって、仏や仏弟子から直接に法を聴き、阿羅漢になることができるという（*Paramatthajotikā* Ⅰ, p. 133)。「宿」については注26参照。「善本」は多くS. kuśalamūla の訳語であり、「善根」に同じく、「よい果報を生みだす根本となる善い行為」の意。この kṛtapuṇyatā の puṇya が、それと同じ意味をもつので、「善本」と訳したもの。「殖」は「植」に通じる。『維摩詰所説経』方便品「深植（異本に「殖」）善本」（大正一四・五三九上)、『法華経』序品「已於千万仏所植諸善本」（大正九・四上）など参照。なお定型句「植……善本（根)」の「植」は多く、S. avaropayati（植える）に対応する。

31——住四念処　いわゆる四念処観に言及している。「念処」は P. satipaṭṭhāna, S. smṛtyupasthāna. 以下の句については、『闍尼沙経』注97〜99・『転輪聖王修行経』注4・『阿摩昼経』注206・『十上経』注43を参照。

32——摶食触食念食識食　「摶食」は P. kabaliṅkāro āhāro, S. kabaḍiṁkāra-āhāraḥ（kavalīkāra-ā°)（一口の大きさに丸めた食べ物、いわゆる食べ物。cf. *BHSD.*, s.v.）に対応する。慧琳『音義』巻六七、「摶食。上徒鸞反。杜注左伝云摶手摶也。考声云摶令相著也。文字典説云圜也。従手専声……」（大正五四・七四八下）「段食」「揣食」とも訳される。

「触食」は P. phassa-ā°, S. sparśa-ā°（接触という食べ物）に対応。感受作用を食べ物にたとえたもの。『阿毘達磨集異門足論』では、「云何触食。答、若有漏触為縁、能令諸根長養大種増益。又能滋潤、随滋潤、乃至持、随持。是名触食」と、煩悩による感受作用が身体・生命を増長させるから「触食」と名付けると言っている（大正二六・四〇〇中)。cf. *Dhammasaṅgaṇi* (PTS ed.), p. 19; *Akbh.*, pp. 152–153. この四種の食べ物に関しては、W. A. McGovern, *A Manual of*

Buddhist Philosophy, vol. I, p. 79 を参照。

「念食」は P. manosañcetanā-ā°, S. manaḥ sañcetanā-ā°。(思考という食べ物)に対応。「意思食」「意念食」とも訳し、思考・意思を食べ物にたとえたもの。煩悩に支配された思考が身体・生命を増長させるから「念食」という(前掲書を参照)。

「識食」は P. viññāṇa-ā°, S. vijñāna-ā°。(認識という食べ物)に対応。眼・耳・鼻・舌・身体・こころの認識作用を食べ物にたとえたもの。煩悩に支配された認識が身体・生命を増長させるから「識食」という(前掲書を参照)。

33――四受欲受我受戒受見受　「受」は P.＝S. upādāna に対応する。『大縁方便経』には、「欲取、見取、戒取、我取」とあり、(本文一〇五頁)、「取」で訳されている(同注33参照)。upādāna は本来、動詞 upa-ā√dā (受け取る、取る、使う)の派生語であるが、仏典では「執着。clinging, attachment, addiction」の意となる(*B-HSD*. および *CPD*. による)。漢訳者は原意の方を取って「受」「取」と訳したのであるが、この漢語から「執着」の意が想起されるか疑問である。

「欲受」は P. kāmūpādāna, S. kāma-upādāna, に対応する。感官の五つの対象(色・声・香・味・所触)に対する執着。「我受」は P. attavādū°, S. ātmavāda-u°。に対応。個我(ātman)があるという説に執着すること。「戒受」は P. sīlabbatū°, S. śīlavrata-u°。に対応。誤った戒や誓いに執着すること。「見受」は P. diṭṭhū°, S. dṛṣṭy-u°。に対応。間違った見解(特に外道の見解)に執着すること。

ところで、多くの場合、四受(取)は「欲、見、戒、我」の順で列挙されるのに、漢訳『長阿含経』では、ここを始め、『衆集経』(本シリーズ第2巻一九九頁)、『十上経』(本文四三頁。三本と磧砂蔵本では、「欲、見、戒、我」の順になっているが、『十上経』の三本と磧砂蔵本とは、訳出後、他のテキストを見て手を入れられたものの可能性がある)で、「欲、我、戒、見」の順になっているのは、特異であり、興味深い。ただし、『大縁方便経』では「欲、見、戒、我」の順。

なお、『大縁方便経』注33には、安世高訳『人本欲生経』に、この四取の概念への言及がないとあるが、彼の訳した『十報法経』には、「第四四法可捨。四癢。欲癢、意生是癢、戒願癢、受身癢」とある(大正一・二三四上)。『十上経』注45参照。

34――沙門果須陀洹果斯陀含果阿那含果阿羅漢果　P. cattāri sāmañña-phalāni. sotâpatti-phalaṃ, sakadāgāmi-phalaṃ, anāgāmi-phalaṃ, arahatta-phalaṃ.「沙門」は『釈提桓因問経』注47参照。「須陀洹」は『典尊経』注236・『闍尼沙経』注18・『釈提桓因問経』注137を参照。「斯陀含」は『闍尼沙経』注16参照。『小縁経』注69〜72参照。『十上経』注51も参照。

35——滅尽支　P. padhāniyaṅga, S. prādhānikasyāṅga（努力すべきことがら）に対応する。「支」は aṅga（事項、ことがら）の訳。「滅尽」は、『闍尼沙経』注107・『転輪聖王修行経』注134で「滅」に関して述べた事情と同じで、P. padhāniya, S. prādhānika（努力の、努力すべき。pradhāna〝努力〟から派生した形容詞）が、例えば仏教梵語の prāhāṇika のように、原語が S. pra√hā（去る、捨てる、取り除く）の派生語と混同しやすい形だったので、勘違いして、「滅尽」と訳したのであろう（安世高訳『十報法経』では「断意」と訳されている。大正一・二三四中）。

しかし『長阿含経』のもととなったテキストの原語が何であったかは容易に決められない。pradhāna は、仏教梵語で prahāṇa となるほか、俗語（プラークリット）でも pahāṇa となるし、ガーンダーリーでも prahaṇa となり、いずれも pra√hā の派生語と混同される可能性があるからである。ただ、パーリ語の padhāna は、pra√hā の派生語と混同されないので、パーリ語から訳したものではないという推測はできる。

「滅尽」という漢語は同義語を重ねた語。原語は「努力することがら」という意味であったものを、「滅尽」（滅し尽くすこと）と訳している以上、訳者は、これに関する教理を把握していなかったのではないかとの疑問も生じる。すくなくとも、「滅尽」の語によって、原意を想起することは難しいであろう。『十上経』注53も参照。

36——信仏如来至真十号具足　「至真」は S. arhat（尊敬さるべき人、阿羅漢）の訳語である。「十号」は仏の十種の称号で、如来・応供（至真）・等正覚・明行足・善逝・世間解・無上士調御丈夫・天人師・仏・世尊の十を数える。『小縁経』注57〜60・『阿摩昼経』注129参照。

37——安隠　「安隠」は「安穏」に同じ。『詩経』大雅、緜「迺慰迺止」に対する漢、鄭玄箋「民心定、乃安隠其居」。

38——質直無有諛諂直趣如来涅槃径路　底本の「真趣」を三本と磧砂蔵本により、「直趣」に改める。

パーリ本の Saṅgīti-suttanta（以下パーリ本 Saṅ と略

す）と Das との対応文には、asatho hoti amāyāvī yathābhūtaṁ attānaṁ āvikattā satthari vā viññūsu vā sabrahmacārīsu（p. 237＝277）（うそ偽りがなく、正直で、師や賢者や修行者仲間に隠しだてしない）とある。また Saṅgītisūtra（『長阿含経』の『衆集経』に対応する梵本。以下梵本 Saṅ と略す）と Daś では対応梵文は欠落していて不明なので、梵本 Saṅ の注釈書に他ならない『阿毘達磨集異門足論』巻十から対応文を引用すると、「諸聖弟子無諂無誑淳直性類。於大師有智同梵行者所、如実自顕、此名第二勝（＝pradhāna）支」（大正二六・四二二中）とある。この二つの文と本経の文とを較べると、本経には多少読みかえがあることがわかる。

「質直」は『論語』顔淵、「夫達也、質直而好義、察言而観色、慮以下人」とあるのを参照。「諛諂」はこびへつらうこと。「涅槃」は『釈提桓因問経』注48参照。「径路」はすでに『周易』説卦に「艮為山、為径路」とみえる。

39――専心不乱諷誦不忘　パーリ本 Saṅ と Das および『阿毘達磨集異門足論』には、「悪しきあり方（dhamma）を離れ、良いあり方に対して精進努力する」とある。

40――善於観察法之起滅以賢聖行尽於苦本　パーリ本 Saṅ と Das の対応文には、paññavā hoti udayattha-gāminiyā paññāya samannāgato ariyāya nibbedhikāya sammā-dukkha-kkhayagāminiyā（p. 237＝277）（〈五陰の〉生起と消滅とに関する知恵であり、また苦しみの完全な滅へと導く、鋭くて聖なる知恵をもつ賢者である）とある。

「賢聖」は中国では聖人と賢人とをいう。仏典では、二語で「優れた人」、「優れた」の意に使うことが多い。『釈提桓因問経』注120・123・『梵動経』注42・『世記経』閻浮提州品注14参照。「尽於苦本」に関しては、『阿嵬夷経』に「尽苦際」という類似する表現がみえる（大正一・六六中）。同注21・『闍尼沙経』注17参照。

41――五根信根精進根念根定根慧根　『十上経』注54参照。「根」は P.＝S. indriya に対応する。この語は S. Indra（インドラ神、帝釈）に由来し、「支配力、能力、機能」の意味。パーリ文献でも indriya を Indra 神に結び付けて解釈している（*Visuddhimagga*, PTS ed., pp. 491-492）。

一方、これらの漢訳語は後漢の安世高にまで遡る。彼の訳になる『陰持入経』巻上に「何等為五根。信根、精進根、念根、定根、慧根」（大正一五・一七四上）とある。彼がなぜ indriya を「根」と訳したか分からないが、呉の陳慧の『陰持入経注』には、「樹非根不生。道非信不成。為道徳之根。信根立、道乃成。故信為首」と注釈されている（大正三三・一二中）。『阿摩昼経』注189参照。「精進」は『闍尼沙経』注108・『阿摩昼経』注143参照。

42——五受陰色受陰受想行識受陰　『十上経』注55参照。「受陰」はP. upādāna-kkhandha, S. upādāna-skandhaに対応。upādāna（受、執着）に関しては、注33参照。

skandha は、「集合体、集積、集まり」（agglomerations, acc. to *BHSD.*）の意。この「五陰」の「陰」に関して、伝統的には二つの解釈がある。（1）集まり、積み重なりの意と、（2）覆い隠すの意とである。例えば、『摩訶止観』巻五には「陰者陰蓋善法。此就因得名。又陰是積聚。生死重沓。此就果得名」（大正四六・五一下）と二説をあげている。また、慧遠の『大乗義章』巻八には「経名為陰。亦名為衆。聚積名陰。陰積多法。故復名衆」（大正四四・六二一上）と（1）の説をあげ、他方、宋の法雲編『翻訳名義集』巻六には「塞（寒を改める）健陀。此云蘊。蘊謂積聚。古翻陰。因乃蓋覆。積聚有為、蓋覆真性」（大正五四・一一五九下～一一六〇上）と（2）の説を採っている。さらに特殊な解釈として次のものがある。（3）五陰の働きの目に見えず、ひそかであることから「陰」とつけたとみる。陳慧の『陰持入経注』「一為五陰、謂識神微妙、往来無診、陰往黙至、出入無見、莫睹其形。故曰陰」（大正三三・九下）。

ところで「陰」の訳語は安世高まで遡るが、彼自身は「陰貌為何等。積為陰貌。足為陰貌」と注釈している（『陰持入経』巻上、大正一五・一七三中）。これによれば、（1）集まり、積み重なりの意が本来的であると分かる。陰陽五行説、緯学思想も含め後漢代にどのような意味で「陰」が使われていたか調べた上で、彼がなぜ「陰」と訳したかをさらに考える必要がある。湯用形『漢魏両晋南北朝佛教史』九八～九九頁参照。

「色」はP.＝S. rūpa（いろ・形をもったもの、物質一般、身体）に対応。「受」はここでは、P.＝S. vedanā（感受、感覚）に対応。注24・33参照。「想」はP. saññā, S. saṃjñā（心に浮かぶ像。表象作用）に対応。「行」はP. saṅkhāra, S. saṃskāra（受・想以外の心作用一般）に対応。『闍尼沙経』注107・『大縁方便経』注28参照。「識」はP. viññāṇa, S. vijñāna（認識作用、識別作用。あるいは意識そのもの）に対応。『大縁方便経』注27参照。

43——五蓋貪欲瞋恚蓋睡眠蓋掉戯蓋疑蓋　『清浄経』注126・『阿摩昼経』注217～223・『十上経』注56参照。「蓋」は

P.=S. nīvaraṇa (acc. to *BHSD*., disturbance, trouble, interference, hindrance) に対応。動詞 ni-vārayati（阻む、妨げる）に由来するらしいが (D. Andersen, *A Pāli Glossary*, s.v.)、この動詞の語根 √vṛ は「覆う、隠す、包む」の意味であるから、漢訳者は nīvaraṇa をも「蓋」と訳したのであろう。しかし、誤訳というよりは、当時、このような理解・解釈がなされていたからに他ならない (*Visuddhimagga*, p. 684 に nīvaraṇānī ti cittassa āvaraṇanīvaraṇa-paṭicchādan' aṭṭhena とあり、『阿毘達磨集異門足論』巻十二に「障心、蔽心、鎮心、隠心、蓋心、覆心、纒心、裏心。故名貪欲蓋」大正二六・四一六中とある)。「貪欲」は P.=S. kāma-cchanda（感官の対象に対する欲望）に対応。「瞋恚」は P.=S. vyāpāda（害せんとする心、悪意）に対応。「睡眠」P. thīna-middha, S. styānamiddha (acc. to *BHSD*. torpor and drowsiness) に対応。「掉戯」は P. uddhacca-kukucca, S. auddhatya-kaukṛtya (acc. to *CPD*., excitement and remorse, flurry and worry) に対応。宋本には「調戯」とある。本経注134も見よ。この漢語に関しては『釈提桓因問経』注113・『阿摩昼経』注222参照。「疑」は P. vicikicchā, S. vicikitsā（思い惑う、疑惑する）に対応。詳しくは、C. A. F. Rhys Davids, *Buddhist Psychology*, London 1900, repr. New Delhi 1975, pp. 310f. を参照。

44——五無学聚無学戒聚無学定聚慧聚解脱聚解脱知見聚　「無学聚」の「無学」は P. asekha, S. aśaikṣa（もはや学ぶことがない。学を完成した）に対応し、阿羅漢果に達したもののこと。「聚」は P. khandha, S. skandha（集まり。注42参照）に対応する。この五つは、五分法身と呼ばれ、最高の悟りに達した阿羅漢果のものと仏とが持つ五つの功徳の集まり。『小縁経』注68・『十上経』注79参照。『小縁経』では「戒衆、定衆、慧衆、解脱衆、解脱知見衆」とある。（本シリーズ第2巻九四頁）。

45——六重法……無有諍訟独行無雑　『十上経』注80・81参照。「六重法」は、P. sārāṇīyā dhammā, S. saṃraṃjanīyā dharmāḥ（喜ばせることがら。友愛を示すことがら、好意的な関係）に対応する。『阿毘達磨集異門足論』巻一五では「可喜法」と訳されている（大正二六・四三一中）。本経でなぜ「六重法」と訳されたか明瞭でないが、あとで「名曰重法可敬可重」と定義がなされている。『般泥洹経』にも同内容の「六重法」が見える（大正一・一七七上）。

「無有諍訟独行無雑」は、S. avigrahāyāvivādāya ekotībhāvāya saṃvartate（論争や対立がなく、和気藹藹となる）に対応する。パーリ文もほぼ同じ。『阿毘達磨集異門足論』巻一五でも「無違無諍一趣」（大正二六・四三一下）とあり、梵本と同じ。これらと較べると、本経の「独行無雑」は P. ekībhāva, S. ekotībhāva（一つになった状態。和気藹藹）の曲解に基づく訳ではないか。

「諍訟」は類義語を重ねた語。謝霊運『斎中読書』「虚館絶諍訟、空庭来鳥雀」（『文選』巻三十所収）。

46——於是比丘　「於是」の働きがはっきりしない。P. idha bhikkhu ……や S. iha bhikṣuḥ ……（ここで、比丘が……）といった一種の決まり文句の直訳であろう。ただし、原語の idha, iha は「この教えのもとで、仏の教えのもとで」の意である（cf. *CPD.*, s.v., idha）。

47——仁愛心　「仁愛」は『孟子』や『荀子』など古典から見える言葉。

48——供養　「供養」は『闍尼沙経』注32参照。

49——成就賢出要平等尽苦正見及諸梵行　底本には「戒成就……」とあるが、三本・聖護蔵本・磧砂蔵本により「戒」を衍字とみる。Daś の対応文を引くと、yeyaṃ dṛṣṭir āryā nairyāṇikī nairvedhikī niryāti tatkaraḥ samyagduḥkhakṣayāya duḥkhasyāntakriyāyai tad-

rūpayā dṛṣṭyā dṛṣṭisāmānyagatā bhaviṣyāmaḥ sārdhaṃ vijñaiḥ sabrahmacāribhiḥ（p. 76）（解脱へみちびく、洞徹した、聖者の見解、それを実践すれば、出離し、苦しみの完全な滅、苦しみの終局へと至るような見解によって、私たちは知恵深い同行の修行者と同じ見解を共に抱くようになる）とある。「出要」は『阿㝹夷経』注21・23・『阿摩昼経』注324・326・『梵動経』注52参照。「平等」が分かりにくい。おそらく、「完全に、正しく」の意の P. sammā, S. samyak の訳であろう。『小縁経』注126・『清浄経』注29・『梵動経』注53・55参照。

50——六念仏念法念僧念戒念施念天念　『十上経』注83参照。いわゆる六随念のこと。「念」は P. anussati, S. anusmṛti（想起）に対応。仏、法、僧、戒、施（P. cāga, S. tyāga 施すこと、提供すること）、天（P.＝S. devatā, 神）を繰り返し想起すること。松田慎也「随念の種々相」（『仏教研究』第10号、一九八一年）を参照。

51——六内入眼入耳入鼻入舌入身入意入　『十上経』注84参照。「六内入」は P. ajjhattika-āyatana, S. ādhyātmika-āyatana（内なる場、内なる感受領域）に対応する。「六内処」とも訳される。眼以下の六つの感官をいう。いわゆる六根のこと。色・声など、六つの対象を六外入という。P.＝S. āyatana（場、領域、範囲）が動詞 ā

√yat〝入る〟の派生語だから、原義に遡って「入」と訳したもの。例えば、呉の陳慧の『陰持入経注』には、「眼耳鼻舌身心斯六体、色声香味細滑邪念所由入矣。故曰入也」（大正三三・九下）と解釈している。『梵動経』注85参照。「意」は『闍尼沙経』注109参照。

52――六愛色愛声愛香味触法愛　『十上経』注85参照。「愛」は、ここでは、P. taṇhā, S. tṛṣṇā（渇望、欲望）に対応。「色」は「梵動経」注80参照。

53――六神通　『十上経』注96参照。「神通」は、ここではP. abhiññā, S. abhijñā（acc. to *CPD.*, higher or supernatural knowledge, 超人的な能力）に対応。「神通」という漢語が、不思議な通力の意味で使われるのは翻訳仏典から始まるようである。

54――神足通証　「神足通証」の「神足通」は多くP. iddhipāda, S. ṛddhipāda（不思議な力、神通力）に対応する。『小縁経』注88・『転輪聖王修行経』注134・『阿㝹夷経』注16参照。「神足通証」という言い方はあまりみない。

55――天耳通証　「天耳通」はP. dibba-sota, S. divya-śrotra（超人的な聴力）に対応。

56――知他心通証　「知他心通」はP. paracitta-vijānanā, S. paracitta-jñāna（他の人の心を読み取る力）に対応。

57――宿命通証　注26参照。

58――天眼通証　注26参照。

59――漏尽通証　注26参照。

60――七財信財戒財慙財愧財聞財施財慧財為七財　『十上経』注97参照。底本の「恵」を三本と磧砂蔵本により、「慧」に改める。大正蔵には「是為七財」とあるが、底本・聖護蔵本にはない。『十上経』の対応箇所にもない（本文五一頁）。「財」はP.＝S. dhana（財宝）に対応。なぜに財というか。信仰などこそが、費えることのない本当の財に他ならないからである。『アングッタラ・ニカーヤ』にはこう言う。

「信じることという財　戒という財　羞恥心　恥じを知っていること、教えを聴聞するという財　施しそして　七番目に　知恵という財　女であろうと男であろうと　これらの財をもつひとは、お金持ちと呼ばれ　そのひとの人生は　意義に満ちたものである……　そのひとこそが、大富豪　神の世界でも人の世でも力負けすることはない」（AN. Ⅳ, pp.6–7）。

「信」はP. saddhā, S. śraddhā（信じること）に、戒はP. sīla, S. śīla（戒）に、慙はP. hirī, S. hrī に、愧はP. ottappa, S. apatrāpya に、聞はP. suta, S. śruta（仏の教え、教えを聞くこと）に、施はP. cāga,

S. tyāga（施し）に、慧は P. paññā, S. prajñā（智慧、般若）に対応。「慙」「愧」は注13参照。

61——七覚意　「七覚意」は P. satta bojjhaṅgāni, S. sapta bodhy-aṅgāni（さとりの七つの構成要素、さとりへ導く七つの事柄）に対応。いわゆる七覚支。さとりを得るために役立つ七つの修行。「覚意」は bodhi（さとり）の古訳。『小縁経』注134・『清浄経』注69参照。

62——於是　注46参照。

63——念覚意……依無欲依寂滅依遠離　「念覚意」は P. sati-bojjhaṅga, S. smṛti-bodhyaṅga に対応。心に保って忘れないこと。「依無欲依寂滅依遠離」に類似したパーリの表現に idha bhikkhu satisambojjhaṅgaṃ bhāveti vivekanissitaṃ virāganissitaṃ nirodhanissitaṃ vossaggapariṇāmiṃ（ここで比丘は、遠離に基づき、離欲に基づき、止滅に基づいている、〝あきらめ〟へと導く思念を修習する）(*AN*. IV, p. 16, vossagga は cf. *BHSD*., s. v., vyavasarga）がある。また、梵語の対応する表現として、viveka-niśritam「居処寂静」、virāga-n°。「居処離欲」、nirodha-n°。「居処阻碍」（*Mahāvyutpatti*『翻訳名義大集』、鈴木学術財団刊、No. 972-974）。パーリ文の表現では、「無欲に依り、……」は「念覚意」を修飾する文だが、「依無欲依寂滅依遠離」という漢文ではそうはとれない。

「無欲」は、ここでは P.＝S. virāga（欲望を離れた状態、離欲、解脱の類義語）に対応。他方、漢語の「無欲」は『老子』の哲学の根本をなすことば。人が無欲の境地に身を置くとき、はじめて「道」と一体になれるという。『老子』第一章「道可道非常道。……故常無欲以観其妙」。「寂滅」は、ここでは P.＝S. nirodha（煩悩の止滅）に対応。漢語「寂滅」は翻訳仏典より始まる語。「遠離」は、ここでは P.＝S. viveka（煩悩を離れること）に対応。「厭離」に同じ。漢語「遠離」は同義語を重ねたことば。

64——法　覚支の第二、法覚支のこと。P. dhammavicaya-bojjhaṅga, S. dharmavicaya-bodhyaṅga に対応。法を探求すること、教えの真偽を見きわめること。

65——精進　精進覚支のこと。P. viriya-b°, S. vīrya-b°。に対応。努力すること。『闍尼沙経』注108参照。

66——喜　喜覚支のこと。P. pīti-b°, S. prīti-b°。に対応。正しい法に向かって努力するときに起きる喜び。

67——猗　軽安覚支のこと。P. passaddhi-b, S. praśrabdhi-b°。に対応。praśrabdhi は calm, serenity, lack of any disturbance の意（*BHSD*., s.v.）。喜びが起きて、心身ともに落ち着き、安穏であること。「猗」という

訳語は安世高から始まる。七覚支の「猗」に関して、慧苑の『新訳華厳経音義』巻二には「猗覚。……郭璞注爾雅曰禕謂佳麗軽美之貌。今此覚支、由定加行離沈掉故、引定、身心軽美安和、即当軽美之義。故得定者、非唯心安調暢、亦復容貌光潤也」とあるのを参照。他方、「猗」を「倚」に通じるとみて「依る」の意にとる説もある（『自歓喜経』注43）。

68――定　定覚支のこと。P. =S. samādhi-b。に対応。心を集中して乱さないこと。三昧。

69――捨　捨覚支のこと。P. upekkhā-b。S. upekṣā-b。に対応。物事に対して平静であること。無関心なこと。

70――七識住処　以下の「七識住処」に関しては『大縁方便経』注80・83〜90・『十上経』注99参照。

71――梵光音天　『長阿含経』では、他に本シリーズ第2巻一九六頁、二一四頁、本巻一一九頁などに見えるが、他にはあまり見えない表現。ここではP. brahma-kāyikā devā, S. brahma-kāyikā devāḥ に対応。字義通りには、梵天の仲間の天という意味で、普通は「梵衆天」と訳す。なぜ「梵光音天」とあるか不明。原語が違うのであろうか（『増阿』巻二三、大正二・六六九上にも出るが対応パーリ語不明）。要検討。『大縁方便経』注85・『十上経』注101参照。

72――光音天　S. ābhāsvara. この神々は語ろうとすると き、口から浄い光（ābhā）を発してそれが言語（svara）になるという。『小縁経』注86・『大縁方便経』注86・『釈提桓因問経』注98・『梵動経』注59参照。

73――遍浄天　大正蔵の「徧」は「遍」の誤り。P. subhakiṇhā devā, S. śubhakṛtsnā devāḥ に対応。字義通りには、全く清浄なる神々の意。『大縁方便経』注87参照。

74――七使法欲愛使有愛使見使慢使瞋恚使無明使疑使　「使」はP. anusaya, S. anuśaya に対応。anuśaya は、propensity（usually to evil）,（innate）proclivity（inherited from former births）, disposition（to do something, usually evil）の意（*BHSD*., s.v.; cf. *CPD*., s.v.）。anuśaya は動詞 anu√śī（to adhere, to cling to; to lie dormant 〈continually arising again〉. acc. to *CPD*., s.v., anuseti）に由来する語。ではなぜ「使」と訳されたか。これに関しての慧遠の『大乗義章』巻六には「所言使者如地論説、随逐縛義、名之為使。蓋乃就喩以名煩悩。如世公使随逐罪人得便繫縛。煩悩亦爾、久随行人繫縛三有、不令出離。故名為使。毘曇成実亦同此説。故雑心云、使之随逐、如空行影水行随。成実説言、使之随逐、如母随子。……此等皆随逐之義也。有人釈言、駆役名使。於義無爽。但非経論」（大正四四・五八二上。「地論」は『十地経論』巻一一、大正二六・一八八中よりの引用。「成実」は『成実論』巻一〇、大正三二・三二二上。「雑心」は『雑阿毘曇心論』巻四、大正二八・九〇二下）とある。「使」を「随逐」の義にとるのは S. anuśaya の由来する動詞 anu√śī に〝寄り添う〟の義があるところからきている。したがって、この解釈はインド以来のもの。しかし、もとより漢語「使」には、その義はなく、依然なぜ「使」と訳したかは不明。

「欲愛」は、ここで P.＝S. kāma-rāga（感官の対象に対する欲望）に対応。S. kāma-tṛṣṇā も「欲愛」と訳されている（注25を見よ）。

「有愛」は、ここでは、P.＝S. bhava-rāga（生存に対する欲望）に対応。S. bhava-tṛṣṇā も「有愛」と訳されている（注17を見よ）。

「見」は、ここでは、P. diṭṭhi, S. dṛṣṭi（見解。特に根拠のない、間違った見解。外道の見解）に対応。

「慢」は、ここでは、P.＝S. māna（慢心、思い上がり）に対応。

「瞋恚」はここでは、P. paṭigha, S. pratigha（嫌悪感。see *BHSD*., s.v.）に対応。漢語「瞋恚」は類義字を重ねた語。

「無明」は S. avidyā に対応。注16参照。

「疑」は S. vicikitsā に対応。注43参照。

75――七漏尽力　「漏尽力」は、P. khīṇāsava-bala に対応。これに対応する梵文の表現は不明（*kṣiṇāsrava-bala?）。煩悩を尽くした比丘のもつ力。パーリ文の Das（*DN*. Ⅲ, pp. 283-284）に対応文が見えるが、他にも *Paṭisambhidāmagga* Ⅱ に、十の漏尽力をあげており、そのうちの七つが対応する（PTS ed., pp. 173-174）。『十上経』注109も参照。

76――於是　注46参照。

77――於一切諸苦集滅味過出要如実知見　大正蔵の「味」は「味」の誤り。この表現に関しては『大縁方便経』注84・『阿摩昼経』注171・『梵動経』注52～54参照。Das には「煩悩を尽くした比丘が一切万物（saṃkhāra）の無常さを、全き知慧によって、あるがままに知り尽くすこと。これが煩悩を尽くした比丘の〝力〟（khīṇāsavassa bhikkhuno balaṃ）である。煩悩が尽きた比丘は、この〝力〟によって、『私の煩悩が尽きた』と、煩悩の滅尽を認識するのである」とある。

78――観欲如火坑……不起不漏　難解。後半部分は『十上経』と少し表現が異なる。本経には「於中復善観察、如実得知。如実見已、……」とあるが、『十上経』には「漏尽比丘逆順観察、如実覚知。如実見已、……」とある（本文五三頁。同注110参照）。

なお、本経では「姪悪」とあるが、『十上経』（本文五三頁）には「嫉悪」とある。

79――不漏　S. āsrava（煩悩）を「漏」と訳すことは注9で見た通り。ここでは「漏」が動詞として使われている。

80――四念処　注31参照。

81――五根　注41参照。

82――五力　「五力」は、普通 P.＝S. pañca balāni（五つの力）に対応する。さとりに至らしめる五つの力。信力・精神力・念力・定力・慧力。*Paṭisambhidāmagga* II では、漏尽力の第七として五根をあげ、さらに第八として五力をあげている。他方、Das には五力への言及はない。

83――七覚意　注61～69参照。

84――賢聖八道　P. ariyo aṭṭhaṅgiko maggo, S. āryāṣṭāṅgo mārgaḥ（八つからなる、聖なる道）に対応。いわゆる八正道のこと。注104参照。「賢聖」は注40参照。

85――八因縁　「八因縁」は、パーリ文の Das には、aṭṭha hetū aṭṭha paccayā（八つの直接原因と、八つの間接原因）とあり、梵文の Daś には、aṣṭau dharmapratyayāḥ（法の八つの間接原因、acht Grundlagen der Rechtschaffenheit）とある。『十上経』注112参照。

86――於是　諸本には「如是」とあるが、「於是」に改める。注46参照。伝承の間に誤ったものであろう。『十上経』の対応文でも「於是」（本文五四頁）。

87――梵行者　P.＝S. sabrahmacārin（共に学ぶもの、修行者仲間、同輩）に対応。「梵行者」という直訳では意味が十分に通じない。

88――慚愧　類義字を重ねた語。すでに『国語』斉語や『漢書』王莽伝などにみえる語。翻訳仏典で「慚」と「愧」とを区別することがあることに関しては注12参照。

89――随時請問　「随時」は「ほどよい時に」「好きな時にはいつでも」の意。Das と Daś の対応表現は、P.＝S. kālena kālaṁ（おりおり、from time to time, cf. *BHSD.*, s.v., ²kāla）。『世記経』鬱単曰品注50参照。

90――尊長　Das に依れば、P. āyasmanto（ここでは、尊者、長老の意）に対応。

91――楽静　Das と Daś に依れば、P. vūpakāsa, S. vyapakarṣa（estrangement, alienation, separation, seclusion. acc. to *PTSD.*）に対応。漢語「楽静」とは、少しニュアンスが異なる。『十上経』注116参照。

92——遮道無益雑論　この表現は『阿摩昼経』注171参照。Dasの対応部分には「比丘が戒をたもち、戒律規定を守り、正しい行いと交際をし、些細な罪をも恐れ、受けた戒めに従って身を律する」とあり、本経と異なる。

93——猶復　六朝代には「復」をつけて副詞を複音節化する傾向がみられるが、「猶復」もその一つと思われる。志村良治『中国中世語法史研究』九九頁参照。

94——賢聖黙然　DasやDasにはない表現。同じ表現が『世記経』閻浮提州品にも見える。同注14参照。

95——多聞広博守持不忘　『十上経』注118参照。「多聞広博」は『弊宿経』注22参照。ここではDasのbahussuta（沢山聞いている、学がある）に相当。「守持不忘」はDasのsuta-dhara（学んだことを良く記憶している）に対応する。P.＝S. dharaは「保持する」という原意を持つが、P. suta-dhara, S. śruta-dharaという複合語の場合には、「記憶している」の意。しかし、漢訳者は原意の方をとって「守持」と直訳している。

96——上中下善義味誠諦梵行具足　注2参照。

97——修習精勤　「修習」はすでに『漢書』巻六九、趙充国辛慶忌伝賛に「山西天水、隴西、安定北地処勢迫近羌胡、民俗修習戦備、高上勇力鞍馬騎射」と見える。「精勤」は、「精励、精進、精力」などと同じく、心を専一にして努めること。『世説新語』術解篇に「郗愔信道甚精勤、常患腹内悪、……（于法開）既来脉、云、『君侯所患、正是精進太過所致耳』」とある。

98——勉力堪任　「勉力」は古くから見えることば。『十上経』には「不能堪任坐禅経行」の文例が見える（同注128参照）。他の文例は曲守約『中古辞語考釈続編』二〇〇頁を参照。

99——又以智慧……　Dasの対応部分には「さらに比丘が、すぐれた記憶力をもち、最高の優れた記憶力を持っていて、長い間実行され、語られてきた事を思い起こし、想起する」とあり、本経と異なる。またDasの対応部分は、断片しか分からないが、「さらに比丘が、師のそばにいて、法を好み、常に法を唱える（以下不明）」とあり、いずれとも異なる。

100——賢聖所趣　大正蔵の「聖賢」は「賢聖」の誤り。「賢聖」は注39を見よ。「所趣」の「趣」は「おもむく、向かう」の意。『闍尼沙経』19・『弊宿経』注27・『阿摩昼経』注331参照。

101——尽苦際　「尽苦際」はしばしばdukkhass' antaṃ kari-ssati（苦を尽くす）やsammā-dukkha-kkhayāya（全き苦の滅にいたる）というパーリ文の表現に対応する。

『闍尼沙経』17・『阿㝹夷経』21参照。

102——五受陰生相滅相　「五受陰」は注42を見よ。底本の「想」を三本と磧砂蔵本により、「相」に改める。『十上経』にも「相」とある（本文五五頁）。

103——色集色滅　「集」は P.＝S. samudaya に対応。samudaya は仏典では、多く、〝生起〟の意（cf. *PTSD.*, *BHSD.*, s.v.）。ここでもその意。しかし、この語には〝集まること、集合、結合〟の意もあるので、「集」と漢訳される。「集」では原意が伝わるか疑問。「滅」は P. atthaṅgama, S. astaṅgama（消滅）に対応。

104——賢聖八道正見正志正語正業正命正方便正念正定　いわゆる八正道のこと。「賢聖八道」は注84参照。「正見」より「正方便」までは『闍尼沙経』注100～105参照。「正命」は『転輪聖王修行経』注48参照。「方便」は『闍尼沙経』注92・『弊宿経』注149（『月刊アーガマ』注154）・『阿㝹夷経』注30・『阿摩昼経』162も参照。「正定」は、P. sammā-samādhi, S. samyak-samādhi（正しい三昧、正しい精神集中）に対応。

105——利衰毀誉称譏苦楽　『十上経』注122参照。Das と Daś に依れば、「利」は P.＝S. lābha（獲得、利益）に、「衰」は P.＝S. alābha（損失）に、「毀」は P. ayasa, S. ayaśas（悪評、悪名）に、「誉」は P. yasa, S. yaśas（名声、誉れ）、「称」は P. pasaṃsā, S. praśaṃsā（賞賛）に、「譏」は P.＝S. nindā（非難）に、「苦」は P. dukkha, S. duḥkha（苦しみ）に、「楽」は P.＝S. sukha（楽）にそれぞれ対応。

106——八邪　Das と Daś に依れば、P. aṭṭha micchattā, S. aṣṭau mithyāṅgāni（八つの間違ったこと。八つのよこしまなこと）に対応。八正道の対。『十上経』注123参照。

107——八解脱　「八解脱」は P. aṭṭha vimokhā（S. aṣṭau vimokṣāḥ）の訳語。心静かな八種の内観によって、三界の煩悩を捨てて、その繫縛から解脱すること。『大縁方便経』注92～97・『十上経』注179参照。

108——九浄滅枝法……　『十上経』注188参照。「九浄滅枝」は Das の nava pārisuddhi-padhāniyaṅgāni（九項目の浄化努力）に対応。「滅枝」は、P. padhāniyaṅga（努力すべきことがら）に対応。先には「滅尽支」と訳されていた。注35を見よ。「枝」は「支」に同じ。

Das と Daś により、対応するパーリ語と梵語をあげる。「戒」は P. sīla, S. śīla に、「心」は P.＝S. citta（こころ）に、「見」は P. diṭṭhi, S. dṛṣṭi（見解）に、「度疑」は P. kaṅkhā-vitaraṇa, S. kāṃkṣāvitaraṇa（疑いの除去）に対応。

「度疑」は vitaraṇa に「越えること、渡ること」の義があるので、「度」と直訳したもの。以下、「分別、道、除、無欲」は、Das や Daś との対応が明瞭でない。一応、対応部分のパーリ語と梵語を列挙すると、順に P. maggāmagga-ñāṇa-dassana, S. mārgāmārga-jñāna-darśana（正しい道と間違った道とをきちんと認識すること）、P. paṭipadā-ñāṇa-dassana, S. pratipadā-jñāna-darśana（修行方法をきちんと認識すること）、P. ñāṇa-dassana, S. jñāna-darśana（正しい認識、知恵に基づく見解）、P. paññā, S. prajñā（知慧、般若）となる。要検討。「解脱」は P. vimutti, S. vimukti（解脱）に対応する。「分別」は『闍尼沙経』注96参照。

109――九喜本……解説　「九喜本」は、Das の nava yoniso-manasikāra-mūlakā dhammā（正しい思惟から生じる九つのもの）に当たり、また、Daś の nava cetasaḥ prasādapūrvaṅgamamā dharmāḥ（心の清澄さ、平静さから始まる九つのもの）に相当する。Das から対応するパーリ語を引くと次の様である。「喜」は、pāmojja（喜悦）に、「愛」は pīti（S. prīti, 満足、悦楽、愛情。「喜」とも訳されている。注66を見よ）、「悦」は kayo passambhati（体が平静になる。「猗」とも訳されている。注67を見よ）、「楽」は sukha,「定」は cittaṃ samādhiyāti（心が専一になる。三昧に入る）、「如実知」は yathābhūtaṃ pajānati passati（あるがままに認識し、知覚する）、「除捨」は nibbindati（嫌悪する、厭う）、「無欲」は virāga（欲望を離れた状態。離欲）、「解脱」は vimuccati（解脱する）にそれぞれ対応する。なお Das では、pāmojja から pīti が生じ、pīti から、体の平静さが生じ、体の平静さから……といった具合いに順次に連続して九つのものが生起すると言っている。『十上経』注189参照。

110――九衆生居……是九衆生居　『十上経』注190参照。「衆生居」は P. sattāvāsa, S. satvāvāsa（生きものの住むところ）に対応。先に出た七識住（注70）に、第五の無想天と第九の有想無想処が加わって、九つとなっている。「無想天」は P. devā asañña-sattā, S. devāḥ asaṃjñisatvāḥ（想念の無いものたちが居る天）に対応。無想定（一切の心の作用を止める禅定）を修することによって達する境地。『大縁方便経』注91参照。「有想無想処」は P. neva-saññā-nāsaññāyatanūpagā, S. naiva-saṃjñā-nāsaṃjñāyatanopagāḥ に対応。非想非非想処とも訳される。想念があるのでもなく想念がないのでもない三昧の境地。無色天の第四天で、三界の最上天。有頂天とも呼ばれる。

111――九愛本因果愛有求……因守有護　「九愛本」は、Das

の nava taṇhā-mūlakā dhammā（渇愛から生じる九つのもの）に対応する。『大縁方便経』注36〜44・『十上経』注191参照。

112——九尽 「尽」は Das の anupubba-nirodhā（順次消滅すること）に対応する。

113——若入初禅則声刺滅 Das の paṭhamajjhānaṃ samāpannassa kāma-saññā niruddhā hoti（p. 290＝266）（第一の禅定に入れば、愛欲の想念が消滅する）に対応。*AN*. には「第一の禅定では声（sadda）が刺（kaṇṭaka）である」とあるが（V, pp. 134–135.『中阿』巻二一、無刺経「入初禅者以声為刺」大正二・五六一上に対応。他に *Kathāvatthu*, PTS ed., p. 572 にも見える）、この教理との錯綜があったのではないか。kaṇṭaka（刺）は、妨げ、障害、邪魔の例え。声や物音が耳を刺激して、精神集中の妨げになることをいう。

114——入第二禅則覚観刺滅 Das の dutiyajjhānaṃ samāpannassa vitakka-vicārā niruddhā honti（p. 290）（第二の禅定に入れば、推究と考察が消滅する）に対応。*AN*. には「第二の禅定では、推究と考察が刺である」とある。「覚」は P. vitakka, S. vitarka の訳。後には「尋」と訳される。対象について、探究し、概観する心の働きをいう。分別する心の粗いはたらき。「観」は P.＝S. vicāra の訳で、後には「伺」と訳される。細かに対象を考察する心のはたらきをいう。

115——喜 Das と *AN*. に依れば、P. pīti（悦楽、喜び）に対応。

116——出入息 同じく P. assāsapassāsā（吸う息と吐く息）に対応。

117——入空処則色想刺滅 Das の対応文は、ākāsānañcāyatanaṃ samāpannassa rūpa-saññā niruddhā hoti（p. 290＝266）（空は無限であると観ずる境地に入れば、物質に対する想念が消滅する）である。「空処」は「空無辺処」のこと。『大縁方便経』注88参照。

118——入識処則空想刺滅 Dasの対応文は、viññāṇānañcāyatanaṃ samāpannassa ākāsānañcāyatana-saññā niruddhā hoti（p. 290＝266）（意識が無限であると観ずる境地に入れば、空は無限であると観ずる境地の想念は消滅する）である。

119——入不用処則識想刺滅 Das の対応文は、ākiñcaññāyatanaṃ samāpannassa viññāṇānañcāyatana-saññā niruddhā hoti（p. 290＝266）（何も存在しないと観ずる境地に入れば、意識が無限であると観ずる境地の想念は消滅する）である。

120——入有想無想処則不用想刺滅 Das の対応文は、nevasaññānasaññāyatanaṃ samāpannassa ākiñcaññāyatana-saññā niruddhā hoti（p. 290＝266）（想念があるのでもなく、想念がないのでもない境地に入れば、何も存在しないと観ずる境地の想念は消滅する）である。

121――入滅尽定則想受刺滅　Das の対応文は、saññā-vedayitanirodhaṃ samāpannassa saññā ca vedanā ca niruddhā honti（p. 290＝266）（想念と感受作用とが消滅した状態に入れば、想念と感受作用は消滅する）である。「滅尽定」は、想念と感受作用とがすっかり尽きてしまった精神統一。心のはたらきが尽きた三昧。『大縁方便経』注97・『清浄経』注167参照。

122――救法　『十上経』注203参照。Das と Daś に依れば、対応するパーリ語と梵語は、P. nātha-karaṇā dhammā, S. nāthakarakā dharmāḥ（保護となるあり方、保護してくれる法）である。

123――比丘二百五十戒具威儀亦具　以下に類似した表現が転輪聖王修行経』にも見える（本シリーズ第2巻一三〇頁）。「二百五十戒」は比丘の守るべき具足戒のこと。「威儀」は『転輪聖王修行経』注136・『阿摩昼経』注210参照。

124――平等学戒　「平等」は注49参照。

125――善知識　「善知識」は『闍尼沙経』注117参照。P. kalyāṇamitta, S. kalyāṇamitra（良いともだち）に対応。

126――言語中正多所堪忍　『十上経』注204参照。Das の対応文は、bhikkhu subbaco hoti sovacassa-karaṇehi dhammehi samannāgato khamo padakkhiṇa-ggāhī anusāsanīṃ（p. 290＝267）（比丘が、言葉使いがよく、言葉使いが良くなるような属性をもっていて、穏やかであり、教えをすんなり把握する）である。本経の文は Das に、より類似していることが分かる。また、おそらく「多所堪忍」は、Das の khama（patient, forgiving;enduring, bearing, acc. to *PTSD*. *S*. kṣama）に対応する訳語であろう。「堪忍」はすでに、『尚書』湯語の孔安国伝に「不能堪忍虐之甚」とある。

127――好求善法分布不悋　Das の対応箇所には「比丘が、法を好み、優しく語り、法や律に対して大きな喜びを抱く」とある。

128――梵行人……亦教人為　Das の対応箇所には「比丘が、修行仲間（sabrahmacārin）にあれこれと、しなければならないこと（kiṅkaraṇīya）が生じても、うまく対処できて、骨惜しみしない。対処方法を熟慮して、うまく対処できる」とある。「梵行人」は注87参照。

129――往佐助　「往」は趨向動詞。牛島徳次『漢語文法論』中古篇八六頁参照。「佐助」はすでに『詩経』小雅、六月に対する鄭玄の箋に「以佐助天子之事」と見える。

130——多聞聞便能持未曾有志　Das の対応箇所には「比丘が、沢山学び（bahussuta）、学んだ事を良く覚えていて、学を積む」とある。「持」は、ここでも dhara（記憶している）に対応する。注95参照。

131——精勤　注97参照。

132——常自専念……如前目前　Das の対応部分には「さらに比丘が、すぐれた記憶力をもち、最高の優れた記憶力を持っている、長い間実行され、語られてきた事を思い起こし、想起する」とある。注99参照。

　仏典では「本」が、前世（あるいは単に過去）を意味することが多いので、「本善行」をこの様に訳したが、「本来の善行」ともとれる。

　六朝代には「自」をつけて複音節化する傾向がみられるが、「常自」もその一つ（志村前掲書五四頁、八九—九〇頁）。しかし、ここでは「自」は「みずから」の原義を保存していると思われる。『阿嵬夷経』注62参照。

133——智慧成就……以賢聖律断於苦本　Das の対応文には「比丘が賢く、〈五陰の〉生起と消滅とに関する、苦しみの完全な滅へと導く、鋭くて聖なる智慧をもつ」とある。注40・49を参照。

134——楽於閑居専念思惟於禅中間無有調戯　Das の対応箇所には「衣・施された食べ物・住まい・病薬といった生活必需品が、どんなものであれ、比丘はそれに満足する」とあり、本経と異なる。一方、Daś の対応箇所には「比丘が、沈思している（pratisaṃlīno）。以下前述の通り」とあり、本経に近いのではないかとおもわれるが、断片だけなので明確ではない。

　「閑居」は「間居」に同じ。『荀子』解蔽篇、「是以辟耳目之欲、而遠蚊虻之声、閑居静思則通」。『漢書』董仲舒伝に「思惟往古、而務以求賢」とある。「思惟」は「禅」は推定中古音は ʑiän: P. jhāna, S. dhyāna（禅定）に対応する音写。「調戯」は注43参照。元本と磧砂蔵本には「掉戯」とある。

135——十正行……正解脱正知　「正見」から「正定」はいわゆる八正道。注104参照。「正解脱」は P. sammāvimutti, S. samyagvimukti（正しい解脱）に対応。「正知」は P. sammāñāṇa, S. samyagjñāna（正しい智恵）に対応。

136——十色入眼入……触入　『十上経』注209参照。Daś の daśa rūpiṇy āyatanāni（色・形をもつ、感受作用の十の場）に対応。Das は「感受作用の十の場（daś' āyatanāni）とあるのみ。六対の感官とその対象（いわゆる十二処）から、色・形のない意（こころ）と意の対象とを除いた十を列挙している。注51参照。

137——十邪行　Das の dasa micchattā（十のよこしまなこと）に対応。上の「十正行」の対。注106・135・『十上経』注210参照。

138——十無学法　Das と Daś に依れば、P. dasa asekhā dhammā, S. daśāśikṣā dharmāḥ（学を完成した人の十のあり方）に対応。もはや学ぶことがなにもない人、つまり阿羅漢が持つ十の優れた徳目のこと。注44・『十上経』注225参照。

139——備悉　同義語を重ねた語。『転輪聖王修行経』注137参照。

140——慈愍慇懃訓誨汝等　「慈愍」は『梁書』丹丹国伝に「丹丹国、中大通二年、其王遣使奉表曰『……朝望国執、慈愍蒼生、八方六合、莫不帰服』」とみえる。「慇懃」は、『史記』鄒陽伝に「何則。慈仁慇勤、誠加於心、不可以虚辞借也」とあるを参照。「訓誨」もすでに漢の孔鮒の『孔叢子』独治に「唯先生幸訓誨之」と見える。

三聚経

注

1――如是我聞……　以下、書き出しのところは多少の字の相違はあっても、『増一経』とほとんど同一。経典の終りもほとんど一致すること（注32参照）からしても、両経の密接な関係が知られる。解題参照。

2――舎衛国祇樹給孤独園　舎衛国は P. Kosala の首都 P. Sāvattī. 祇樹給孤独園は P. Jetavanānāthapiṇḍikassa-ārāma.『増一経』注1参照。

3――悪趣　「趣」は P. gati. 衆生のあり方。生前の善悪の業によって死後に趣く状況。

4――身念処　四念処の一つ。『十上経』『増一経』には「常自念身」と見える。『十上経』注11・『増一経』注9参照。

5――一謂毀戒、二謂破見　『十上経』注24参照。

6――一謂戒具、二謂見具　『十上経』注25参照。

7――一謂為止、二謂為観　『十上経』注21参照。

8――三不善根　『衆集経』注38・『十上経』注34参照。

9――三善根　『衆集経』注39・『十上経』注35参照。

10――三三昧　『十上経』注31・『増一経』注23参照。『衆集経』では「空・無願・無相」（同経注60）。

11――愛語、恚語、怖語、癡語　『十上経』等に見えない。

12――不愛語、不恚語、不怖語、不癡語　これも『十上経』等に見えない。

13――四念処　『衆集経』注91・『十上経』注43参照。

14――破五戒　「五戒」は在家者の保つ五つの戒。「破五戒」は『十上経』等に見えない。

15――持五戒　やはり『十上経』等に見えない。

16――五根　『衆集経』注136・『十上経』注54・『増一経』注41参照。

17――六不敬　『十上経』注86参照。

18――六敬法　『十上経』注87参照。

19——六思念　『衆集経』注190参照。『十上経』（注83）・『増一経』（注50）では「六念」。

20——殺生、不与取、婬逸、妄語、両舌、悪口、綺語　十不善（注29）のうち、身・口に関する七つ。『十上経』等に見えない。

21——不殺生、不盗、不婬、不欺、不両舌、不悪口、不綺語　十善（注30）のうち、身・口に関する七つ。『十上経』等に見えない。

22——七覚意　『衆集経』注201・『十上経』注98・『増一経』注61〜69参照。なお、喜覚意が六番目に来ている点、他の諸経と異なる。また、第二が高麗蔵本では「択法覚意」、三本・磧砂蔵本は「法覚意」。他の諸経は「法覚意」。

23——八邪行　『増一経』注106・『十上経』注123参照。八賢聖道（注25）の逆。なお、第二の「邪志」は三本・磧砂蔵本「邪思」。

24——世正見、正志、正語、正業、正令、正方便、正念、正定　次の八賢聖道と同じ内容であるが、それが世俗的次元に留まる点が相違する。

25——八賢聖道　いわゆる八正道。『衆集経』注204・『十上経』注121・『増一経』注104参照。

26——九悩　『十上経』注192参照。

27——九無悩　『十上経』注194参照。

28——九善法　三本・磧砂蔵本「九喜法」。『十上経』（注189）・『増一経』（注109）に「九喜本」として出る。

29——十不善　『十上経』に「十不善行迹」として出る（同注211）。

30——十善行　『十上経』注212参照。

31——十直道　『衆集経』注207・『十上経』注225・『増一経』注138参照。それらの諸経では「十無学法」と呼ばれている。「直道」は『無量義経』に「行大直道、無留難故」などと見える。

32——我為如来……　以下、『増一経』の結びときわめてよく似ている。『増一経』の結びは以下の通り。○印は全く同一表現のところ。

吾為如来。為諸弟子所応作者、皆已備悉。慈愍慇懃、訓誨汝等。汝等亦宜勤奉行之。諸比丘、当在閑居樹下空処精勤坐禅、勿自放恣。今不勉力、後悔何益、此是我教、勤受持之。爾時諸比丘聞仏所説、歓喜奉行。

33——経道　一応「経に説く道」と解されるが、実際にはほとんど「経」と同じように用いられる。『無量等経』下に「当来之世経道滅尽。我以慈悲哀愍特留此経、止住百歳」。『中古辞語考釈続篇』には「経法」と同義とする（同書二三五頁）。

大縁方便経

注

1――拘流沙国　パーリ本の Kurūsu に相応する原語を音写したものであろうが、Kurūsu は地名 Kuru に於格 (locative case) の語尾がついたものであるから、本経の原本に何か問題があったか、あるいは誤解による誤訳の可能性が強い。仏典およびジャイナ教聖典によると、釈尊当時十六の大国が存在していたという。例えば『長阿含経』第四『闍尼沙経』(本シリーズ第2巻七四頁)。クル国はそのひとつで、その首都は現在のデリーの近くにある Indapat であり、現在この土地にはその遺跡だという古城の廃墟が残っているという。なお詳しくは、中村元『インド古代史』上を参照。

　ところで異訳経典では、安世高訳『人本欲生経』(以下『人本経』と略称)は「拘類国」、僧伽提婆訳『中阿』所収『大因経』は「拘楼瘦」、施護訳『大生義経』(以下『生義経』と略称)は「俱盧」とする。ちなみに前述した、本経と同一訳者の手になる『闍尼沙経』は「居楼国」に作る。またさらに、その他の音写語と出典に関しては、赤沼『固有名詞辞典』の Kuru 項を参照されたい。

2――劫摩沙　パーリ本には Kammāssa-dhamma とあり、クル国の一都市の名。「劫摩沙」は Kammāssa に相応する音写語。『人本経』には「拘楼国法治処」とあり、パーリ本 Kammāssa-dhammaṃ nāma Kurūnaṃ nigamo (*DN.* II, p. 55, 以下パーリ本からの引用は頁数のみを記す) (カンマーサダンマという名のクル国の町) に相応すると考えられる。『大因経』は「剣磨瑟曇」と音写、『生義経』には相応語なし。この他の音写語と出典とに関しては、赤沼『固有名詞辞典』を参照。

3――住処　「住」を「とどまる、すむ」の意で用いるのは六朝時代からの用法。また「住処」は漢訳仏典から見られる語で、中国側では、梁・皇侃の『論語義疏』「不嘗無事至偃住処」（『論語』雍也篇「非公事未嘗至於偃之室也」に対する注）などから見えるようになる。

4——大比丘衆　「大」と「衆」との解釈にはいくつかの可能性があるが、それらに関しては、『阿摩昼経』注3、『三明経』注4、『沙門果経』注6を参照。ここでも従来どおり、中国人がいかに読んだかに重点を置いて訳出した。なお、「比丘」は P. bhikkhu, S. bhikṣu（乞食者、すなわち托鉢する修行者）に相応する音写語であり、推定中古音は bʼji-kịəu. 唐の玄奘はこの音写語が正確でないとし、「苾芻」bịĕt-tṣịʼu と改めるが、「比丘」のほうがより一般的に用いられるようである。さらに「比丘」を中国人は種々に解釈するが、古くは『注維摩』「比丘、秦言或名浄乞食」（大正三八・三二八中）などからみられ、それらの解釈は宋の法雲『翻訳名義集』巻第一「釈氏衆名篇」（大正五四・一〇七三中以下）などにも収められている。

5——阿難　P., S. Ānanda, 推定中古音は â-nân. 梁・真諦は「阿難、阿難陀」、唐・玄奘は「阿難陀、慶喜」、時として「阿難」の訳語を用いる。本経の同本異訳は、後漢・安世高より宋・施護まですべて「阿難」。仏陀十大弟子の一。仏陀の従弟。出家して間もなく仏陀の常随の弟子となったため、仏陀の教説を記憶している点では弟子中随一で、多聞第一と呼ばれた（例えば、『増阿』巻第三「我声聞中第一比丘、知時明物、所至無疑、所憶不忘、多聞広遠、堪任奉上、所謂阿難比丘是」大正二・五五八上。また中国でも、『注維摩』に「阿難於五百弟子中多聞強記第一。今聞仏事、乃自審寡聞也」大正三八・四〇五下とある）。

6——閑静処　パーリ本には相応句なし。単に「静かなところ」とも読めるが、中国で「閑静、閑居」といった場合、特別な意味が込められることがある。すなわち、「閑静」は『淮南子』本経訓に「閑静而不躁」とあり、高誘の注に「閑静、言無欲也」とあるように無欲なあり方をあらわしている。また「閑居」は古くは『荀子』解蔽篇に「閑居静思則通」とみられ、魏・嵆康『幽憤詩』に「楽道閑居」とみられるように、閑静なるところに居て、真理としての「道」に思い寄せ、瞑想にふけるような状況をもあわせて表現することもある。『文選』に収められる西晋・藩岳『閑居賦』に対して李善も「閑居賦者、此蓋取於礼篇、不知世事、閑静居坐之意也」と注釈している。そもそも「閑」は原義はかんぬき棒のことで、「遮《さえぎ》る、防ぐ」を意味し、後漢・蔡邕の『陳太丘碑文』に「時年已七十、遂隠丘山、懸車告老、四門備礼、閑心静居」とあるように、「心を外に馳せず、心を静める」ような意をも含む。

この箇処、『人本経』は「独閑処、傾猗念」（「傾猗念」は「傾意、傾心、傾魂」と同じように「心を傾け、心をうちこめる」こと）、『大因経』はさらに明確に「閑居独処、宴坐思惟」とする。ところで、この「宴坐」こそ「閑静処」とほぼ同一の概念を伝える言葉らしい。「宴坐」は『維摩経』弟子品に詳論される言葉で有名だが（例えば「不起滅定而現諸威儀、是為宴坐」、「不捨道法而現凡夫事、是為宴坐」大正一四・五三九下）、羅什が「此下宴坐、梵本云摂身心也」（大正三八・三四四上）と説明するように広義の禅定をあらわす。『維摩経』チベット訳では naṅ du yaṅ dag bžag pa/naṅ du yaṅ dag ḥjog pa（北京版第三四巻 190a), É. Lamotte は pratisaṃlīna, pratisaṃlayana と還梵している。その対応パーリ語は paṭisallīna, paṭisallāna. これらのパーリ語、梵語は「一定の場所に退き、独居して沈思黙考すること」を意味するが、これらが時に「宴坐、宴黙」、そして時に「閑静処、空閑処、独処閑居」と漢訳されたわけである。

7——作是念言　「おもう、考える」の意味で、「作念、作意、作想」などの表現を用いるのは、S. mamasi√kṛ などの句造りに由来すること、また「言」は「言う」の意ではなく、いわば引用符号であることは、これまでに指摘した。この箇処、『人本経』と『生義経』とは「如是意生」「心生思念」とするが、本経とほぼ同時代の『大因経』は「心作是念」とし、本経と同様の句法。『大本経』㈠注28参照。

8——甚奇甚特　「奇」も「特」も「普通でないこと」で、特に「すぐれている」を意味することが多い。「甚」は程度が並外れていること。ちなみに「奇特」という語もこの時代から現われる言葉。例えば、鳩摩羅什訳『妙法蓮華経』五百弟子受記品「世尊甚奇特」（大正九・二七中）など。『闍尼沙経』注6参照。

9——十二因縁　パーリ本は単に paṭicca-samuppāda（縁起）、『大因経』も「縁起」、『生義経』は「諸縁生法」、『人本経』には相応語は不明。宇井伯寿『訳経史研究』所収の『人本欲生経』注には、「是意是微妙本」の「意」をこの縁起に比定するが、根拠不充分。ところで初期仏教の縁起説は、その項目（支）の数に関して諸説があり、基本的なものとして五支、九支、十支、十二支のものがあげられる。このうち十二支を具えたものが最も完備しており、成立的にも遅れると考えられている。本経では、ここに「十二因縁」という語が使われ（原本にもそうあったかは疑わしい）、すぐ後にその十二支（項目）が挙げられているが、後に再詳説する箇処ではいわゆる「無明」と「行」と」「六入」とが欠けた九支縁起になっている。異訳経典では、『人本経』『大因経』は略説で五支、後の詳説では本経と同じく九支、『生義経』は詳説のみでやはり九支であり、総じて詳説する場合にはパーリ本をも含めて九支で一致する。これらのことからも、ここで「十二因縁」なる語と説があらわれるのは不自然である。ただし、本経と同じく『長阿含経』所収の『大本経』にも十二支を具えた縁起説が述べられており（本シリーズ第1巻一六五頁以下）、さらに検討が必要である。本経典グループはこのように一経のうちに諸支の縁起説を含み、縁起説の生成過程を考えるうえでも興味深いものである。

10――十二因縁法之光明甚深難解　この句は、また「十二因縁という法の光明は甚だ深く解し難い」とも、「十二因縁の法の光明は甚だ深く解し難い」とも読める。なお「甚深」は初期仏教経典と大乗仏教経典とを通じて真理や知慧の深さを形容する漢訳仏典の常套語である。P., S. gambhīra (deep, profound, unfathomable, well founded, hard to perceive, difficult, *PTSD.*).

11――如我意観　「如」は仮説の意でとったが、別に「依照、按照（……によれば）」の意や、逆接の接続詞（『大因経』は「此縁起甚奇極、甚深明、亦甚深、然我観見、至浅至浅」とあるが、この「然」と同義）の意でもとりうるであろう。『詞詮』「如」の項など参照。

12――静室　注6の「閑静処」と同じ意で単に「静かな部屋」ではない。『大因経』は「宴坐」、パーリ本はなし。この「静室」については、『大智度論』巻第一七に「若無禅定静室、雖有智慧、其用不全。得禅定則実智慧生。以是故菩薩雖離衆生遠在静処求得禅定、以禅定清浄故智慧亦浄」（大正二五・一八〇下）とあるのが参照される。

　さらに、道教で「静」の字のあらわす思想は特に修行法と関連して重視されたようで、「静心」「静思」「静念」「静神」「静慮（仏教では禅定の意訳として用いられる語）」などの語が、道教の教理的百科辞典ともいえる『雲笈七籤』から検出される。またここの「静室」なる語も頻出するが、その用例をいくつかあげておく。『雲笈七籤』巻一九所引『老子中経』「先齋戒沐浴、至其日入静室中、安心自定」（一八ウ）、同巻五一所引『祕要訣法』「閑心静室、寥朗虚真、逸想妙観、騰躍玄人」（四オ）など。

13――難見難知　パーリ本は ananubodhā appaṭivedhā（悟らず、洞察せず）。「見」にも「知（理解する）」の意がある（『淮南子』脩務訓「而明弗能見者何」高誘注「見、猶知也」など）。また、パーリ文献において、「知る」と「見る」がしばしば並べて同義に使われていることは、中村元『原始仏教の思想』下（一五一頁）が指摘するとおり。

14――諸天魔梵　「魔」は欲界第六天の魔王、「梵」は色界の梵天王。ところで「魔」も「梵」も恐らくは仏典の漢訳に際して造られた新字。慧琳『音義』巻第一二「魔王、莫何反、字書本無此字、訳者変摩作之。梵云麽羅、古訳云能障（以下略）」（大正五四・三八〇中）。なお、「魔天」については『転輪聖王修行経』注123などを参照。

15――未見縁者　「縁」はここでは一語で「縁起」の意をあらわしている。ただし後出の「以此縁知」（本文一〇四頁）のように「この理由、このこと」の意でも単独に用いられる。

16――老死有縁　「老死」はパーリ本 jarā-maraṇa（老い死ぬこと）に相応。最古訳の安世高の訳経以来「老死」が用いられる。「縁」は例えば、『荀子』正名篇「縁耳而知声可也、縁目而知形可也」のように「…に縁《よ》って」の意から、「縁って来たるそのもと」つまり「よりどころ」の意で用いられる。本経ではこの用言と体言の両方の使い方があらわれる。

17――何等　「等」が複数を表示するものでなく、「何」と同じく疑問をあらわす語であり、『史記』などの漢代の文献以来「何等」と複合して疑問をあらわすようになったことはすでに指摘したとおり。なお、安世高、支謙等の古訳時代からの仏典等の資料をも含めて詳論したものとして、周法高『中国古代語法』称代編一九〇頁以下があり、また志村良治『中国中世語法史研究』一五八頁以下にも詳論される。『典尊経』注97参照。

18――生　パーリ本 jāti（生れること）に相応し、安世高以来、「生」と訳される。ただし、漢語「生」は「生れること」の意のほか、「生きること」つまり生存をも意味しうるが、縁起説では漢語「生」は前者「生れる」の意。「生存」の意は次の「有」であらわす。

19――誰是生縁　この句は前出の「何等是老死縁」とまったく同じ構造で、「誰」は「だれ」ではなく、「何等」と同じく「なに」の意。このような用法は、古くは漢訳仏典以外には見られないが、唐代以降の韻文にあらわれるようになる。詳しくは、張相『詩詞曲語辞匯釈』巻一「誰」の項を参照。

20――有　パーリ本 bhava（生存）に相応し、これも安世高以来「有」と漢訳される。「生存一般」をあらわし、迷いの生存、輪廻の状態において生きること。

21――取　パーリ本 upādāna（執着、固執）に相応する。鳩摩羅什以前の訳では「受」と訳されることが多く、恐らくは鳩摩羅什によって確定された訳語。「受」という訳語は、upādāna の原義 receiving, acquisition; das für-sich-Nehmen, sich-Zueignen を忠実に訳したもの。しかし、仏教では、grasping, clinging, addiction のような強い意味になる。*BHSD*., *CPD*. の upādāna の項、および中村元『原始仏教の思想』下一〇一頁以下など。

　なお、漢語としての「取」は「収める」（『玉篇』「取、収也」）の意で、時代はやや遅れるが、「取、謂取為己有」（『尚書』仲虺誥「取乱侮亡」の疏）のようにはっきりと「わがものとする」といったように解釈する場合もでてくる。また古訳「受」との関係でいえば、これも時代が遅れるが『広韻』「取、収也、受也」とある。

22――愛　パーリ本 taṇhā（渇愛・渇望）に相応する。安世高訳では、「愛求」、その他は「愛」。原語 taṇhā（S. tṛṣṇā）は、本来「喉の渇き」を意味する。中村前掲書はこれを「妄執」と訳し、次のように解説する。「ここで妄執というのは、人間存在の奥にひそむ盲目的衝動である。（中略）われわれが渇しているときには、ただ水をもとめてやまぬように、充たされることを求めてやまぬ衝動的なものをいう。前の項の執著固執（取）と比べてみるに、この執著固執はけっきょく煩悩と同一のものであるが、もろもろの煩悩のうちで最も根本的なものは、本能的な盲目的衝動にほかならない。これを渇きにたとえられる妄執（渇愛 taṇhā）と称する」（一〇五頁）。

　なお、この段落において、本経は十二支の縁起説をあげるが、後に再述する際にはいわゆる「無明」「行」「六入」の加わらぬ九支の縁起説をあげる。この箇処に対応するパーリ本も「六入」の加わらぬ九支縁起であり、再述部分も九支説。また、漢訳諸異本も後にでる再述部分では九支縁起をとるが、この段落では、安世高訳『人本経』と僧伽提婆訳『大因経』とは一見したところ「愛 taṇhā」で終わる五支縁起になっている。そして五支縁起説は、十二支縁起説などのより多くの支よりなる縁起説に先立って成立したものと考えられているが、いわゆる仏教の四諦説（四つの真理）で説明するあらゆる苦の原因が渇愛 taṇhā であるという真理（集諦）の考えと基本的には同一のものであり、古い時代には恐らく有力な説であったのであろう。

23 受　パーリ本 vedanā（感受、感覚）に相応する。後に再論されるように、苦楽等の印象感覚をうけること。羅什以前の古訳では、安世高、支謙、竺法護は「痛」、僧伽提婆は「覚」とし、またこれらの訳者は前出の upādāna（取、執着）に「受」の訳語をあてる。この vedanā を「痛」とするのは、その原義に「感受、感覚」以外に「苦痛」の義があるためであるが、仏教の教理からすると適訳ではない。

ところで、vedanāのようなインド仏教の思想用語が、明確な説明もなく、漢語としては特定の思想を背景としては持たないと考えられる「受」「痛」などの一語でおきかえられた場合、その言葉を中国人がどの程度に、そしてどのように理解したか、疑問でもあり興味深い点でもある。これらのことを考慮すると、漢訳からの現代語訳に際して「受」を「感受」とすることに問題はあるが、今はやむをえず仮にインド思想圏での意味を参照にして訳出しておく。以下、「六入」「行」なども同様の問題を含む。

ただし、中国でもアビダルマ論書や大乗論書が五世紀以降盛んに訳出され、また専門的にそれらを研究することが六朝後半、特に梁代以降盛んになるため、これらの仏教教理用語も中国人（いうまでもなく仏教者に限定されるわけであるが）なりに受容されてゆく。例えば、隋・浄影寺慧遠『大乗義章』巻第四「十二因縁起」（大正四四・五四七以下）など、その一例である。

24 触　P. phassa, S. sparśa（接触）に相応する。感官と対象と感受作用という三つのものの合一接触（根・境・識の三事和合）のこと。古訳では「更」「更楽」と訳される。漢語「更」には、「代、易、改」などの「かえる、かわる」の意、「歴、経」などの「へる」の意、「互、遞」などの「こもごも」の意などが基本義としてあるが、恐らくは「互」の意をとったのであろう。要検討。

25 六入　この箇処のパーリ本には欠くが、P. saḷāyatana, S. ṣaḍāyatana（六つの感受領域）に相応する。感受活動がそれを通して起こる六つの領域。内と外との六入があり、内の六入（P. ajjhattika-āyatana, S. ādhyātmika-āyatana）とは心と五感官とで所謂六根（六つの感官）、外の六入（P. bāhira-āyatana, S. bāhya-āyatana）とはそれに対応する対象をいう。したがってこれを一語で日本語へ翻訳するのは難しく、仮りに「六つの感受領域」としておく。ただし、九支縁起説をとるパーリ本には「六入」が加えられず、また外の六入の一つである色《しき》（rūpa, 形態）が次の支である名色と重複することなどからも、「六入」を加えた縁起説の成立の遅いことが推測される。なお、古訳時代もほぼ全面的に「六入」の語が使われた。

26——名色　パーリ本 nāma-rūpa（名称と形態、名称と物質）に相応し、安世高訳では「名字」、支謙訳では「名像」などが用いられる。「名称と形態」とは古ウパニシャッドにおいては現象界の個別性を成立させる原理であると考えられ、さらに現象界の一切の事物を総称する名称であった。それが仏教の教理体系のうちに取り入れられ、その最初期には同様の意味で使われていたが、後に名（名称）は個人存在の精神的な方面を、色（形態）は物質的な方面を意味すると考えられるようになった。さらに詳しくは、*PTSD*. rūpa の項、英訳 Dhamma-saṅgaṇi の introduction など、また和辻哲郎『原始仏教の実践哲学』二一三頁以下を参照。

27——識　P. viññāṇa, S. vijñāna（認識作用、識別作用）に相応し、古訳時代から、「識」の訳語が用いられる。この「識」は仏教ではまた現在の生存活動を代表し、心ともいえ、認識主観の意で、人間存在のもっとも中核をなす機能と考えられていた。

　本経後出の九支縁起、およびパーリ本の九支縁起は、この「識」と前支の「名色」との相互依存関係でおわる。

28——行　P. saṅkhāra, S. saṃskāra（形成力、潜在的形成力）に相応する。仏教教理では難解な語のひとつであり、そして種々の意味を有するが、形而上学的な意味でインド哲学では一般に「潜在的形成力」「潜在力」あるいは「前世からの潜在力」というような意味で用いられることが多い（*MW*.）。例えば『雑阿』巻第一二に「行有三種、身行、口行、意行」（大正二・八五上）とあるが、恐らくは身と口と心との行為が印象として残り、あらゆるものをつくり出す潜在的形成力となると考えたのであろう。なお詳しくは、Franke, SS. 307–318. などを参照。

　ところで、このような心理的・形而上学的概念は中国には受容されず、たとえば前掲の隋・慧遠『大乗義章』でも「所言行者、諸業集起、名之為行」（大正四四・五四七中以下に詳論）とあり、やはり漢訳経典で使われた「行」を、その漢語としての意味のひとつである「行為」として理解している。ただし、唯識説的な行為とその印象説（潜在力的な種子）は彼の場合も理解されている。

29——癡　P. avijjā, S. avidyā（無知）に相応する。また一般に「無明」と漢訳される。十二支縁起はこの「無明」で究極する。しかし、「無明」がわれわれの苦しみの生存の根源であるという思想は、さらに単純なかたちで最初期の仏教においてすでに明示されている。すなわち、『スッタニパータ』第七三〇偈「この無明とは大いなる迷いであり、それによって永いあいだこのように輪廻してきた。しかし明知 vijjā に達した生けるものどもは、再び迷いの生存 punabbhava に戻ることがない」（中村元訳）。ただし、何に関して無知であるのかについて一定の解釈はない。参考までに他の経典によるひとつの説明をあげておく。『雑阿』巻第一〇「無明者不知、不知者是無明。何所不知、謂色無常、色無常、如実不知、（中略）於此五受陰如実不知不見、無無間等、愚闇不明、是名無明。（中略）所謂明者知、知者是名為明。又問何所知、謂知色無常、知色無常、如実知」（大正二・六四下）。

　ところで、漢語「癡」は『説文解字』に「癡、不慧也」とあるように「おろか」なること。一方「無明」は老荘思想の「明」をふまえた造語と思われる。すなわち、『老子』第一六章に「夫物芸芸、名帰其根。帰根曰静、是謂復命。復命曰常、知常曰明」とあり（「知常曰明」は第五五章にも見える）、「明」とは明らかな知恵、真智を意味し、第三三章には「知人者智、自知者明。勝久者有力、自勝者強」とあり、同様の思想は『荘子』駢拇篇にも「吾所謂明者、非謂其見彼也、自見而已矣」とあり、「明」すなわち自己を知る真智が最高の智とされている。

30——縁生有老死憂悲苦悩大患所集是為此大苦陰縁　パーリ本には、jāti-paccāya jarā-maraṇaṃ, jarā-maraṇa-paccāya sokaparideva-dukkha-domanassupāyāsā sambhavanti. evam etassa kevalassa dukkhakkhandhassa samudayo hoti. (pp. 56—57)（生を原因として老死が生じ、老死を原因として愁い悲しみ苦しみ憂い悩みが生じる。このようにしてこのすべての苦しみのあつまりの生起がある）とあり、「老死」が条件または原因となって「愁い悲しみ」等が結果として生起するということになり、「老死」のほかに別の項目をたてるが、このような見解は一般には採用されなかったようである。ただし異訳本の『大因経』には「縁生有老死、縁老死有愁慼、啼哭憂苦懊悩皆縁老死有。如此具足純生大苦陰」とあり、パーリ本と同じ構造になっている。

31——若使一切衆生無有生者寧有老死不　「若使」は二字で

仮説の意「もし」をあらわす。すでに先秦の『墨子』兼愛篇上などにも見られる。『大因経』は「設使」で同義。「寧……不」の疑問文は以下定型句のようにあらわれるが、これまですでに指摘したとおり。『人本経』には「為有老死不」、『大因経』には「当有老死耶」とある。いずれも同様の疑問文を構成しているようであるが、「寧」「為」「当」が単に句頭で疑問を示すのみなのか、あるいは疑問の程度の強調をあらわすのか、要検討。パーリ本は sabbaso jatiyā asati jāti-nirodhā api nu kho jarā-maraṇaṃ paññāyethâti（p. 57）とあり、api nu kho で強調していると見なせるならば、漢語も同様に疑問の強調ととれる。

32——欲有色有無色有　高麗蔵本は「色有」を「色」とするが、三本、磧砂蔵本により「色有」と改める。これらを「三有」といい、欲界・色界・無色界の三界における生存をいう。パーリ本は kāma-bhavo rūpa-bhavo arūpa-bhavo この「三界」は、インドの聖典ヴェーダでは天空地の三界というように、神々を垂直に配置したのに始まるが、仏教ではそれをうけつぎつつ、そこに禅定の力で達しうる高みをあらわす精神的内面的な観念を加えた。すなわち禅定は、それによって苦の原因である欲望を除くことを目的にするが、「欲界」は禅定の効果のあらわれない欲をともなった日常的意識の世界、「色界」は禅定によって欲望は除かれたが肉体をなお存している世界、「無色界」はその上に肉体の束縛を離れた自由な精神のみの世界をあらわす。

33——欲取見取戒取我取　これらを四取（四種の外界の対象に関する執著）という。なお詳しくは玄奘訳『倶舎論』巻第一九、二〇、分別随眠品（大正二九・九八中以下）。なおパーリ本は kāma-upādāna（欲取）、diṭṭhi-upādāna（見取）、sīlabbata-upādāna（戒禁取）、attavāda-upādāna（我語取、漢訳語は梵本からの玄奘訳による）とある。なお漢語「見」は「見解、見識」の意で、比較的新しい用法であり、かつ仏教では特に「誤った見解」を意味する。ただし、このように取（執著）を四種に分類して説明するものは『雑阿』（大正二・八五中）、『増阿』（同・七九七下）などにも見えるものの、異訳本の『人本経』『大因経』には見られず、後代の考究による要素が加わったものと考えられる。

34——欲愛有愛無有愛　これらを三愛という。パーリ本は rūpa-taṇhā sadda-taṇhā gandha-taṇhā rasa-taṇhā phoṭṭhabba-taṇhā dhamma-taṇhā（p. 58）（かたちに対する渇愛、音声に対する渇愛、香りに対する渇愛、味に対する渇愛、触れられるものに対する渇愛、考えられるものに対する渇愛）とあり、『雑阿』（大正二・八五中）、『増阿』（同・七九七下）もこの六種をあげる。ただしパーリ本は別の箇処（第一八節）で本経と同じ三愛（kama-taṇhā bhava-taṇhā vibhava-taṇhā）をあげる。また異訳本である『人本経』『大因経』はこの箇処では単に「愛」の語のみ（ただし、パーリ本〈第一八節〉の三愛の相応箇処には、両経とも「欲愛」と「有愛」との二愛をあげるのみ）。これらの細かい教理的な差異は、教理の形成過程を示すとともに、各経の伝承部派の相異をも示すものであろう。なお「三愛」の別の解釈については、宇井伯寿『印度哲学研究　第二』二八五頁以下を参照。『衆集経』注50・『十上経』注33・『増一経』注25参照。

35——楽受苦受不苦不楽受　三受（快感と不快感とそのどちらでもない感受）である。この三受の観念はその原型はすでに古く『スッタニパータ』第七三八偈などにも見えている。この箇処、パーリ本は cakkhu-samphassajā vedanā, sota-samphassajā vedanā, ghāna-samphassajā vedanā, jivhā-samphassajā vedanā, kāya-samphassajā vedanā, mano samphassajā vedanā（p. 58）（眼との接触から生ずる感受と、耳との接触から生ずる感受と、鼻との接触から生ずる感受と、舌との接触から生ずる感受と、身体との接触から生ずる感受と、意との接触から生ずる感受）とあり、異なった解釈をする。異訳本の『人本経』『大因経』は後に三受をあげるが、この箇処は単に「受」とするのみ。『衆集経』注49・『十上経』注32・『増一経』注24参照。

36——阿難当知因愛有求因求有利……　この段落は、本経の縁起説の「愛」「受」の支と「触」の支との間に突然入りこむかたちになっている。ただし、パーリ本も漢訳諸訳もすべて本経とほぼ同様にこの一段が入りこんでいるため、錯簡ではないようである。ところで、この段落に現われる「愛」から始まり「護」もしくは「刀杖諍訟作無数悪」に至る九支もしくは十支の縁起の組合せはあまりみられない。そして説明も簡略なため、不明な点が多い。ここでは一応パーリ語の訳と漢語の問題点を指摘するにとどめる。ただし、『長阿含経』所収『十上経』にも「九滅法」もしくは「九愛本」として次のようにある。「云何九滅法、謂九愛本、因愛有求、因求有利、因有利用、因用有欲、因欲有著、因著有嫉、因嫉有守、因守有護」（本文六五頁）。また、パーリ本と漢訳諸本の訳語を次頁に対照しておく。なお、宇井伯寿『訳経史研究』五二頁をも参照。

37——求　パーリ本　pariyesanā（search, quest, inquiry,

『十上経』注191参照。

PTSD.）に相応。

38――利　パーリ本 lābha（receiving, getting, acquisition, gain, possession, ibid.）に相応。漢訳語「利」は「利益」、つまり「もうけ」の意で用いたのか？

39――用　パーリ本 vinicchaya（1 discrimination, thought, opinion, 2 decision, investigation, 3 judgement, detailed analysis etc. ibid.）に相応。漢訳も「計」、「分」、「心不決定（？）」とわかれる。最初期の仏典である『スッタニパータ』にもいくつか用例があるが、（327, 838, 866, 867, 887, 894〈2回〉）、いずれも「断定」の意をあらわすようであり、三国呉・支謙訳『義足経』では、「分別」「別善悪」（大正四・一八一中）、「校計」（同・一八二中）、「所作念」（同・一八二下）などの訳語が用いられている。本経でなぜ「用」なる訳語が使われているかは未詳。『十上経』注191参照。

40――欲　パーリ本 chanda-rāga（exciting desire, ibid.）に相応。

41――著　パーリ本 ajjhosāna（cleaving to 〈earthly joys〉, attachment, ibid.）に相応。

42――嫉　パーリ本 pariggaha（in bad sense of grasping etc., ibid.）に相応。つまり、しっかりと所有するという義であり、『人本経』の「不欲捨慳」や『大因経』の「慳」（いずれも「ものおしみ」）に相応するが（ただし、「吝嗇」の意では次項の macchariya がより近い）、漢語「嫉」には「ねたむ」以外にここに相応しい意はない。ただし、次項の macchariya は、特に梵語では envy,

『大縁方便』	パーリ本	『人本』	『大因　A	『生義』
愛	taṇhā	愛	愛	愛
求	pariyesanā	求	求	希求
利	lābha	利	利	所得
用	vinicchaya	計	分	心不決定
欲	chanda-rāga	楽欲	染欲	無所厭足
著	ajjhosāna	発求	著	喜貪
嫉	pariggaha	不欲捨慳	慳	我見
守	macchariya	家	家	所取著
護	ārakkha	守	守	（心即）散乱
刀杖諍訟作無数悪	daṇḍādāna-satthādāna-kalaha-viggaha-vivāda-tuvaṃtuva-pesuñña-musāvādā, aneke pāpakā akusalā dhammā, sambbavanti	闘諍言語上下欺侵若干両舌多非一致弊悪法	刀杖闘諍諛諂欺誑妄言両舌起無量悪不善之法	起妄語論訟闘諍刀杖相治

jealousy を意味することより、本経の原本はパーリ本の系統のものとは、その語順が異なっていた可能性もある。

43――守　パーリ本 macchariya（avirice, stinginess, selfishness, envy, ibid.）に相応する。なお、前注を参照。また『人本経』『大因経』は、次の ārakkha に「守」の訳語をあて、この項には「家」の訳語をあげるが、その「家」の語義は未詳。『十上経』注191参照。

44――護　パーリ本 ārakkha（watch, guard, protection, care, ibid.）に相応する。

45――当有刀杖諍訟起無数悪不　この「当……不」も、注31で示した「寧……不」と同じく疑問を表す。この段落でも以下はすべて「寧……不」の型である。対応箇処は、『人本経』は「為……不」「寧……不」「寧当……不」、『大因経』はすべて「当……耶」。また答え方は『人本経』は「不」、本経と『大因経』は「無」。

46――仏告阿難縁触有受　以上で挿入されている変則の縁起説がおわり、ここより再び、いわゆる普通の縁起説に戻る。

47――眼識　以下、耳識・鼻識・舌識・身識・意識をあわせて六識という。眼・耳・鼻・舌・身・意の六つの認識機官が、六つのそれぞれの対象を知覚・認識するはたらきをいう。ただし、この「触」→「受」の説明の仕方は諸本それぞれ異なる。すなわち、本『大縁方便経』は、「根（機官）・境（対象）・識（認識作用）」が無ければ「触（接触・和合）」はなく、「触」が無ければ「受（感受）」もない、と二段推論になっている。パーリ本はその前半がなく、単に「六つの触 samphassa」が無ければ「受 vedanā」も無い、と説く。『人本経』と『大因経』とは「更（触の異訳語）」が無ければ「楽覚・苦覚・不苦不楽覚」（『大因経』）の三覚（三受）も無い、と説く、つまり、いわゆる「三事和合」を説く本経が際立った特色を示す。

48――心触　パーリ本 adhivacana-samphassa に相応する。『大因経』は「増語更楽」。そしてこの語義をも含めて、この節は教理的にも難解な問題があるため、パーリ本とその英訳をあげておく。yehi Ānanda ākārehi yehi liṅgehi yehi nimittehi yehi uddesehi nāma-kāyassa paññatti hoti, tesu ākāresu tesu liṅgesu tesu nimittesu tesu uddesesu asati, api nu kho rūpa-kāye adhivacana-samphasso paññāyethâti?（p. 62）（Those modes, features, characters, exponents, by which the aggregate called 'name' manifests itself,—if all these were absent, would there be any manifestation of a corresponding verbal impression in the aggregate called [bodily] form?: tr. by Rhys Davids).

　恐らく漢訳者はこの一文中の「名色」を物質的存在以外の対象と考えたのであろう。しかし、教理的には未詳。

49——身触　パーリ本 paṭigha-samphassa に相応する。『大因経』は「有対更楽」。パーリ本は次のとおり。yehi Ānanda ākārehi yehi liṅgehi yehi nimittehi yehi uddesehi rūpa-kāyassa paññatti hoti, tesu ākāresu tesu liṅgesu tesu nimittesu tesu uddesesu asati, api nu kho nāma-kāye paṭigha-samphasso paññāyethâti? (p. 62) (Those modes, features, characters, exponents, by which the aggregate called [bodily] form manifests itself—if all these were absent, would there be any manifestation of an impression of sense-reaction in the aggregate called name?: tr. by Rhys Davids).

　恐らく漢訳者はこの一文中の「形色相貌」を物質的存在のような対象と考えたのであろう。

50——若識不入母胎者……　縁起説は本来人間の輪廻、苦しみの存在の成立する根拠を問題として探求し論述したものであったが、やや後代になると、この箇処の解釈のように縁起説のうちに列挙される諸項目は輪廻の過程を示すものであると考えられるようになった。そしてここで「識 viññāna」はあたかも輪廻の主体になる心（mind as transmigrant, *PTSD.*）のような説明がなされる。このように輪廻説を人生の経過にあてはめて解釈することは、さらに発展し、後のアビダルマ教義学では三世両重の因果による説明を完成するに至る（詳しくは、宇井伯寿『印度哲学研究　第二』所収「十二因縁の解釈―縁起説の意義」を参照）。なお、このように胎生学的に解釈する点に関しては、本経をはじめ、パーリ本、および漢訳諸本すべて一致する。

　ところで、本経は先に十二支の縁起説をあげたが、ここでは「識」と「名色」との相互依存関係で完結する九支の縁起説になっており、「無明」「行」「六入」の三支が加えられていない。

　また、本経のこの箇処の解釈の問題に関しては、和辻哲郎『原始仏教の実践哲学』二二〇頁以下が詳しく論じている。

51——母胎　これ以前の中国古典には見られぬ語。パーリ本には mātu kucchismiṃ（母の胎内に）とあり、本来なら「胎」一字であらわすところを原本にひかれて「母」を添えたものか。恐らくは西域語に影響をうけた漢訳仏典造語であろう。安世高訳は「母腹」。

52――嬰孩　『老子』二〇章「我独泊兮、其未兆、如嬰児之未孩」とあり、「孩」は嬰児の初めて笑うことであるが、これに基づいて「嬰孩」で「嬰児」を意味するようになった。『列子』天瑞篇に「大化有四、嬰孩也、少壮也、老耄也、死亡也」とあり、成書の問題もあるが、一応は漢訳仏典以前からあった語と考えらえる。

53――是故名色縁識……　以下の一節は問題があるため、全文をあげておく。

「是故名色縁識、識縁名色、名色縁六入、六入縁触、触縁受、受縁愛、愛縁取、取縁有、有縁生、生縁老死憂悲苦悩大苦陰集」

問題は「名色縁六入」以下の「縁」の読み方にある。すなわち、その前の「名色は識に縁り、識は名色に縁る」の句は、教理的にも問題なく、九支もしくは十支縁起における「識」と「名色」との相互依存の関係を示している。しかし、それ以下を、この箇処に至るまでの「縁」の訓み方に従い、そしてそれが自然な訓み方なのであるが、訓み下してゆけば、「名色は六入に縁り、六入は触に縁り……」となってしまい、九支、もしくは十支の相互の関係がすべて相互依存の関係になってしまう。しかしそのようなすべての支にわたる相互依存関係は教理学的にも論理的にも成立しない。ただし、施護訳『生義経』も本経と同様の表現をとる。また、このほか東晋・僧伽提婆訳『増阿』巻四二「無明縁行、行縁識……有縁死、死縁愁憂苦悩」（大正二・七七六上。対応パーリ本は「無明によって行あり……」）のように同様の表記も散見する。

このような表現がとられる理由としては、たとえばパーリ本の場合、一般に「AはBに縁る」（「A縁B」）はB paṭicca A と表現するから、漢語と語順が逆になり、その語順にひかれ、あるいは機械的に、B paṭicca A（AはBに縁る、Bを原因としてAがある）を「B縁A」（BはAに縁る）と漢訳する可能性もある。しかし、本経の場合、そのような誤解に基づく「縁」の用例はこれまでもなかったことより、この可能性はほぼない。ところでここの場合、パーリ本や『人本経』『大因経』は「識」と「名色」との相互依存関係でおわり、本経の「名色縁六入」以下に相応するものがない。そこで、訳者が「識縁名色」に影響されて「名色縁六入」以下を教理的に誤解して説明的に加えた可能性もある。さらに、訳者が教理的にも誤解せずに敢てこのような表現をとったとすれば、それは「名色縁六入、六入縁触……」を「名色の縁もて六入あり、六入の縁もて触あり……」、つまり「名色という原因により六入があり……」の意で訳出したか、あるいは、「名色は六入を対象（縁）とし、六入は触を対象とし……」の意で訳出したことになろう。

ところで、ここにまた縁起の支の数の問題がある。本経ではまず「十二因縁」という名称と、十二の支の名称があげられた。そして再び詳論するにあたっては「六入」の欠けた九支縁起になり、この結論部では「六入」の入った十支縁起となっている。ただし、さまざまな推論も可能であろうが、ここでは、このような「混乱」があることを指摘するにとどめる。

54――阿難斉是為語斉是為応斉是為限斉此為演説斉是為智観斉是為衆生　この節は、パーリ本と『生義経』にはあるが、『人本経』と『大因経』にはない。またパーリ本と『生義経』とは共にこれまでの縁起の説明をしめくくる節としてあり、本経の文脈とに差異がある。さらにこの節は意味的にも明確でないため、パーリ本をあげておく。ettāvatā kho Ānanda jāyetha vā jīyetha vā mīyetha vā cavetha vā uppajjetha vā, ettāvatā adhivacana-patho, ettāvatā nirutti-patho, ettāvatā paññatti-patho, ettāvatā paññâvacaraṃ, ettāvatā vaṭṭaṃ vaṭṭati itthattaṃ paññāpanāya, yadidaṃ nāma-rūpaṃ saha viññāṇena.（pp. 63–64）（パーリ本にも難解な語彙があり、ここでは参考に英訳をあげておく。In so far only, Ānanda, can one be born, grow old, or die, or dissolve, or reappear, in so far only is there any process of verbal expression, in so far only is there any process of manifestation, in so far only is there any sphere of knowledge, in so far only do we go round the round of life up to our appearance amid the conditions of this world— in as far as this is, to wit, name-and-form together with cognition, : tr. by Rhys Davids). 要するに「名色」が「識」と共にある限り、「生老病死」があり、「輪廻」が続くという文旨である。本経の原本がどうであり、また訳者がいかなる意図でこのように訳出したかは未詳。なお「斉是」の「斉」は『梵動経』注46に指摘したように「限（かぎる）」の意。あまり見られぬ用法であるが、例えば『列子』湯問篇「濱北海之北、不知距斉州幾千万里、其国名曰絡北、不知際畔之所斉限」などがこの意に近い用法であろう。また、パーリ本の ettāvatā（その限りにおいて）に相応するものと考えられる。

55――阿難諸比丘於此法中……　以下、全一百四十四字は、漢訳諸異本にはなく、パーリ本では後の第三二節後半（p. 68, ll. 11~24）にほぼ相応する。

56――如実　「あるがままに」の意。ここには対応に欠くが、P., S. yathā-bhūtaṃ（あるがままに、真実のとおりに）の訳語としてよく使われる。中国古典にもすでに『論衡』弁崇篇などに見られるが、それらは、『梵動経』注19を参照。

57――無漏心解脱　「無漏」は p. āsava（流れ出ること、流れ出るもの→煩悩）の否定語 anāsava（漏れ出る不浄なもののないこと→煩悩のないこと）の訳語。「無漏心」という語はほとんどみられず、ここでは後に「慧解脱」とあることから「心解脱」ととる。「心解脱」は p. ceto-vimutti, S. cittavimukti, パーリ本第三二節では evaṃ-vimutta-cittaṃ（p. 68）（このように解脱した心の〔比丘〕）の訳語。本経では後出の「慧解脱」（p. paññā-vimutti, S. prajñā-vimukti, etc.）と対にされる。このように対にして用いるのは、すでに『スッタニパータ』第七二七偈などにみられるが、そこでは、解脱する当体は心であるから「心解脱」、智慧によって解脱するから「慧解脱」といわれたようだが、（cf. *PTSD.*）後には術語化して、例えば「心解脱」とは愛欲の漏より解脱し、「慧解脱」とは無明の漏より解脱すること、などと解釈され、さまざまな意味へと展開してゆく。この箇処は記述が簡略なため、どのような発展過程であるのか断定できない。なお、より詳しくは、雲井昭善「原始仏教における解脱」、渡辺文麿「パーリ仏教における解脱思想」（いずれも『仏教思想8　解脱』所収）などを参照。

58――如来終亦知　この句と、以下「如来不終」「如来終不終」「如来非終非不終」の三句とでいわゆる四句分別をなす。しかもこの内容は十四無記（問に対して是とも非とも答を与えないこと）の四句をなす。パーリ文献では普通、⑴如来は死後に存在し（hoti tathāgato param maraṇā）、⑵如来は死後に存在せず（以下略）、の句順で、表現と内容も漢訳本とはやや相異なる。

59――如是尽知已無漏心解脱比丘不知不見如是知見　「已」は四字句の構造からすれば「已無漏心」となり、その場合「已」は「以」に通ずるとしてとれるが、文意として相応しくない。そこでここでは上句につけ、完了の意を表わす語気詞ととる。「不知不見」の意は文脈上難解であり、やむを得ず、パーリ本を参照して仮に訳した。パーリ本は必ずしもここは対応してはいないが、次のとおりである。tad abhiññā vimutto bhikkhu na jānāti na passati iti 'ssa diṭṭhīti tad akallaṃ.（p. 68）（そのように悟り解脱した比丘は知らず見ず、とする見解は正しくない）。

60——夫計我者斉幾名我見　これ以下、漢訳諸本は叙述の次第も対応するが、パーリ本のみ相異し、第二七節より第三一節までが本経のこの段落に対応する。

「計」はここでは「校」（比較して考察する、の意。『広雅』釈言「計、校也」）、または「謀、慮（おもいめぐらす）」の意。ただし、この「計」は漢訳仏典では「計著（『義足経』大正四・一八一下）」、「計有我（実体的自我が存在すると思いこむこと。『仏所行讃』大正四・二四上）」、さらに「計我我所（実体的自我が存し、自我に属するものがある、という思いこみ。『大乗起信論』大正三二・五七七中）」、さらに唯識の述語である「遍計所執（性）」のように、ある誤った観念を構想しそれに執するといった、価値的に負なる意をあらわす場合が多い。本経でもそのような意味あいを読みとれる。

「我」は、いうまでもなくP. attan, S. ātman（主体たる自己）の訳語であるが、中国古典においては「我」は一般代名詞「わたくし」を意味するのみである。ところでインドでは常に問題となっていた形而上学的な「自我」探究は、たとい俗世間を超え、真なる世界に生きることをその思索の基盤にした荘子の思想においてさえ稀薄である。例えば『荘子』中での「我」「吾」という語は、それ自体が主体者の思索の対象となることはない。ただし、敢えて中国古典のなかより、attan（ātman）にやや類似する概念をあらわす語を選べば、「神」「神明」などの語であり（本シリーズ第2巻『弊宿経』注114参照）、そしてそれらの語は、天地自然をかくあらしめている霊妙なはたらきそのものであり、かつ同時に人の内にあって心のはたらきを主宰するものでもあったが（このことに関しては、神滅不滅論に関する多くの論文がある）、やはりそれは思索によって深められ理論化される対象・概念ではなかった。このattan（ātman）という、中国人にとっては彼らが自己の伝統思想中にそれを受容する思想基盤をもたぬがための難解語を、安世高は「身」、僧伽提婆は「神」と訳出している。いずれにせよ、「我」「神」などの語によって象徴される思想は、中国思想とインド仏教思想の交渉史上、極めて興味深い問題を含んでいる。たとえば、仏教がある程度定着した東晋時代以降、「我」「神」なる語は輪廻転生の主体として理解され、それが仏教の思想であるかのように受容されていった。

「斉幾」は訓み下せば「幾《いく》らに斉《かぎ》りて」で「全部でいくつの」の意。パーリ本のkittāvatā（どれほど）に相応する。『釈提桓因問経』注117ですでに見た。また本経注54。

「我見」は P. atta-diṭṭhi, S. ātma-dṛṣṭi, いずれの語も、字義どおりには「自我についての見解」であるが、特に仏教では永遠不変の実体的自己を構築し執著する誤った見解のこと。そして、これより以下、自己ならざるものを常住不変の実体的自己とみなす我論(自我に関する論)を否定してゆく。

61——名色与受倶計以為我　この句に相応する句は、パーリ本、漢訳異訳本すべてなし。また、表現上も、この説のみ「有人言」などが句頭に附されないことから、あるいは一説として立てられたものではない可能性もある。ただし、本経のみは、この説を一説として後に詳論する。

62——有人言……　以下の三説は表現も内容も不明。一応問題を指摘し、訳出しておく。まず、三説をここに比較しつつあげておく。

(甲)受非我、我是受。
(乙)受非我、我非受、受法是我。
(丙)受非我、我非受、受法非我、但愛*是我。

(＊は三本、磧砂蔵本ともに「受」)

まず、「受非我」なる句が三説共通にあらわれるが、恐らくこの三説の前提として「受是我」という説が考えられたのであろう。注70をも参照。他の諸本にはなし。そこで「受非我」を省き対照とすると、(乙)説は(甲)説を、(丙)説は(乙)説を否定し自説を論ずるから、結局三説の主張は傍線を附した部分に集約される。

第二説の中の「受法」は後にあげるパーリ本の第三説中の vedanā-dhammo (受という性質を有するもの)に相応するが、漢訳語からでは意味がとれない。

第三説中の「愛」は、三本、磧砂蔵本すべて「受」にするが、ここを「受」にすると、前提になっていると予測される「受是我」と結局は同じ説になってしまうため、そして他の諸本には「愛」に相応する語はないが、高麗蔵本のまま「愛」でとらざるを得ない。

パーリ本は次のとおり。kittāvatā ca Ānanda attānaṃ samanupassamāno samanupassati? Vedanaṃ vā hi Ānanda attānaṃ samanapassamāno samanupassati. "Vedanā me attā" ti "Na h'eva kho me vedanā attā, appaṭisaṃvedano me attā" ti, iti vā hi Ānanda attānaṃ samanupassamāno samanuppasati. "Na h'eva kho me vedanā attā, no pi appaṭisaṃvedano me attā, attā me vediyati. vedanā-dhammo hi me attā" ti iti vā hi Ānanda attānaṃ samanupassamāno samanupassati. (p. 66) (And under how many aspects,

Ānanda, is the soul regarded? The soul is regarded either as feeling, in the words:—"My soul is feeling"—or the opposite, in the words:—Nay, my soul is not feeling, my soul is not sentient"; or again:—Nay, my soul is not feeling, nor is it non-sentient; my soul has feelings, it has the property of sentience." Under such aspects as these is the soul regarded: tr. by Rhys Davids).

63——三受　三種の感受のこと。注35でみたが、「三受」の名称は初出。『人本経』は「三痛」、『大因経』は「三覚」。

64——当有楽受時　「当」は「時」と呼応し、あるいは単独に用いられ、時を示す副詞句をつくる。漢訳仏典以前から使われる用法で、現代中国語でも同様に用いられる。

65——楽触縁生楽受　注53で述べた「縁」の用法の問題、すなわち例えば「触縁受」を「触は受に縁る（由来する）」ではなく、「触という原因から受がある」と読みうるかの問題と関連し、もしこの箇処のように「生」を補い「触縁生受」とあれば、（あいかわらず不自然な構文であるが）後者のように読むことも可能である。

66——両木相揩　「揩」字は「攢」字を三本、磧砂蔵本により改めた。

67——因楽触縁故生楽受　AはBに由来するということを最も丁寧に表現したもので、注65と比較される。

68——有為無常　パーリ本 aniccā（無常なる）、saṃkhatā（作られた、有為）に相応する。「有為」は中国古典に広くみられる語であるが、「無為」と対にし、そしてそれとの対比で使うのはやはり老荘思想である。たとえば『荘子』在宥篇「何謂道。有天道、有人道。無為而尊者、天道也。有為而累者、人道也」、『老子』第三八章「上徳無為而無以為、下徳為之而有以為」などがあり、いずれも「人為的あり方」を意味する。仏教では「つくられたもの」、すなわち変化消滅する存在をいう。「無常」も中国古典にひろくみられる語。

69——従因縁生　パーリ本 paṭiccasamuppannā に相応する。

70——尽法滅法為朽壊法　パーリ本 khaya-dhammā（亡びるもの）、vaya-dhammā（消滅するもの）、virāga-dhammā（欲を離れたもの?）、nirodha-dhammā（滅尽するもの）の部分に相応する。

71——阿難彼見我者以受為我彼則為非　ここからみる限り、第一説は「受を以て我と為す」説であり、次に詳論されるのは「受は我に非ず、我は是れ受（なり）」説である。その場合はこの「以受為我」説は先の「名色与受俱計為我」説に対応することになる。

72——云何　『転輪聖王修行経』注40など参照。

73——斉已為定　「斉已」は恐らくは文脈と本経の「斉」の用法とからして、既出の「斉幾（すべていくつ）」の意であろう。根拠となる「已」→「己」→「幾」の三字の関係は要検討。「為定」は未詳であるが、「定」は仮に「定論」「定説」の意で訳出しておく。

74——或言少色是我　以下百七字はパーリ本の第二三節より二六節の内容に相応する。しかし量的にみると、パーリ本と『人本経』『大因経』とは相応するが、本経はあまりに簡略である。「少色是我」はパーリ本の rūpī me paritto attā ti（p. 65）（わたしの自我は形態を有し、有限である）に相応する。

75——多色是我　パーリ本の rūpī me ananto attā ti（p. 65）（わたしの自我は形態を有し、無限である）に相応する。

76——少無色是我　パーリ本の arūpī me paritto attā ti（p. 65）（わたしの自我は形態がなく、有限である）に相応する。

77——多無色是我　パーリの arūpī me ananto attā ti(p. 65)（わたしの自我は形態がなく、無限である）に相応する。

78——定少色是我　「定」が用言の前、すなわちたとえば「定是」であれば、「きっと」の意であるが、ここでは「定」そのものが用言「きめつける」「定める」の意。すぐあとに「定言」という用例がみられる。

79——定言少無色是我　「定」について前注を参照。

80——七識住　パーリ本 satta viññāṇaṭṭhitiyo（七つの意識の安住の場）に相応する。また「七識住処」「七識処」ともいう。より簡略な記述は、『長阿含経』中に散見する。『衆集経』（本シリーズ第2巻二一三～二一四頁）、『十上経』（本文五一頁）、『増一経』（本文八二頁）など。本経でも後に詳論するが、より詳しくは、『倶舎論』巻第八（玄奘訳、大正二九・四二中以下）を参照しうる。

なお、この七識住に関しても、『人本経』と『大因経』とは、その説明が非常に詳細である。

また、中村元『原始仏教の思想』下、二三七頁など参照。

81——二入処　パーリ本の dve āyatanāni（二つの場）に相応する。後注91を参照。

82——諸有沙門　「諸有」は「多くの」「すべての」の意。やはり六朝の漢訳仏典などからあらわれる語。志村前掲本五四頁参照。

83——若干種身若干種想　「若干」はすでに先秦・漢代から

ある語で、不特定の数をあらわす。この句はパーリ本の nānatta-kāyā nānatta-saññino（種々の身体と種々の想念をもつ）に相応する。以下、時代はやや遅れるが『倶舎論』巻第八分別世品によって簡略に説明を加えておく。

第一識住は、そこにすむ生物が物質的身体をもち、身体も想念もそれぞれに異なる場。すなわち、人間界のすべてと、欲界の六天など。

84――知集知滅知味知過知出要　「集」はパーリ本の samudaya（生起）、「滅」は atthagama（消滅）、「味」は assāda（快よい味わい）、「過」は ādīnava（過患）、「出要」は nissaraṇa（出離）にそれぞれ相応する。

85――若干種身而一想梵光音天是　第一識住と同様にそこにすむ生物は物質的身体をもつ。色界初禅天の三天（大梵天、梵輔天、梵衆天）。「光音天」は普通は色界第二禅の第三位に位する天であり、次の第三識住に相応する。実際に次の識住に挙げられており、ここは恐らくは誤り。

86――一身若干種想光音天是　同様にそこの天は物質的身体をもつ。色界第二禅の三天（極光浄天、無量光天、少光天）で、一身とその三天の形貌が皆な同一であること。第三識住。『衆集経』注69・『増一経』注71参照。

87――一身一想遍浄天是　やはりその天は物質的身体をもつ。色界第三禅の三天（遍浄天、無量浄天、少浄天）で、身形は同一で、ただ楽受の想念のみなので一想という。第四識住。『衆集経』注71・『増一経』注73参照。

88――空処　以下は無色界に相応するため、そこの天は物質的身体をもたない。「空処」は「空無辺処」のこと。第五識住。また以下三天はただ捨受の想念のみであるので一想。第五識住。

89――識処　識無辺処のこと。第六識住。

90――不用処　無処有処のこと。第七識住。

なお、三界五趣のうち地獄等の悪趣は重い苦受があり、意識は安住しないために識住としない。また色界の第四禅に無想天、無色界の第四非想非非想天には滅尽定があるが、そこでは意識は消滅してしまうからやはり識住としない。それらは次の「二入処」として扱われる。

91――無想入非想無想入　前注を参照。「非想非無想」は「非想非非想」より一般的。「無想」は「無想天」のこと。いずれも「識（意識）」は一切止滅するので「識」の名称を用いられず、「入」（āyatana, よりどころ）なる語を用いる。āyatana は ā√yat (to enter, abide, etc.) より作られた名詞のため、「入」という一見奇異な訳語をつけられたのであろう。

92——八解脱　P. aṭṭha vimokhā, S. aṣṭau vimokṣāḥ の訳語。心静かな八種の内観によって、三界の煩悩を捨てて、その繋縛から解脱すること。同じく『長阿含経』中にも、『衆集経』（本シリーズ第2巻二一五〜二一六頁）や『十上経』（本文六三頁）に、ほぼ同一表現でみられる。

　また、この八解脱は、Thera-gāthā（第一一七二偈）にその名称が出ており、かなり初期から成立していた修道体系と考えられる（中村元、前掲書二四二頁）。そして後世でも広く重視されていたようであり、例えば『倶舎論』巻第二九「分別定品」（玄奘訳、大正二九・一五一上以下）や、『大智度論』巻第二一「八背捨義（八解脱の旧訳）」（大正二五・二一五上以下）にも詳論される。さらに、詳論はされないが、大乗の般若経典類、『法華経』『維摩経』などに広く言及されている。

　以下、主として『倶舎論』と『智度論』とを参照して多少の説明を加えていく。

93——色観色初解脱　『衆集経』『十上経』ともに同文。パーリ本は rūpī rūpāni passati(p. 70)（Having one's self external form, one sees [these] forms.）. 『倶舎論』（以下すべて玄奘訳）には「内有色想、観外色」、『智度論』には「内有色、外亦観色」。すなわち、意識に物質的な貪りの想念があり、これを除くために外界の不浄青瘀等の物体を観て、貪欲が起らぬようにする。この初解脱は四禅のうち初禅に依り起り、欲界の物質を対象とする。

94——内色想観外色二解脱　『衆集経』は「内無色想、観外色、二解脱」、『十上経』は「内有」にするが三本、磧砂蔵本により「内無」として『衆集経』に同じ。パーリ本は ajjhattaṃ arūpa-saññī bahiddhā rūpāni passati.（p. 70）(Unaware of one's own external form, one sees forms external to one's self.). 『倶舎論』は『衆集経』に同じ。『智度論』は「内無色、外観色」。これらから、本経も「無」を補い「内無内想、観外色」とする。この段階では意識内に物質に関する貪りの想念はないが、それをさらに堅固するために外界の不浄なる物質を観じて、貪欲を起こさせないようにする。

95——浄解脱三解脱　『衆集経』『十上経』は同文。パーリ本は 'subhan' t' eva adhimutto hoti.（p. 70）("Lovely!"—with this thonght one becomes intent.）. 『倶舎論は「浄解脱、身作証具足住」、『智度論』は「浄背捨、身作証」。浄らかな対象を観ずるため浄解脱という。

96——度色想滅有対想不念雑想住空処四解脱　『衆集経』『十

上経』ともに「度色想滅瞋恚想住空処」。パーリ本は sabbaso rūpa-saññānaṃ samatikkamā paṭigha-saññānaṃ atthagamā nānatta-saññānaṃ amanasikārā “Ananto ākāso” ti ākāsânañcâyatanaṃ upasampajja viharati. (p. 71) (Passing wholly beyond perceptions of form, all perceptions of sense-reaction dying away, heedless of all perceptions of the manifold, conscious of space as infinite, one enters into and abides in the sphere of space regarded as infinite.).『倶舎論』は「四無色定為次四解脱、滅受想定為第八解脱」として詳論する。『智度論』もほぼ同じ趣旨。すなわち以下の四解脱は四無色定に相応する。

97――滅尽定八解脱　『衆集経』『十上経』ともに「度有想無想処住、想知滅、八解脱」。パーリ本は sabbaso neva-saññā-nâsaññâyatanaṃ samatikkamma saññā-vedayita-nirodhaṃ upasampajja viharati. (p. 71) (Passing wholly beyond the sphere of “neitherideation-nor-non-ideation,” one enters into and abides in a state of suspended perception and feeling.).

98――順逆遊行入出自在　パーリ本にも ime aṭṭha vimokhe anulomam pi samāpajjati, paṭilomam pi samāpajjati, anuloma-paṭilomam pi samāpajjati, yatth' icchakaṃ yad icchakaṃ yāvad icchakaṃ samāpajjati pi vuṭṭhāti pi (p. 71)（これらの八つの解脱に順に入り、あるいは逆に入り、あるいは順逆ともに入り、すきな処へ、すきなように、すきな限り入出し……）とある。

99――倶解脱　倶解脱にはいくつかの解釈があるが、パーリ本には心解脱と慧解脱との倶解脱とする。なお注57と所引の論文参照。

釈提桓因問経

注

1——如是我聞　四世紀までのいわゆる古訳時代の漢訳仏典では、後漢の安世高以来「聞如是」の型が圧倒的に多い。今後の詳しい検討が必要であるが、例外としては西晋の竺法護が時おり「仏言」を用い、また四世紀末の僧伽提婆が「我聞如是」（本経の異訳経典である『漢一』など）を用いるほどである。ところで四〇一年に鳩摩羅什が長安に至り、仏典を漢訳し始めて後は、彼の用いた「如是我聞」という句が定型となる。この羅什の影響は、たとえば本経の訳者である竺仏念に明瞭に現われる。すなわち竺仏念は羅什来華以前より仏典の漢訳者として活躍していたが、はっきりと羅什来華以前に訳出された経典には「聞如是」を用いながら、恐らくは羅什来華後に訳出したと考えられる経典には「如是我聞」を用いるようになる。そしてこの定型句は唐の玄奘に至っても変わることなく用いられた。

2——摩竭国　「摩竭」のカールグレンによる推定中古音は muâ-g'jät, パーリ本の Magadha に相応する音写語。Magadha の語尾母音が落ち、さらに -dh>-t になったものからの音写であろう。すなわち、漢訳音写語は省略形ではない。『漢一』には「摩竭陀」、『漢二』には「摩竭提」、『漢三』には「摩伽陀」と音写される。なお、仏典中に見られる音写語、特に古訳時代の音写語に関しては、宇井伯寿『訳経史研究』所収の「支讖の訳書に於ける音訳一班」が量的にも多く参考になる。ただし、特に中国側の音韻の扱いに関しては、それ以降研究も進展してきているので、注意が必要である。

　なお、マガダ国は、釈尊当時の中インドの国名。インドには当時十六の国が存在していたと伝えられる。詳しくは、中村元『インド古代史』上、第二編「都市の成立」を参照されたい。

さらに六、七世紀におけるマガダ地方の状況、仏跡に関しては、玄奘『大唐西域記』巻第八、九が詳しく、興味あるものである。

3――菴婆羅村　パーリ本には Ambasaṇḍā nāma brāhmaṇa-gāmo（*DN.* Ⅱ, p. 263, 以下パーリ本からの引用は頁数のみを記す）（アンバサダーという名のバラモンの村）とある。このパーリ語に対応する梵語は Āmrasaṇḍa であるが、梵本には欠けている。ヴァルトシュミットは、しかし「菴婆羅」という音写語の原語として Āmbra/Āmbara という形を推定している。〔W本〕pp. 256–257 fn.『游行経』（四）注66参照。

4――毘陀山　パーリ本の Vediyaka pabbata（ヴェーディヤカ山）に相応する。S. Vaidehaka. 音写語としての問題は、やはり〔W本〕pp. 258–259 fn. を参照されたい。

5――因陀婆羅窟　パーリ本には Indasāla-guhā とあり、パーリ本の意はブッダゴーサの注釈（*DA.* Ⅲ, p. 697）、およびそれに基づく英訳本の the cave of Indra's Sāl Tree である。ただしヴァルトシュミットがその注（〔W本〕pp. 257–258）で指摘するように、'sāla' はサンスクリット語では、'śaila' に対応する。'śaila-guhā' は「石の洞窟」の意味。本経の「因陀婆羅窟」は前者に、『漢一』の「因陀羅石室」は後者に対応すると考えられる。なお、*Mahāvyutpatti* は S. saila-guhā, Tib. brag-phug, 石洞（榊本、No. 5279, 5554）を対応させる。

6――在摩竭国……因陀婆羅窟中　ここの「在」は動詞であり、この時代、特に漢訳仏典によく見られる介詞的用法でもなく、また複合動詞の後半成分でもない。「中」は人や場所を表わす名詞のあとに付される方位詞であり、「……のなかに」ほどの重い意味はない。

7――釈提桓因　パーリ本 Sakko devānam indo（神々の帝王であるサッカ）に対応する音写語。ヴェーダ神話のインドラ神が仏教に取り入れられ、忉利天、すなわち三十三天の主とされたもの。「帝釈天」として知られる。『漢一』は「天王釈」、『漢二』は「帝釈」、『漢三』は「帝釈天主」と訳し、本経でも「帝釈」「天帝釈」「釈」などの訳語が使われる。なお解題の経名を参照せよ。

8――欲来見仏　「来」は他の動詞の前に置かれると、「何かの目的でわざわざ来る」の意味を加える。「往」（現代中国語では「去」）も同様に、「何かの目的でわざわざ行く」の意味を加える（『漢一』の「共往見仏」を見よ）。本経では、「往」のほうがふさわしいのに「来」を用いているのは、相手に敬意を示し自分を相手の位置におきかえて表現しているためである。

また、「来」も「往」も、進んである動作をやるという、心理的な積極的方向性を表わす場合もあり、ここもそれで解釈することも可能である。

9――発微妙善心　「微妙」は『老子』第十五章「古之善為士者、微妙玄通、深不可識」などをふまえた言葉で、「おくぶかく知り難い」を原義とする。なお、「発心」の「発」は「生じる」もしくは「はたらかせる」の意味。

10――今我当往至世尊所　「今」は発語詞、すなわち「さて」ほどの意として考えられる。「当」はここでは「……するのがふさわしい」という判断を示し、さらにその判断に基づいた意思・決意の意味をあらわす。「所」字については『沙門果経』注22を参照。

11――諸忉利天　「忉利」は P. Tāvatiṃsa に相応する音写語。三十三天と意訳する。忉利天といった場合、神とその住む場所との双方を言い表わす。仏教では欲界に六天を立てるが、その第二が忉利天で、この世界の中心であるスメール山の頂上にあり、帝釈の天宮がある。頂の四方に峰があり、峰ごとに八天があるので、帝釈と合わせて三十三天となる。資料としては『経律異相』巻第一、『法苑殊林』巻第二の当該項がまとまっている。さらにこの語の由来に関しては、中村元『原始仏教の思想』下、第五章「神々の宇宙」を参照せよ。

12――即尋　二字で「すぐに」の意。六朝の造語である。「即時」「尋時」「尋即」「即便」なども同意。詳しくは『小縁経』注12を参照されたい。

13――善哉　「宜《うべ》なり、すばらしいそのとおりだ」の意で、師が弟子に対して賛成と称讃の意を示す語。P., S. sādhu などの訳語。漢訳仏典では、下位の者が上位の者に対して賛意を表わす場合には「如是」「唯然」「実然」を主として用い、「善哉」の用法と対になる場合が多い。ただし「如是」は上下関係にかかわらず両方の場合に使われる。ところで、漢語「善哉」は「善夫」と同様仏教伝来以前の中国古典にもすでに用いられていた語で、例えば『論語』顔淵「斉景公問政於孔子。孔子対曰、君君、臣臣、父父、子子。公曰、善哉」と見られる。中国古典におけるこの語の用法と身分の上下関係に関しては未検討であるが、恐らく上位より下位への語と考えてよいであろう。

14――執楽神般遮翼　パーリ本は Pañcasikhaṃ Gandhab-ba-puttaṃ (p. 263)（ガンダッバの子、パンチャシカ）とある。Gandhabba（S. Gandharva）は乾闥婆と音写される。インド神話上の妖精で、仏教に取り入れられて天龍八部衆の一となった。緊那羅と共に帝釈に仕えて音楽を奏でる。「執楽神」はその意をとった訳語であり、『漢二』は「犍闥婆」、『漢三』は「乾闥婆」。「般遮翼」は Pañcasikha に相応する音写語。意訳して「五結」「五髻」となる。なお〔W本〕p. 259 fn. を参照せよ。

15——汝可倶行 「可」は助動詞として広く判断の意味あいを加える。そして釈大典『文語解』がすでに指摘しているようにそれは軽く用いられることが多い。ここでは婉曲な命令ともとれるが、勧誘の意で訳出しておいた。〔W本〕独訳は Komm mit. なお、『沙門果経』注57を参照せよ。

16——唯然 「唯」は『説文解字』に「唯、諾也」とあるように承諾、承知を表わす。「然」も「嘫」にも通じ、「嘫」も段玉裁が考証するように応答することば。『小縁経』注19を参照せよ。なお本経前出注13も参照されたい。また、「唯」と「然」とが同じく「応声（受語辞、聴許文辞）」であることに関しては、内田道夫「指示と疑問」（『東北大学文学部研究年報』第九号）を参照せよ。相応するパーリ本は evaṃ, サンスクリット本は paramaṃ, 意味は同じ。『游行経』（一）注45参照。

17——琉璃琴 パーリ本は beluva-paṇḍu-vīṇam（黄色いベールヴァ樹でできた琴）、サンスクリット本は vaiḍūryadaṇḍām vīṇām（琉璃の把手のついた琴）とある。よって国訳一切経の注のように、琉璃は音の類似から誤ったもの、と判断するのは誤りといえよう。ちなみにパーリ語で琉璃は veḷuriya. 漢訳は、『漢一』『漢二』は「琉璃琴」、『漢三』は「瑠璃宝装箜篌《くご》」（瑠璃の宝で飾られた箜篌——箜篌は中国古代の、ハープに似た一種の琴）。なお、〔W本〕p. 260, fn. を参照せよ。『典尊経』注197参照。

18——忽然不現 「忽然」はたとえば『荘子』知北遊篇「人生天地之間、若白駒之過郤、忽然而已」に見られるように中国古典で極めて短い時間を示す。「忽然」の語義の歴史的変遷に関しては、『中国文化叢書』1「言語」所収、志村良治「中古漢語の語法と語彙」二八四頁を参照せよ。そのインド的表現のひとつは次項を参照。「不現」は仏典に頻出し「あらわれず」ではなく「きえる」の意味で、パーリ本の antarahita に相応する。『漢一』は「忽没不現」、『漢二』『漢三』は「没」一字で表現する。『小縁経』注119参照。

19——譬如力士屈伸臂頃 力あるものが臂《ひじ》を屈伸させるほど

の短時間。「頃」も短時間を意味する。『説文解字』に「俄、頃也」とあり、段玉裁注が、「玉篇曰、俄頃、須臾也。広韻曰、俄頃、速也。此今義也。尋今義之所由、以俄頃偏側之意、小有偏側、為時幾何、故因謂倏忽為俄頃」と考証するとおりである。なお、漢訳仏典中に短時間を表わす語としては、右に『玉篇』のいう「須臾之間」(『維摩経』大正一四・五五二中、『法華経』大正九・四七上など)や、「弾指頃」(『観無量寿経』大正一二・三四四下)がある。「須臾」は『荘子』知北遊など、中国古典に広く用いられていた語で、明・顧炎武『日知録』巻五にも考証される。「弾指」はインドの表現であり、すなわち漢訳仏典から始まる語。

20――世尊入火焔三昧　「世尊」は多くは P., S. bhagavat (福徳を具えた者)の意訳語で、インド古典では弟子が師に対して「先生」と呼びかけるときの言葉(詳しくは『仏教語大辞典』「世尊」の項)。漢語「世尊」は「世にも尊き方」の意で、中国古典にはこの語はなく、漢訳仏典初出の語であるが、すでに三国呉の支謙もこの語を使っている。「火焔三昧」は後出注72で知られるように tejo-dhātusamādhi に相応する語である。音写語「三昧」に関しては、宇井前掲書四八一頁を見よ。なお、この一句は、パーリ本、漢訳三本に対応する句がない。『游行経』(一)注12・『闍尼沙経』注25・『弊宿経』注135参照。

21――彼毘陀山同一火色　「同一火色」は恐らく火焔三昧に関連させて「同様の炎の色」といったのであろう。また「全面(山一面)が炎の色であった」とも解せよう。『長阿含経』巻第十二所収の『清浄経』にも「汝等尽共和合勿生諍訟、同一師受、同一水乳」(大正一・七四上)という用例が見える。

22――自相謂言　「自相」は『漢三』の「互相」と同じく「互いに」の意。なお類義語は『梵動経』注9を参照せよ。「謂言」の「言」が無義で以下の会話(時に考えた内容)文を引き出す符号的な動きであることは『沙門果経』注11を参照。

23――将是如来諸天之力　「将」は一種の主観的判断を示し「きっと……であろう」の意、または少し躊躇した推量「ひょっとしたら……かも知れぬ」の意を表わす。その用例は、『常用文言虚詞詞典』(陝西人民出版社、一九八三年)などを見よ。この「将」の用法は、『世説新語』文学篇の有名な句「将無同」に近い用法。唐中期からは本経の「将是」と同義で「将謂」という用法が現われる(『中国文化叢書』1、『言語』所収、志村良治「中古漢語の語法と語彙」二八七頁を参照)。『典尊経』注

166・『転輪聖王修行経』注57参照。

24——至真　*S.* arhat（尊敬さるべき人、阿羅漢）に相応する意訳語。仏の十号の一。『小縁経』注58。

25——能垂降此閑静処　これに相応する句はパーリ本、梵本、漢訳諸本になく、別の文意となっている。「垂降」という語は、意味、思想からは *S.* avatāra「（特に諸神の地上への）降下」や、仏教の化身（*S.* nirmāṇa-kāya）に近いが、この「垂降」にあたる語が翻訳原本にあったとは考えにくく、漢訳者の神秘化をねらった潤色かも知れない。なお、「垂」の字に関連し近似の思想を表わす「本地垂迹」の説はこの時代に中国において明確に意識されている。すなわち、僧肇の『注維摩』序「然不幽関難啓、聖応不同、非本無以垂跡、非跡以顕本。本跡雖殊而思議一也」（大正三八・三二七上）に見られる。なお、句初の「能」は可能を原義とするが、ほとんど意味がない。そしてこの極めて軽い意味の「能」の用法は本経に頻出する。

26——此処常有諸大神天　「此処」は「ここ」の意であるが、中国古典では「此」一字が普通である。明確に場所であることを示し、あるいは漢訳仏典に顕著な四字一句にするために「処」が加えられたもの。「神天」は漢語としては「神妙なる天」の意であるが、『長阿含経』所収の『遊行経』には「諸大天神（または神天）各封宅地、中神下神亦封宅地」（本シリーズ第1巻、二一四、二一五頁）とあり、「天」と「神」とが上位下位関係を示す場合もある。中国古典においては、超越的存在者としては「天」の語が先行するが、その後、例えば後漢・許慎の『説文解字』に「神、天神、引出万物者也」と見えるように、「神」も「天」と同様に超越的存在者を意味する場合も出てくる。ただし「神」は「鬼神」のように不思議な存在、「人之神」のように「精神」をも意味するように、「天」ほど狭義の超越的存在は意味しない。『游行経』（二）注56・『典尊経』注29参照。

27——汝可於前鼓琉璃琴（中略）吾與諸天尋於後往　「可」は話者の判断による軽い命令。「於前」「於後」はここの場合はそれぞれ時間的前後をいう。後出の「於先」も同じ。Waldschmidt 独訳は Schlage du zuvor die vaiḍūrya (geschmückte) Laute und erfreue den Erhabenen! Ich werde mit den Göttern abwarten und später nachkommen.

28——去佛不遠　「去」は「はなれる」の意だが、ここではさらに「……から」、現代中国語の「離」のように介詞的な働きをしている。なお後出注70「去世尊遠近可坐」をも参照されたい。

29——以偈歌曰　「偈」は gāthā 詩句に相応する音写語といわれる（法雲『翻訳名義集』巻第四に「伽陀、此云孤起。妙玄云、不重頌者名孤起、亦曰諷頌。西域記云、旧曰偈、梵本略他。或曰偈他、梵音訛也。今従正音、宜云伽陀。唐言頌」）。「歌」は名詞「偈歌」ともとれるが（『尚書』舜典「詩言志、歌永言」）、同時代の鳩摩羅什訳『法華経』などの用例（「以偈讃仏」「以偈問曰」）から、動詞「唱える」であろう。『游行経』（三）注168・『典尊経』注35参照。

以下、偈の翻訳に関して、訳文は原形を生かすようにし、細かい語句の意味は注で補う。ただし、左の『長阿含経』『中阿』『パーリ本』対象表からもわかるように、偈の順序は諸本で大きく異なり、内容から見ても、どれが本来の形に近いとも言い難い。また、一応は対応するものの、用いられたいくつかの語句が対応するのみで、偈全体の意味が異なる場合が多い。そこで、今は全体の流れとしては無理が生じるが、原文どおりの順序で訳出し、注で問題点を補うこととする。また、パーリ本、他の漢訳諸本との内容的相異の問題があるが、いまは本経を解釈する上で必要な限りで他本に言及することとする。

『長阿含経』	第一偈　二三四五六*七*八九十十一十二
『中　阿』	第一偈　三七八六二九五四十十一十二（十三**）
『パーリ本』	第一偈　八十一十二六二三五四十九（欠）十三十四

*　『長阿含経』第六、七偈は注35・36を参照。

**　『中阿』第十三偈は後出（大正一・六三七下）偈が錯簡してここに入ってしまったもの。

30——跋陀礼汝父　汝父甚端厳　生汝時吉祥　我心甚愛楽（第一偈）「跋陀」はパーリ本の bhaddā に相応する音写語。般遮翼が恋した天女で、乾闥婆の王であるティンパルの娘。ここは呼びかけである。「汝父」とは跋陀の父、すなわちティンパル（耽浮楼）のこと。「端厳」は人の容姿が端正でみごとであることを形容する。中国古典でもすでに『風俗通義』十反篇「容止端厳、学問通覧」などのように使われているが、漢訳仏典は特にこの語を好んで用いる（例えば『法華経』に「仏身希有、端厳殊特」〈大正九・六〇中〉など）。相応語としては adhirūpa, subha, maṇḍala 等があるが、ここのように漢訳者が付加したと考えられる場合もある。「愛楽」の「楽《ぎょう》」は「願う、望む」の意で、やはり同義の二字を重ねた語。パーリ本の第一偈、『漢一』の第一偈「賢礼汝父母　月及耽浮楼　謂生汝殊妙　令我発歓心」に対応する。

31――本以小因縁　欲心於中生　展転遂増広　如供養羅漢（第二偈）「本」は「本故、本嘗」の意で「むかし」（『文語解』）。「因縁」は三本に「縁故」とあるように「わけ、理由」の意。仏教用語としての因縁ではない。「因縁」という語は中国古典にすでに見られる言葉で、例えば『史記』田叔伝に「小孤、貧困、為人将軍、至長安留、求事為小吏、未有因縁也」とあるように「てずる、機会」などの意で使われていた。「展転」は「移り行く」から「次第に」の意になるが、ここでは前者の重い意であろう。「如供養羅漢」は難解であるが、第十偈に阿羅漢を供養することによって福報があるという因果関係を説くことから類推すると、跋陀が生れたことがきっかけとなり、わが心に愛が生じ、それがさらに激しくなってきたという因果をいったものであろう。『漢一』の第三偈「如収水甚難、著欲亦復然、無量生共会、如施與無著」にほぼ対応する。「無著」は前出注24の阿羅漢のこと。ただしこの偈も後半二句の意味がはっきりしない。なおパーリ本の第八偈に一応対比される。すなわち、Appako vata me santo kāmo vellita-kesiyā, Aneka-bhāgo sampādi arahante va dakkhiṇā.（p. 266）. フランケの独訳は “Meine Liebe, die nur klein war, wurde viele Teile habend, o du Lockige, wie die Spende an einen Vollendeten”.（S. 258）.

32――釈子専四禅　常楽於閑居　正意求甘露　我専念亦爾（第三偈）「釈子」は、（a）釈尊の子すなわち弟子を意味する場合と、（b）釈迦族出身者とくに釈迦牟尼（釈尊）を意味する場合とがある。ここは次の偈で「能仁」すなわち釈尊といいかえていることから後者の意味である。パーリ本注釈も Buddha-muni で解釈する。「四禅」は、欲界の迷いを超えた色界における冥想の四段階。『漢一』は「禅」、パーリ本は jhāna というのみで、「四禅」に特定していない。なお四禅の内容は『長阿含経』巻第六所収の『転輪聖王修行経』（本シリーズ第2巻一三〇頁）等に見られる。なお『梵動経』の注99・102・106・110を参照。「閑居」はひとり静かに住まうことで、禅定と組み合わされて初期仏教以来重んじられているが、ここに対応するパーリ本にはこの語はない。ところで「閑居」は『荀子』解蔽篇「閑居静思則通、思仁若是、可謂微乎」、嵇康『幽憤詩』「楽道閑居」などから知られるように翻訳者による中国伝統的な表現である。「正意」は「正しき意」とも「意を正して」とも読める。「甘露」は P. amata (S. amṛta) の訳語。『注維摩』巻第七に「什曰、諸天以種種名薬着海中、以宝山摩之、令成甘露。食之得仙、名不死薬（大正三八・三九五上）と説明される。インドでは神々の常用する飲料をいい、さらに「不死」「さとり、涅槃」のことをいう――パーリ本注釈も、ニルヴァーナ（涅槃）にいいかえている。しかし漢訳語「甘露」は『老子』第三十二章「天地相合以降甘露」などに基づく言葉で、うまい味をもつ露を原義とし、さらに太平の世に瑞祥として天から降ってくるとされた（『論衡』講瑞「甘露味如飴蜜、王者太平則降」）。『小縁経』注55を参照。『漢一』の第七偈「如釈子思禅、常楽在於一、如牟尼得覚、得汝妙浄然」に対応する。

33――能仁発道心　必欲成正覚　我今求彼女　必欲会亦爾（第四偈）「能仁」は支謙訳『維摩経』に「有仏名釈迦文、漢言能仁」（大正一四・五三二中）という句が注釈的に混入しているように、Sakya-muni の古訳時代の意訳語。なぜ語義どおりに「能寂」「能黙」としなかったかについては、周一良「能仁與仁祠」（『魏晋南北朝史論集』所収、特に三〇八頁より三〇九頁）がいうように翻訳者による格義的翻訳と考えられる。「道心」も菩提心 bodhi-citta の格義的な意訳語。「会」はパーリ本には missī-bhāva (sexual intercourse [*PTSD.*]) とある。本経の原本にも同様の語があったと考えられるが、恐らくは訳者が露骨な表現を嫌って「会」（かなう、一致する）という語を用いたものであろう。仏教をも含めて、インド人は一般に男女の性に関することを平気で口にするが、中国ではこのような描写を嫌悪したことによる。詳しくは、中村元「仏典漢訳に影響を及ぼした儒学思想」（日中学者会議報告に所収）を参照せよ。『漢一』の第八偈「如牟尼所楽　無上正尽覚　如是我所楽　常求欲得汝」に対応する。以上の第三、四、五偈、および第八偈がひとまとまりの意をなす。

34――我心生染著　愛好不捨離　欲捨不能去　如象為鈎制（第五偈）第八偈で「鈎」は動詞として働くが、ここでも「鈎制」で複合動詞を作っているともとれる。『漢一』の第六偈「我意極著汝　煩冤焼我心　是故我不楽　如人入虎口」に対応するか？「去」はすてるの意。

35――如熱遇涼風　如渇得冷泉　如取涅槃者　如水滅於火（第六偈）この偈の前の二句は『漢一』、パーリ本それぞれ第二偈の前二句に、後の二句は『漢一』の第九偈、パーリ本の第三偈の後二句に対応する。ただしここでは原文どおり訳出しておく。大意は、汝を得れば私の苦しみもなくなるであろうに、ということ。『漢一』の第二偈は「煩熱求涼風　渇欲飲冷水　如是我愛汝　猶羅詞愛法」、第九偈は「如病欲得楽　如飢欲得食　賢汝止我心　猶如水滅火」である。パーリ本第二偈、第三偈はこれによく対応する。

36――如病得良医　飢者得美食　充足生快楽　如羅漢遊法
（第七偈）前の二句は『漢一』の第九偈、パーリ本の第三偈の前二句に対応し、後の二句は『漢一』、パーリ本それぞれ第二偈の後二句に対応する。「遊法」は「遊於八正路」（『維摩経』仏国品、大正一四・五四九下）や、「若無聖人、誰與道遊」（僧肇『涅槃無名論』大正四五・一五七中）における「遊」の意味、つまり対象に対して自在の境地になることと考えた。『漢一』は「愛法」、パーリ本は dhammo arahatām iva（アラカンにとっての法）と言うのみ。つまりこの「遊法」も中国的な表現といえる。

37――如象被深鈎　而猶不肯伏　騈突難禁制　放逸不自止
（第八偈）「肯」は意志を表わす助動詞（楊樹達『詞詮』巻三）、「不肯」で「どうしても……しようとしない」の意。「騈」は三本の「奔」に通じる。「奔突」は勢いよくつき進むこと（班固『西都賦』「窮虎奔突」）。この偈の主語（主題）は第五偈の「我心」であり、内容的にいえばそのあとに置いたほうが、全体的にも通じやすくなる。『漢一』の第五偈「猶如鈎牽象　我意為汝伏　所行汝不覚　窈窕未得汝」に対応する。

38――猶如清涼池　衆花覆水上　疲熱象沐浴　挙身得清涼
（第九偈）「挙身」は「身体全体で」の意。「挙世」（『荘子』逍遙遊）や「挙国」（『史記』刺客伝）などの「挙」と同じ用法である。「清涼」「沐浴」は、中国古典に既出の語。『漢一』の第四偈「池水清且涼　底有金粟沙　如龍象熱逼　入此池水浴」に対応する。

39――我前後所施　供養諸羅漢　世有福報者　尽当與彼共
（第十偈）「共」は大正蔵は「供」に作るが、三本と磧砂蔵本により「共」に改めた。「前後」は語義的には過去と未来を意味するが、ここの文脈からは単に「これまでに」の意ともとれる。後者の用例が知られぬため断定できないが、後の意味でとる。「彼」は跋陀のことで、代名詞としての「彼」には性別はない。『漢一』の第十偈「若我所作福　供養諸無著　彼是悉浄妙　我共汝受報」に対応する。

40――汝死当共死　汝無我活為　寧使我身死　不能無汝存
（第十一偈）第二句「汝無我活為」は『漢一』の「不

離汝独活」（「沽」は三本等により「活」に改める）とあわせれば、「汝なくして、我れ活きんや」とも読める。「為」は「活為」という複合動詞ではなく（用例も知られず、また意味もより通じ難くなるため）、「為」は疑問もしくは反語を表わす句末の語気詞と考えたいが、その場合にはふつう「為」に呼応する「何」「奚」等がなければならない。ただし劉淇『助字弁略』巻一「為」項に引かれるように単独で語辞になる場合もあるから、今はその例と見た。「寧」は後の「不」と呼応するものであるから、また意味の上からも、国訳一切経のように「汝無く我れ活《い》きるとも　寧ろ我身を死せしめん　汝を無《な》みして存する能わず」と読むのは無理であろう。『漢一』の第十一偈「願我共汝終　不離汝独活　我寧共汝死　不用相離生」に対応する。

41——忉利天之主　釈今与我願　称汝礼節具　汝善思察之（第十二偈）「釈」は帝釈天の略。「釈今与我願」は、『漢一』には「釈為与我願」、『漢三』には「当施我所願」、パーリ本には Sakko ca me varaṃ dajjā（dāti の optative）Tāvatiṃsānam issaro（p. 267）とあり、梵語では varaṃ √dā は贈物、幸福を与えるの意。「我が願いを与えよ」「我に願いを与えよ」と読むべきだが、内容からすると「与」は「かなえる」ほどの意味であろう。恐らくは、願いをかなえよの意のインドの上記の表現を直訳したことから生じた無理であろう。漢語としては『論語』公冶長「我与女不如也」に対する皇侃『義疏』「与、許也」などがやや近い。「礼節」はいうまでもなく中国伝統思想による表現。パーリ本、漢訳諸本にもなく、訳者の付加したもの。『漢一』の第十二偈「釈為与我願　三十三天尊　汝人無上尊　是我願最堅」に対応する。

42——称讃如来　「称讃」は同義の二字を重ねた、やはり六朝造語で、中国古典ではどちらかの一字でその意を表わす。特に仏典に頻出し、同時代の古小説にはあまり見られないから（『世説新語』では「称善」「称美」で同じ意を表している）、恐らくは漢訳仏典に初出の語。

43——琴声汝音不長不短　本経では一般に「音」は人の声、「声」はものおとを意味する。したがって頻出する「寂黙無声」はもの音ひとつしない様子。「不長不短」は、『漢一』の「汝歌音与琴声相応、琴声与歌音相応、歌音不出琴声外、琴声不出歌声外」を一句にまとめていったもの。パーリ本も後者とほぼ同じ。ただし、中国文献で音声の調和したことを「不長不短」と表現する用例は未検出である。

44——感動人心　「感動」は物事に感応して心が動くこと、

動かすことで、「感」の一字でもその意を表わす。『淮南子』に対する後漢・高誘の注にも「感、動也」という訓話が多く見られる。ただし、「感動」という語は、『礼記』楽記篇「足以感動人之善心」など、漢代にはすでに一般に使われていた語。なお、原本に忠実な態度をとっていた僧伽提婆訳の『漢一』は、本経の前句「不長不短」を詳しく述べるのみで、パーリ本も同様であることから、この「悲和哀婉、感動人心」は本経訳者の中国的潤色であろう。

45――欲縛　欲望による束縛。『漢一』に「欲」、『漢三』に「愛楽」、パーリ本に kāma とあるように、「縛」は S. bandha（束縛、煩悩の異名）などに対応する語ではあるが、ここの「縛」は恐らく訳者による補足であろう。

46――梵行　P. brahma-cariya に相応する訳語で「清浄なる行為、淫欲を断つこと」を原義とする。たとえば『大智度論』巻第二〇に「以是故断婬欲法名為梵行、離欲亦名梵」と説明される。ところで「梵」は「芃」（草の盛んな様子『説文解字』）に通じるが、『説文新附』が「梵、出自西域釈書、未詳意義」というように専ら仏典にのみ使われる字で『説文解字』未収。このような言葉が当時の中国人に理解されたかどうかは大いに疑問である（現代中国語の代表的字書『新華字典』も「常に仏教に関するものを指す」と説明する）。

なお慧琳『音義』巻第五九には「梵行、凡泛反。梵言梵摩（brahman に相応）。此云清浄、或云清潔。正言寂静。葛洪字苑云梵潔、取其義矣（後略）」と説明される。因みに brahman がいかに俗語化して「梵」と音写されるかに至ったかは、簡略には R. L. Turner: *A Comparative Dictionary of the Indo-Aryan Languages* の brahman の項から推定される(S. brahman>Pkt. bamha, 語尾の母音が落ち bamh>ban)。なお、H. W. Bailey: Gāndhārī, (*BSOAS* vol. 11, pt. 4, 1946) §13 bramma などがある。

47――沙門　P. samaṇa, S. śramaṇa に相応する音写後。最近はそれが中央アジアのトカラ語の転訛したものから音写された語とされている（金岡照光『漢訳仏典』四二〇頁注〈38〉、その研究状況に関しては筆者は未確認）。音写漢語「沙門」という語は古訳時代の支謙もすでに使っている（支謙訳『維摩詰経』大正一四・五二一上など）。語根√śram「つとめる」からつくられた語であるが、通俗的語源解釈により語根√śam「しずまる」に由来すると考えられて「寂志、息心」などとも意訳された。修行に勤める人、出家修行者のこと。中国でもさまざまな解釈があるが、本経訳出当時の『注維摩』には、「肇曰、沙門出家都名也。秦言義訓勤行。勤行趣涅槃也」（大正三八・三三九中）、「什曰、仏法外道汎出家者皆名沙門」（同上・三六七下）と説明される。

48——涅槃　P. nibbāna, S. nirvāṇa, ガーンダーリー語 nivaṇa に相応する音写語。推定中古音は niet-b'uân であるから、語尾に母韻の落ちたある俗語からの音写。火を吹き消した状態を原義とすると考えられ、究極的解放を意味する。「滅度、寂滅、安楽」とも意訳されるが、老荘思想の重要概念語「無為」と訳されることが特に多く、仏教と道家・道教との間で議論が展開された。このように仏教の重要語を格義的に翻訳した場合、すなわち仏教伝来以前の中国古典思想、特に道家系の用語を借用して翻訳した場合、この「涅槃」＝「無為」や「菩提《さとり》」＝「道」の例のように解釈の問題が生じてくる。例えばこの時代の僧肇は「夫涅槃者道之真也、妙之極也。……二乗疲厭生死、進向已息、潜隠無為、綿綿長久……」（大正三八・三九二下）と解釈するように、仏教の究極的境地たる「涅槃」を仏教教理を離れ全面的に老荘思想で解釈している。

49——鬱鞞羅尼連禅水辺、阿遊波陀尼倶律樹下　「鬱鞞羅」は Uruvelā, Gayā の南六マイルにある（Nundo Lal Dey: *The Geographical Dictionary of Ancient and Mediaeval India*, Uravilva の項に詳しい）。尼連禅水は、Nerañjarā 河、現在の Phalgu 河（Nundo Lal Dey, op. cit., Nairañjara の項目）。「阿遊波陀尼倶律樹」は、Ajapāla nigrodha（野羊の蔭となって護る榕樹）のこと。『游行経』（三）注154〜156・『散蛇那経』注14参照。

50——初成仏道　『漢一』は「初得覚道」、パーリ本は pathamābhisambuddho（初めて覚りを成じたとき……）とある。すなわち「仏道」「覚道」の、「仏」や「覚」と同義の「さとり」としての「道」は訳者の補いと考えられ、その場合の「道」は中国道家思想の重要概念語をかりて仏教のさとりを表現したもの、すなわち、「仏の道」、「覚りへの道」でなく「仏＝道」「覚＝道」の意。なお「仏道」の原語、語義に関して高崎直道「「仏道」覚え書」（『仏教文化』第十四巻、昭和五九年七月）がある。

「初」は、事柄が順次に生ずる場合、最初の事柄を副詞的に形容する。釈大典『文語解』が「コレ昔時ヲイフナリ……初ハ事ノオコリヲイヒ出す（後略）」と指摘するとおりである。いわゆる「はじめて」ではない。

51——尸漢陀大将子　「尸漢陀」Sikhaddi はパーリ本には御者の子、『漢一』にも「御車子」とある。

52——執楽天王女　三本、磧砂蔵本とも「王」を「玉」とするが、本経末に「乾沓和王女（乾沓和は執楽天のこと）」とあり、三本、磧砂蔵本もそこでは「王」にすることより「玉」には改めない。ただし、「玉女」は『楚辞』などでも「仙女、天女」の意で使われ、また三国呉の支謙もその翻訳仏典に「天女」のことを「玉女」としており、ここでも「玉女」と読むことも不自然ではない。

53——但設欲楽　「但」はこの場合、「ひたすら、もっぱら」の意。「設欲楽」は不明瞭であるが、「欲楽」を「五欲の楽しみ」（『注維摩』大正三八・三四二中）ととり、「設」はやや特殊であるが「貪也」（『戦国策』秦策に対する高誘注）の訓詁をとった。「宴を設ける」と読むには「欲楽」に無理があろう。ただし「設此敬」（後出注159）という用例もあり、「致」とほぼ同義でもとりうる。

54——時彼天女　「かの天（執楽天王）の女《むすめ》」ともとれるが、次段に「見一天女」とあり、「天女」ととる。仏教の伝来以前、中国では「天女」はもっぱら織女星を意味した（『史記』天官書）。

55——法講堂　ここではP. sudhamma-sabhā（善法堂）に相応する。ところで漢語「講堂」も仏教造語と推定され、中国側文献の初出は宋の范曄『後漢書』明帝紀永平一五年の項、「親御講堂、命皇太子諸王説経」である。そしてその場合も仏教の影響から経を講ずる建物を意味した。なお、インド仏教文献における「講堂」の問題は、中村元『ブッダ最後の旅』一九九頁の注を参照されたい。『游行経』（一）注47・『典尊経』注19参照。

56——汝常懐信親近如来　「懐信」も「親近」と同様、動詞二字よりなる言葉ともとれる。ただしこの時代には、すでに「信」一字で信仰を表わしている例も多く見られるようになっている。

57——我今意欲与汝共為知識　「意欲」は動詞を重ねたもの。六朝期に「欲」が補助動詞化することは、志村良治「中古漢語の語法と語彙」（中国文化叢書『言語』所収二七九頁）が指摘し、意欲も挙げている。ただし、志村氏は漢訳仏典を資料としないため、この用法を中古後期（隋唐）より始まるとする。「知識」は友人のことで、『荘子』至楽篇などからすでにその用法がある。『典尊経』注187参照。

58——我時与一言之後不復与語　『漢一』には「我唯一共会、自後不復見」、パーリ本には so yeva no bhante tassā bhaginiyā saddhiṃ samāgato ahosi, na ca dāni, tato pacchā ti. (p. 269) (So, lord, I met that lady, not on that day but afterwards [Rhys Davids]) とあるのみで文脈はいずれもここで終る。

59——作是念　この句造りに関しては、『沙門果経』注71を参照せよ。

60——我今寧可念於彼人　「寧」は本来一字で二つのことの得失を比較して、一方の行為を選択することを示す語で、現代中国語の「寧可」、「寧肯」、「寧願」などと同意。本経からも知られるように現代語の「寧可」はこの頃から現われる。『小縁経』注123を参照。ただし、ここでの「寧可」は比較さるべき別の事柄が表面的には出ていないおもしろい用法であり、「……しよう」「……したい」ほどの意になろう。『長阿含経』にはこの用例が他にも見られ、たとえば『三明経』「我今寧可多集草木牢堅縛栰自以身力渡彼岸耶」（大正一・一〇六上）を見よ。「念於彼人」の「念」はすぐ次に出る「念彼人」、「念我」と同類の表現で、「念」に一種の超能力を含めている。パーリ本、他の漢訳諸本にはこれに対応するような神秘化された表現はないから、あるいは翻訳時に加えられたものかも知れない。

61——今天帝釈乃能念我　「乃」は「やっと」の意。「能」はもともと「あることをなす能力がある」ことを示すが、本経をも含め『長阿含経』全般にわたって極く軽い意味で使われることが多い。

62——汝以我名并称忉利天意　「以……并」が語法的に明瞭でない。一般には「以」は「与」に通ずると考え、「A与B并（動詞）」「与A并B（動詞）」の形でAとBの並列を示す。『漢一』には「汝即往彼為我（私にかわって）、稽首仏足」、『漢二』には「汝今称我名、頂礼仏足」、『漢三』には「汝持我語、往詣仏所、頭面礼足、如我詞曰」とあるように文意そのものは本経からも理解される。

63——問訊世尊起居軽利遊歩強耶　「起居」を問うことは中国的表現である。例えば『漢書』哀帝紀「旦夕奉問起居、侯有聖嗣」と見える。「遊歩」は一定のところに留まらずに歩みゆくこと。「強」は健やかの意。

この「起居軽利、遊歩強耶」という句に相応するパーリ文、梵文はなく、また古く呉・支謙訳『維摩詰経』にも「文殊師利言、『如何居士忍斯種作疾、寧有損不至増乎。世尊慇懃致問無量、興起軽利遊歩強耶。……』」（大正一四・五二五下）とほぼ同文であることなどから判断して、この句は第三者を会して挨拶を伝える場合の中国的定型句と考えられる。『游行経』（一）注14参照。

64――故遣我来問訊世尊　「故」は「ことさらに、わざわざ」の意。「遣」は「つかわして……させる」の意で、その意を留めつつ使役の動詞に近くなる場合もある。

65――使汝帝釈及忉利天寿命延長快楽無患　この「使」は普通の使役動詞とはやや異なる。内容的方面から見ると、このような文意での超能力を仏は使わない。また、パーリ本には、Sukhī hotu Pañcasikha Sakko devānam indo sâmacco saparijano（p. 269）（May good fortune, Five-crest, attend Sakka, ruler of gods, and his ministers and suite.〔Rhys Davids〕）とあり、命令法 hotu が使われ、パーリ語では、サンスクリット語と同様第三人称の命令形は第三者に対する話者の命令、希望、願望を示している。これらのことによりここの「使」は「……かくあれ」といった祈求表現の為に用いられていると考えられる。

66――寿命延長快楽無患　パーリ本は sukha（安楽、幸福）とのみあり、他の漢訳三本にも「寿命延長」相応句はない。これも恐らくは原本にもなく中国人の長寿願望志向に沿った訳者の潤色であろう。なお、類似表現である「延長寿命」に関しては、曲守約『中古辞語考釈続編』八七頁を見よ。

67――阿須輪　阿修羅、阿須倫とも音写される。原語は asura. 帝釈天と敵対して戦う一種の鬼神。故事、語義に関しては典拠も含めて赤沼『固有名詞辞典』Asura の項に詳しい。なお、漢訳音写語に関しては、宇井伯寿『訳経史研究』四八六頁を見よ。『典尊経』注33参照。

68――我等宜往礼覲世尊　「等」を使って複数を表わすのは漢代より始まる用法であるが、漢訳仏典に多くみられる用法であり、そこで定着したと考えられる。なお「等」に関しては、王力『漢語史稿』中冊二七二頁以下を参照せよ。「宜」は判断の妥当性（……するのがよい）を意味する。「礼覲」は「覲礼」と同じで、諸候が天子に謁すること（『礼記』郊特性「覲礼、天子不下堂、而見諸候」）。

69――却住一面　「却住」も「住」を補助動詞とした複合動詞。なお、この語に関しては曲守約の前掲書八五頁を参照せよ。

70――不審我今去世尊遠近可坐　「不審」は問いかけの文頭に置かれ、それがなくとも疑問文にはなるが、会話をやわらげ、相手の注意を喚起する働きをもつ。なお「審」にも同様の働きがある（森野繁夫「六朝漢語の疑問文」を見よ）。「去」は既述したように現代語の介詞「離」（……から）と同じ働き。「遠近」は距離や場所を尋ねる疑問詞（森野前掲論文）。『游行経』（一）注18参照。

71――舎衛国　P. Sāvatthi, S. Śrāvastī. 釈尊当時マガダ国と並んで最も有力であった中インドのコーサラ国の都市の名であるが、のちに国名として用いられた。初期仏教聖典の七、八割はここで説かれたことになっており、釈尊はその後半世の多くをここを中心として送っていたという（中村元『インド古代史』上、二四六頁以下を参照せよ）。現在の Sahet-Mahet と呼ばれるところ (op. cit., Dey: *Geographical Dictionary* 'Śrāvastī' の項)。

72――火焔三昧　パーリ本には aññatarena samādhinā（或る三昧）となっているものの、中央アジア出土のサンスクリット断片には tejo-dhātusa[m](ādhi) 火界三昧とある。『漢二』は「火光三昧」、『漢三』は「火界三昧」となすが、サンスクリット本に最も近いとされる『漢一』（『中阿』本）は逆にパーリ本と同様に三昧の名を挙げず「入定」とするのみ。なお「三昧」は samādhi に相応する音写語で、「定」などと意訳されるが、心を集中して安定した状態に入ること、宗教的瞑想を広義には意味する。当時の解釈として『大智度論』巻第二十八に「一切禅定亦名定、亦名三昧」（大正二五・二六八中）、巻第七に「何等為三昧、善心一処住不動、是名三昧」（同上・二〇中）とある。

73――千輻宝車　「輻」は現在の所謂スポーク。なお、千輻輪（相）とは仏の具えている三十二の特徴のひとつで、仏の足の裏には千の車輪を持つ車輪のような模様がある。『大本経』（二）注48参照。

74――毘楼勒　P. Virūḷha, S. Virūḍhaka に相応する音写語。増長天と意訳し、四天王の一で南方を領する。ところで、パーリ本、他の漢訳三本はすべて毘沙門天 Vessavaṇa（四天王の一で北方を領す）もしくはそれに関した語を用いており、『長阿含経』本のみ異なる。『典尊経』注25参照。

75――若世尊三昧起者　「三昧起」の語順は普通であれば「従三昧起」「出於三昧」であり、このままではおかしい。しかし、漢訳仏典にはこのような破格の語順も見られる。

76――不審彼女後竟為我達此心不　「不審」は句末の「不」と呼応して疑問を表わす。注70を参照。なお、語末の「不」が現代語の疑問詞「嗎」に相応するものであり、反復疑問を作るのではないことに関しては、志村良治の前掲書二六四頁を見よ。「為」はこの場合一般には「ために」の意でとられるが、本経ではしばしば「……にかわって」の意で使われる（古典中国語では

「代」を用いる)。いずれも対象者に有利、有益な場合を示す点では同一。「達此心」は「達意」(『史記』滑稽伝序「書以道事、詩以達意」)と同じく、こころもちを十分に述べ伝えること。

77――寧能憶此事不　ここの「寧」は句末の「不」と呼応して疑問文を作る六朝時代の特異な用法。やはり「寧」の選択疑問性を生かした用法である。『注維摩』巻第五に「問疾軽重寧可忍不」(大正三八・三七一下)、なお、経本文も「居士是疾、寧可忍不」とあり、同じ用法である。なお、『沙門果経』注93を参照せよ。

78――集在法堂　「在」は補助動詞であり、「集在」という複合動詞を作る。六朝造語法のひとつ。

79――若如来出世増益諸天衆減損阿須輪衆　「出世」は仏教翻訳語であり、ここの意味のように仏が世に現われること(パーリ相応文は、yadā tathāgatā loke uppajjanti/uppanno arahanto sammā-sambuddhā 〈p. 271〉)と世間を超出することとを基本的な意味とする。なお前者は「出現世間、出於世」を短縮したもの。「増益」「減損」はそれぞれ数の「増加」「減少」としたが、利益の増減ともとれる。仏が出現し、そのもとで修行を積むと天上界に生れることができる、という文脈からしても両義とも通じる。『漢一』『漢二』は数の増減、『漢三』は利益に関して訳出している。パーリ文は dibbā kāyā paripūrenti, hāyanti asura-kāyā (p. 271) とあり、数の増減で表現する。なお、「諸天衆」「阿須輪衆」などのように名詞のあとに「衆」をつけて複数を表わすのは漢訳仏典特有の語法。

80――躬見自知躬自作証　「躬見自知」は「躬自(みずから)見知」と同じで、「見知」には直接にみて理解するという意味があり(『孟子』尽心篇下「若禹皐陶見而知之、若湯則聞而知之」)、直訳的な「作証」を中国人にわかりやすく重ねて言いかえたと考えられる。「作証」はP. sakkhi-diṭṭham (seen face to face, [*PTSD.*]), sakkhi-karoti (to see with one's own eyes>to call upon as a witness, op. cit.), sacchi-karoti, S. sākṣāt√kṛ (to see with one's eyes, to realize, to experience for oneself, op. cit.) に相応する訳語である。ところで漢語「証」は「あかす」(「証、験也」)、「証拠だてる」の意であり、宗教的な意味での「さとる」の意はなかったが、この頃の漢訳仏典からこの意で頻出するようになる。「躬目」はすでに中国古典に見られる語法。

81――瞿夷釈女　パーリ文 Gopikā nāma Sakyadhītā (ゴーピカーという名のシャカ族の娘)に相応する。ところでインドでは、古く女性の地位が低く、仏(宗教的覚者)

にはなれないとされた。詳しくは例えば『大般涅槃経』巻第九（大正一二・六六三中）。そこでまず男子に生れ、その後に仏のさとりを実現するという解決法をとった。『無量寿経』第三十五願、『法華経』提婆達多品の童女成仏の物語など。本経はこの「転女身変成男子」思想の唯一の阿含経根拠である。ただしパーリ文では sā itthi-cittaṃ virājetvā purisa-cittaṃ bhāvetvā (p. 271) (having abandonded a woman's thoughts and cultivated the thoughts of a man [Rhys Davids]) となっている。

82――瞿夷大天子　P. Gopako deva-putto（神の子ゴーパカ）に相応する。deva-putta は一般に「天子」と訳されるが、漢語「天子」は『詩経』『書経』の時代から「天命を受けて国に君たる人（原義は天帝の子）」すなわち君主の意に専ら用いられる。

83――常日日来為我給使　「日日」を三本、磧砂蔵本は「日夕」にするがいずれも中国古典にある言葉。「給使」は「給事」「給侍」と同じく「仕える」またその人の意。以下の偈にも再出し、また単に「使」ともいわれるが、用言とも（私のために奉仕する）、体言とも（我の召使いとなる）とれる。『漢二』は「供事諸天、奉侍瞿婆天子」とし前者に、『漢二』は「為諸天作使……作給仕」とし後者に相応する。ただし、本経の場合のみは、「給使」を「（人を）つかう」意にとって、「為」を受身に考えることも可能である。

84――觸嬈　難解であるが以下の偈にも再出し、パーリ本の paṭicodesi, coditā < causative of √cud (to blame, reprove, [*PTSD.*]) に相応する。ところで慧琳『音義』には三箇処（巻第一六唐、菩提流志訳『文殊師利所説不思議仏境界経』、巻第二七鳩摩羅什訳『妙法蓮華経』、巻第五九竺仏念等訳『四分律』にそれぞれ対する音義）見え、いずれも「嬈」に注を与えるのみで、「擾戯、戯弄（もてあそぶ　からかう）」の意とする。その場合、「触」は揬《っ》く、動かすの意であろう。『四分律』巻第三では「触嬈我」をすぐあとに「嬈我」といいかえているから（大正二二・五八八上）、いずれにせよ重さは「嬈」字にある。ところが、梵本『法華経』Kern and Nanjo ed. p. 94 l.6）には pareṣu krīḍāpanakā bhavanti（他の人々のなぶりものとなる）とあり、それは羅什訳「人所触嬈」に対応するが、本経ではパーリ本では paṭicodesi になっており、必ずしも『音義』の意味はあてはまらないこと、また文脈からしても「批判する、咎める」ととった方が通じることから、原則には反するがパーリ本により訳出しておく。『漢二』に「作是議論」とある

のがよい。ところで僧伽提婆訳の『漢二』は他の箇処（大正四・六三四頁下）で「不欲触嬈」という訳語を使うが、そこではやはり「からかう」の意。これらのことから、この箇処は恐らくは本経の訳者のこの漢語に関する勘違いであろう。

85――汝為佛弟子　我本在家時　以衣食供養　礼拝致恭恪　漢語「在家」は古く『春秋穀梁伝』隠公元年に見えるが、出家者に対する俗人という意味では仏典から使われる。「供養」も中国古典で広く使われていたものを、漢訳仏典が借用したもの。

86――汝等名何人　躬受仏教誡　浄眼之所説　汝不観察之　「何人」はいかなる人の意だが、『詩経』小稚、何人斯に「彼何人斯、其心孔艱」とあるのと同じ用法で「いったいなんという人なのだ」と批判していった言葉。「浄眼」は文脈は異なるがパーリ本の cakkhumant（目ある人、仏）にあたる訳語。『游行経』（五）注139参照。

87――三十三天　忉利天の別名でその中央に帝釈天がいる。注11を参照せよ。

88――女人　漢訳仏典の造語。

89――汝等本倶共　同修於梵行　今独処卑賤　為吾等給使　「倶共」は二語で「ともに」の意で、六朝造語。「梵行」は注46。「独」は「なんぞ」とも「ただ……だけ」ともとれる。この用法に関しては『文語解』を参照。「卑賤」とは具体的には執楽神のこと。

90――本為弊悪行　今故受此報　独処於卑賤　為吾等給使　第一偈よりこの偈までは瞿夷天子が三人の比丘を非難した偈。

91――従今当精勤　勿復為人使　二人勤精進　思惟如来法　前二句は二人の比丘の言葉。「為人使」は注83に関連して述べたごとく、「人につかわれる」とも「人の下僕となる」とも読める。パーリ本は mā no mayaṃ parapessā ahumha (p. 273) (lest we live the slaves of others [Rhys Davids]) とある。

92――恋著　「著」には本来「貪る」というような意味はなく、「付着、到着、つく」の意として「着」とも書かれた。これが複合動詞の後部を占め、特に仏典では「執著」「貪著」「愛著」「恋著」など心理的な動作を表わす動詞につき、動作の結果がその対象に付着する意を添える（太田辰夫『中国語歴史文法』二二三頁以下を参照）。

93――真実　道家の哲学用語であった「真」の字を「真実」とひきのばした言葉であるが、これも魏晋時代から使われ始めたもので、古小説類にも見られるが、漢訳仏典で特に頻用される言葉。

94——未曾有　P. abbhuta, S. adbhuta に相応する語で astonishing, supernatural, wonderful, strange（[*CPD.*]）を意味するが、支謙、竺法護らの古訳時代から隋唐代に至るまでの漢訳者は、通俗的語源解釈に従って語根√bhū（有る）からつくられたと考え、「これまでになかった」の意で訳し、それが定着し「未曾有」で形容詞、名詞として用いられるようにもなった。いうまでもなく仏典翻訳にあたって造られた新語である。『遊行経』（四）注16・『闍尼沙経』注89参照。

95——釈迦文　S. Śākya-muni に相応する音写語。釈迦牟尼、釈迦文尼とも音写する。慧琳『音義』に「……今語略云釈迦文……」（大正五四・四八五中）というが、muni が俗語化して語尾母音が落ちたか、あるいは『音義』のいうように「尼」字を省略していったものか。最初期の訳経である支謙訳『維摩結経』にすでに「釈迦文」という語があること（「有仏名釈迦文、漢言能仁……」大正一四・五三二中）、古訳には「釈迦文尼」という語は検出されぬことから、恐らくは前者の説であろう。なお、宇井伯寿『訳経史研究』四八五頁を見よ。ところで「文」は現代音では wén であるが、上古音、中古音では語頭子音の音価は m であり、muni と対応しうる。Bernhard Karlgren, *Grammata Serica Recensa*, 475a. 文 *mi̯wən/mi̯uən

96——本失意　高麗蔵本（大正蔵）は「本」を「大」とするが、三本、磧砂蔵本により「本」に改める。「失意」は中国古典では「不遂心、不得志」もしくは「意見不合」の意であり、ここでのように「忘却する」の意では使われない。『漢一』は「失念」でこれもあまり見られぬ語。当時の漢訳経典では「忘失」が多く使われるが、ここではやはり「意」に「さとりをめざす意《こころ》」ほどの意味がこめられているのであるため、「忘失」とはいいかえられない。

97——道諦　いわゆる四諦の道諦（S. mārgasatya）ではなく、「道」も「諦」もいずれも真理を意味する。「諦」を「真理」「さとり」の意味につかう用法は漢訳仏典からはじまる。パーリ文は sambodhi-pathānusārino（さとりの道に従って）とある。『漢一』は「成等正道」、『漢三』は「帰正道」とする。

98——光音天　S. ābhāsvara. この神々は語ろうとするとき、口から浄い光を発してそれが言語となるという。色界第二禅の第三天。ところで他の漢訳三本は都《すべ》て「梵天」、パーリ本は brahma-purohita（梵輔天）とし、それらはより下位の色界初禅天に属す。『小縁経』注

86参照。

99――一決我疑　「一」は「都て」「全り《すっか》」の意。「決」は『淮南子』時則訓「決獄」に対する高誘注に「決、断也」とあるように「決断する、断を下す」の意。「疑」は「定めかねる」という意味での疑問を意味する。

100――吾当為汝一一演説　「当」は漢訳仏典に頻出し基本的には事柄がその宜きに合しているとの判断を加える語であるが、その場合「マサニ……スベシ」と訓読される語感ほどの強さはない。「……するのがよかろう」の意から、さらに軽くは話者の意思を示し「……しよう」ほどの意で使われる。「一一」は「遂一」の意。「演説」も六朝（恐らくは漢訳仏典）造語。曲守約・前掲書の二五一頁を見よ。

101――乾沓和　執楽神（音楽神）P. gandhabba に相応する音写語で、乾闥婆とも音写される。ところで「乾」の推定中古音には kân（現代音 gan. かわくの意）と、gi̯än（現代音 qian.『周易』の八掛の一）とがあるが、音写の際には前者 kân を用いたはずである。しかし慧琳『音義』巻第二五（大正五四・四六四下）に「健」といいかえられている例が（推定中古音 g'i̯än）あるように、後者の発音の意味が善いために（たとえば『周易』雑掛伝「乾、天也」、『広雅』釈詁「天、君也」）、中国人は恐らく後者 g'i̯än で発音していたものと考えられる。そしてそれは日本にも受け継がれ、「カン」ではなく伝統的に「ケン」と発音されてきた。このように、いわゆる音写語でも表意文字の中国語の場合には意味が関与してくることがあるのは現代中国語でも同じ（Coca-cola コカコーラを可口可楽《くちあたりよくすっきりした》と訳したのは近年の傑作！）。なお「沓」の推定中古音は d'ập.

102――尽与何結相応　「結」は P. saṃyojana 煩悩の異訳語。「結」は saṃyojana の原義（結合、束縛）に近い訳語で、結縛、結使、結習とも訳される。本経が翻訳された頃、当時の仏教者であった慧通や僧肇も頻繁に使っている言葉であり、訳語としても定着していたと考えられる。「結」は中国古典にも「結怨」「結禍」という用法もあるが、本来は善悪の価値に無関係な言葉であり、煩悩としての「結」は仏教独自の用語。「相応」はここでの意味は S. saṃyukta にあたるもので「……に伴なった、……と結びついて」の意であり、中国古典での「（互いに）応《こた》える」のように重くはない。

103――乃至　ここの「乃至」は漢訳仏典における中間省略記号の働きではなく、「なんと……（の状態にまで）になる」の用法。

104——貪嫉　貪欲と嫉妬。以下、五要素が続くが諸本が一致せず、教理体系としても明確でない。今後の研究のため、対照表を示しておく。

	『本経』	『漢一』	『漢二』	『漢三』	『パーリ本』
(1)	貪嫉	慳嫉	貪嫉	憎愛	issā-macchariya
(2)	愛憎	愛不愛	憎愛	怨親	piyâppiya
(3)	欲	欲	慾	欲	chanda
(4)	想	念	覚	疑戯	vitakka
(5)	調戯	思	調戯	虚妄	papañca-saññā-saṅkhā

なおサンスクリット断片は欠。

105——故使諸天世人阿須羅余衆生等刀杖相加　「使」はいわゆる使役の働きをする言葉であるが、そしてここでもそう取れるが、すぐ前の句で「至」をほぼ同様に使っていること、および後続の文中では同じ文脈でも「使」を使っていない用例もあるため、「……ということになる」ほどの意。すなわちそのような状態をもたらす、という意味で使われていると考える。

106——実爾　「まことにそのとおり」の意で、会話文では常に文頭におかれ、相手の意見に異議がなく、同意することを示す。『漢一』は「唯然」、『漢三』は「如是如是」、パーリ本は **evaṃ etaṃ**（そのとおり）とある。これらの漢語は会話の慣用句としてはいずれも漢訳仏典からよく使われるようになった語である。さらにこれらの仏典中では身分の低い者が高い者に対していう場合に多く使われ、「善哉善哉」が身分の高い者が低い者に対していう場合に使われることに対応する。ただし、「如是」は両方の場合に用いられる。なお、『小縁経』注19を参照せよ。

107——疑網　「疑いが心を束縛して不自由ならしめることを、網にたとえた語」（『仏教語大辞典』二二一頁）ではあるが、このとおりの原語（例えば kāṅkṣā-jāla の如き）があるのかは未検出。また漢語としての「疑網」も漢訳仏典からはじまる。

108——但不解此貪嫉之生　「但」を逆接の接続詞「しかし」に使うのは、六朝時代からの用法である。

109——誰為原首　「誰」は漢訳仏典以前から事物をも指す疑問詞である。「原首」は、同義二字を重ねて造った六朝語で、「首、始也」という訓詁（『爾雅』釈詁など）に基づく。

110——愛憎　パーリ本は **piyâppiya**. このようなパーリ語の用法は、ここ以外には *SN*. IV. p. 71, Dhp. 211, Thag. 671, 1125（Pāli Tipiṭakaṃ Concordance に依る）にしかなく、つまり、この五支（五要素からなる）の縁起関係があまり一般的ではないことが推測される。

111——欲　パーリ本は chanda（意志、意欲）。

112——愛由想生　「愛」は前出の「欲」のいいかえで「愛憎」の「愛」ではない。「想」はパーリ本では vitakka（想像、思慮）であるが、これは後のアビダルマ仏教で vicāra などと共に心作用のひとつに考えられるようになる。

113——調戯　問題のある言葉である。まず、慧琳『音義』巻第八〇には「上迢笑反。『広雅』調猶嘲也。又訓欺也。……下希意反。『毛詩伝』云戯猶逸豫也。郭注『爾雅』云戯嘲戯也。『広雅』云邪也。……」（大正五四・八二七中。なお巻第四四にも挙げられ、やや表現は異なるが同趣旨。大正五四・五九九中）とあり、現代語では「あざけり、からかう」ほどの意がある。また「嘲戯」とも同義語。ところで「調」は基本義は「和（調和する）」であり、ここで使われるような意は、三国魏の張揖撰『広雅』あたりから現われ、続いて『世説新語』などにも見られるようになる。すなわち、「調戯」という言葉も同義二字を重ねて造られた六朝語。しかし、いずれにしても内容的に考えると右に見た「調戯」なるものが一切の争い、欲望の原因とは取りにくい。そこでパーリ本を参照すると「調戯」には papañca-saññā-saṅkhā（S. prapañca-saṃjñā-saṃkhyā）が相応する。これも難解な語であるが、papañca は「ひろがり」を原義とし、後代の漢訳仏典では「戯論」と訳す（詳しくは、中村元『ブッダのことば』第八七四偈に対する注釈、および *BHSD.*, prapañca の項）。そしてパーリ注釈を見ると、papañca-saññāsaṅkhā-nidāno ti tayo papañcā, taṇhāpapañco māna-papañco diṭṭhi-papañco ti（papañca は三つである。妄想と傲慢と悪しき見解の papañca である）とある。さて、ここまでの五要素の因果関係は他の経典ではあまり見られないが、『スッタニパータ』第八六二偈より第八七七偈（Kalahavivādasutta 争闘に関する経）にやや類似する。ところがそこでは saññā-nidānā hi papañcasaṃkhā（けだしひろがりの意識 papañca-saṃkhā は、想い saññā に基づいて起こる〔中村訳〕）とあり、papañcasaṃkhā と saññā とを因果関係で結んでいる。すなわちパーリ本によっても、今のところその語義、および教理的意義は明確にできない。漢訳本、パーリ本のこのような状況のため、本経では原則に背くが、一応パーリ本に依拠する方向で「虚妄の想念と名づけられるもの」としておく。

114——尽除調戯在滅迹耶為不除調戯在滅迹耶　構文は、「為」を用いた選択疑問文であり、六朝時代からの用法である。ただし普通には選択肢双方の句頭に「為」をつける。詳しくは、森野繁夫「六朝漢語の疑問文」（『広島大学文学部紀要』第三十四巻）を参照せよ。ところで「滅迹」の意味が明確でなく、文意が難解であるためまず他の諸本を見ると、パーリ本は kathaṃ-paṭipanno pana mārisā bhikkhu papañca-saññā-saṅkhā-nirodha-sāruppa-gāmini-paṭipadaṃ paṭipanno hotīti?（p. 277）（さて世尊よ、妄想と名づけられたものを滅するにふさわしい道に至った比丘は、いかになしたのか）とあり、本経の以下「聖人や賢人の執着しない心」の段階へととび、文脈が異なる。パーリ本とは異なりつつ漢訳三本は互いにほぼ同趣旨である。すなわち、『漢一』は「何者滅戯道跡、比丘何行趣向滅戯道跡耶」（跡と迹は相通じる）、『漢二』は「調戯因何生長、云何而滅調戯」、『漢三』は「妄想之法以何法滅、乃至苾芻当云何行」とあり、それに対して仏は八支聖道（八正道、すなわち理想の境地に達するための八つの実践徳目）を説く。つまり漢訳三本では四聖諦のうちの滅諦（苦しみの消滅した状態こそ理想境であるという真理）と道諦（八聖道こそが苦の滅を実現するための方法であるという真理）とをとりあげていることがわかる。さらに『漢一』と同一訳者（僧伽提婆）である『雑阿』巻第一五（大正二・一〇三下～一〇四中）には「苦・苦集・苦滅・苦滅道跡」という語を四諦にあてていることから『漢一』の「滅戯道跡」も第四の苦滅道跡にあたるとわかる。さて本経の「滅迹」は『漢一』の「滅戯道跡（戯を滅するための修行道）」の省略語ともとれ、教理的にもそう理解するのが無難であるが、本経では他の漢訳三本と異なり八聖道に関する議論ではないこと、さらに「滅跡」という語は中国においては前漢の李陵『答蘇武書』に「滅跡掃塵」、三国魏の曹植『潜志賦』に「退隠身、以滅迹」などとあるように「跡ヲ滅ス（世俗世界から身をひく）」という意で使われるのであり、「滅への跡《みち》」という句造りでは理解されない。そこで本訳文では中国側の用例に法り、それを仏教化した「涅槃の境地」という訳語を使う。しかしなお「妄想を滅するための修行道」と解することも可能ではある。

115──所以然者　「そうである理由は」の意で、『荘子』郭象注の常套語である。

116──種種界　「界」は dhātu の訳語。dhātu は「成分、要素」を基本義としつつ、仏教においてもその意義をさまざまに展開した（詳しくは *BHSD.*, dhātu の項、高崎直道『如来蔵思想の形成』所収「界〈dhātu〉の意義」など）。ここでは文脈からして原理または範疇としてもとれるが漢語としてうけとめた中国人の理解を重んじて精神的境界《きょうがい》の意で訳した。

117——斉幾調在滅迹耶　「斉」は「限る」の意。『梵動経』注46を参照せよ。「幾」は「いくつ」の意。「調在滅戯」は前出の「除調戯在滅迹」の短縮した言い方ととる。また『漢一』の対応箇所にも「比丘者趣向滅戯道跡、断幾法、行幾法耶」とある。

118——一者口二者想三者求　以下、「究竟」に関する問題までパーリ本、漢訳諸本で扱う順序がそれぞれ異なる。口、想、求のパーリ相応箇所には **kāya-samācāra**（身体による行ない）、**vacī-samācāra**（言葉による行ない）、**pariyesana**（求めること）とあり「想」と **kāya** とが対応しない。『漢二』は「想」を「念」とするが本経と同意。

119——知時比丘　「知時」は『長阿含経』に二種の使い方がある。ひとつは漢訳仏典以前からの中国古典での用法「適切な時勢を知る」をそのまま使うもの、もうひとつは仏典での慣用句「いつなりとも御意のままに」の原文を直訳したものである（『沙門果経』注45参照）。前者の例は『梵動経』の「誠実入心、所言知時」（大正一・八八下）や「知時之語」（同・八九上）などであり、さらに本経と近似した表現として『阿摩昼経』に「凡所言説和順知時」、「捨離綺語所言知時」（いずれも大正一・八三下）がある。ただし本経この部分はパーリ本は相応語がない。また『漢一』には「若念不可行者、我即断彼、若念可行者我為彼知時」とあり、本経とは文脈は異なるが、より明確に説いている。

120——賢聖捨心　「賢聖」は「聖賢」と同じく中国では聖人と賢者とをいう。敢えて区別すると「聖」は「賢」に勝るが、区別せず二語で「優れた人」、「すぐれた（*S.* ārya）」と使う場合も多い。ここでも両意ともに可能であるが、前者で理解した。パーリ文は相応せず。ただし、パーリ文はどの段落においても、主語に比丘 **bhikkhu** をたてるので、「賢聖」はその意訳語の可能性もある。「捨心」は仏教一般には四無量心の一つで、一切を顧みず執着しない心 *S.* upekṣā（indifference, putting up with whatever happens etc.,［*BHSD.*］）のことであるが、ここはそれでは通じない。内容として挙げられる「喜」somanassa,「憂」domanassa,「捨」**upekha** もまた「捨」以外は対応せず。この段落の終わりに「是即名為受具足戒」と説明するが、「賢聖捨心」と「具足戒」との関係も解せない。教理的方面よりの再考を必要としよう。

121——捨心有三一者喜身二者憂身三者捨身　「身」の用法が

不明。パーリ文には somanassa 喜び等とするのみで「身」に相応する語はなく、『漢一』は「喜、憂、捨」とするのみ、『漢二』は「増上戒心、増上定心、増上智慧心」の三学を挙げ、『漢三』は「適悦身、苦悩身、捨身」として本経に近い。ところで漢語から見ても「身」を接尾辞として用いる例は未検出であり、いかなる事情で「身」が使われたのか不明であるが、一応「喜びを本体とするもの」すなわち「喜びからなる心」と解した。いずれにせよすぐあとに「捨此喜已」とあるように、「身」は軽い意味であろう。

122——不害他　原文には「不」が欠けるが、三本、磧砂蔵本により補う。

123——賢聖律諸根具足　「賢聖」は前出注120ですでに述べたが、ここでは「聖なる、優れた」の意をとった。「律」はパーリ本の saṃvara の訳語。saṃvara は「抑制する、防止する」などから派生した名詞で、ジャイナ教など当時の宗教では感官をまもることを言ったが、それが仏教にも採り入れられたもの。その意味では漢語としては「戒」（防ぐ、備える）のほうが近い。漢語としての「律」は法《おきて》を基本義としており、仏教語としての śīla, vinaya などの義に近い。実際、本経訳出当時の僧肇や慧遠も、「律」という語はすべて「戒律」の意で理解している。そこで本経もその意でとる。「根」はパーリ本の indriya（器官、またはその能力）に相応する。漢語「根」の「もと、拠りどころ」の基本義を借用して作られた仏教語で、ここでは感覚器官、思考器官をいう。中国仏教においては伝統的に草木の根が成長発展させる能力をもち、幹や枝を生ずることから根と名づけると解釈される。ところで『漢一』と『漢三』とはここの段落をそれぞれ従解脱、別解脱のこととしており諸本の教理に混乱がある。

124——究竟究竟梵行究竟安穏究竟無余　パーリ本とは文脈は異なるが、accanta-niṭṭhā accanta-yogakkhemī accanta-brahmacārī accanta-pariyosānā (p. 283)（目的を究め尽くし、平安を究め、梵行を究め、究極を究め尽くして）に相当する。一つめの「究竟」は「究竟を究竟し」の略。なお、「究竟」という漢語は中国古典にすでに見られる語であるが、用言にも体言にもとれる。ここでは『漢書』淮陽憲王伝の「承間進問王帝三王、究竟要道、卓爾非世俗之所知」と同じような用言としての用法と考える。また、「究竟」という語は、梵語 niṣṭhā, atyanta などの訳語として、また「究竟位」「究竟覚」などの語として漢訳仏教の中で重要な意味をもつ語である。

125――為愛所苦身得滅者　原文は「滅」を「減」とするが三本、磧砂蔵本により改める。この句は「愛に苦しめられた身体が滅すれば」とも読めそうであるが、四字句を基本単位とする本経ではそうはとれない。ただし、いずれも不自然な文脈である。パーリ本はまったく文脈が異なり、『漢一』は「若有沙門梵志於無上愛尽正善心解脱者……」とあり、他の漢訳二本も同様の趣旨である。

126――長夜　P. dīgha-rattam, S. dīrgharātram は直訳すれば「長き夜」であるが意は「長い間」であり、「永遠」などとも漢訳され、特に暗いイメージはない。例えば『妙法蓮華経』授学無学人記品「世尊於長夜常愍見教化、令種無上願」などの用例が多出する。漢語「長夜」は漢訳仏典以前からよく使われる語であるが、「ながながとした夜、夜通し」の意、もしくは死者と関連して使われ、インドでの単に長時間を表わすのとは、意味あいが異なる。

127――汝昔頗曾詣沙門婆羅門所問此義不　「頗」の用法に関しては『沙門果経』注65を参照。「曾」は「嘗《かつて》」と通じて、過去の経験を示す時間詞に用いられる。ここでも「昔」と呼応して「かつて」の意を示すとも考えられるが、六朝時代の文章には否定辞の上に「曾」を加え、否定を強める場合がある。ここの「曾」もその転用で句末の「不」と呼応し疑問、反詰の意を強めていると解釈できよう。なお、内田道夫、前掲論文「指示と疑問」一二三頁以下を参照せよ。

128――為当出世為未出世　「為」を用いた典型的な選択疑問文。「出世」は仏典漢訳に際して造られた新語。仏が世に現われること「世に出る」と、世俗世間を超出すること「世を出る」とを基本義とする。「当」はここでは道理上そうあるはずだ、という意を示す。

129――出現于世　「出現」は『世説新語』などにも見える語であるが、仏典の翻訳の際に造られた語であり、それを古小説類がとり入れるようになった。なお「出見」も同義である。

130――五欲娯楽　『沙門果経』注14参照。

131――命終　「命終」は生命の尽きることで、死をいうが、これも漢訳仏典の造語のようである。相当する梵語は多種ある（『倶舎論索引』part two, Chinese-Sanskrit の「命終」の項など参照）。仏典に多出する。

132――衣毛為竪　「衣毛」は身体を覆う毛のこと。『種徳経』注56を参照。

133――処在閑静去家離欲　「在」は補助動詞で意味は極めて軽く、やはり六朝時代からの用法。「去」は捨てるの意。「欲」は三本、磧砂蔵本すべて「俗」に作るが、「離欲」も『法華経』など他の経典にも用例がみられ、文脈は通るので原文のまま読む。

134 ―汝為是誰　「為」もしくは「為是」は「誰」と呼応して疑問の意を加える、やはり六朝漢語特有のものである（森野繁夫「六朝漢語の疑問文」、『広島大学文学部紀要』第三四巻を参照せよ）。『妙法蓮華経』妙荘厳王本事品に「汝等師為是誰」（大正九・六〇上）、『維摩詰所説経』仏道品に「悉為是誰」（大正一四・五四九中）など、同時代の訳経にこの用語法が見られる。ただし「為是」は単なる繋辞とも考えられる。

135 ―故来相問耳　「相」は必ずしも双方が互いに働きあわず、一方が他方に働きかけるだけの場合にも使う。すなわち、それに続く動詞が対象を明示する目的語をもたない場合に、「相」はその動詞が他に働きかける対象を持つことを示す作用をもつ。

「相」が本来「両相之辞」であるにかかわらず、これが「偏指」の用法に従うに至る歴史的変遷については、呂叔湘「相字偏指釈例」（『漢語語法論文集』三六頁以下）に詳しい。「相」の「偏指」の用法は先秦文にはあまりみられないが、両漢以後しだいに多くなり、魏晋以後にはますます盛んになったという。漢訳仏典における「相」の用法はそのよき例である。

136 ―他聞我言更為我弟子　「聞」は原本に「問」とあるが三本、磧砂蔵本によって改める。「更為」は「為」を結果補語のように考え二語で「……になりかわる」ともとれよう。

137 ―須陀洹道　「須陀洹」は「預流、入流」などと意訳される。はじめて法の流れに入った者、さとりの方向にむかう流れに入った境地。『小縁経』注69を参照せよ。ただしすぐあとに「必成道果」とあるから、「須陀洹道」とはここでは「須陀洹向」（須陀洹果に向かって進みつつあるもの）を意味する。

138 ―不堕余趣極七往返　「趣」はgati（state of existence, destiny, ⟨future⟩ state [*Buddhist Hybrid Sanskrit Grammar*.]）の訳語。すなわち、衆生が煩悩によって業をつくり、その惑業に引かれて趣き住すところ。地獄、餓鬼、畜生を三悪趣という。「往返」（宋、元本、磧砂蔵本の「往反」も同じ意）は往復の意味であるが、中国古典では「往来」を使う。「往返」はやはり六朝造語であろう。「極」は文脈からすると「きわめ尽くす」と解釈するのが自然である。しかし、例えば玄奘訳『阿毘達磨倶舎論』賢聖品に、預流果を説明して、「頌曰、未断修断失、住果極七返。論曰、……七返言、顕七往返生、是人天中各七生義。極言、為顕受生最多、非諸預流皆受七返故。契経説極七返生（sapta-kṛtparaḥ/paramaḥ)、是彼最多七返生義」（大正二九・一二三上、*Akbh*. pp. 355—356）とあるように「極」は教理を踏まえて読めば、「最大限」の意となる。なお、右引用文中の「契経」については、L. de La Vallée Poussin: *L' Abhidharmakośa de Vasubandhu*, Tome Ⅳ, p. 200 の注を見よ。

139—記我為斯陀含　「記」は P., S. vyākaraṇa（予言）の訳語で、「授記、記別」とも訳される。修行者が将来に必ずさとりを得るであろうと仏が予言、約束し、保証を与えること（詳しくは『仏教語大辞典』「授記」の項、解説部分を参照）。さて漢語「記」がこのような意味の翻訳語としてなぜ用いられたのかは今後の研究が必要である。なお『漢書』司馬遷伝に「建於明堂、諸神受記」（受は授に通ずる）というような用例があること、また「符命」などと関連がありそうなことを付記する。「斯陀含」は「一来」などと意訳される。もう一度だけこの迷いの世界に生れて後、さとりを得る位。なお『闍尼沙経』注8・『小縁経』注70を参照。

140—由彼染穢想　故生我狐疑　長夜与諸天　推求於如来

「染」は「汙（けがれ）」（『広雅』釈詁）、「染穢」は同義字を重ねた六朝仏典翻訳造語であろう。「故」は「由」と呼応して理由を示す。「狐疑」は中国の俗説に狐は疑い深いことより、うたがいをこの語で表わす。なお典拠は『楚辞』離騒「心猶豫而狐疑兮、欲自適而不可」など。「長夜」は注126。

141—見諸出家人　常在閑静処　謂是仏世尊　故往稽首言

「出家」は S. pra√vraj（苦行の生活に入る）などに相応する語で、漢訳仏典造語。それと対になる「在家」は、意はずれるが中国古典にすでに見える語（『春秋穀梁伝』隠公元年「在家制於父、既嫁制於夫、夫死従長子」）。「故」は「わざわざ」もしくはさらに軽く「そこで」ほどの意。「稽首」は『周礼』に規定された九拝のうち最も重い礼。後漢の鄭玄の注によれば、「稽首拝、頭至地也」とある。

142—我今故来問　云何為究竟　問已不能報　道迹之所趣

「故」は「ことさらに」の意。「云何」も六朝時代から現われる疑問詞で、「なに」と「どのように」との二義をもつ。「道迹」は、パーリ本に magge paṭipadāsu ca（道と実践に関して）とあり、『漢一』はそれに対応して「聖道及道跡」とある。仏典翻訳用語であるため漢語としては不自然であるが、一応「修行、実践」の意で解した。そもそも「道跡」という語は、漢訳仏典のなかで『仏教語大辞典』にあるように、①実践の仕方、②経過、③四諦のうちの第四である道諦、④須陀洹のこと、⑤みち、等のさまざまな意に用いられている。ところで④の意で出典が『出三蔵記集』一〇(?)となっているのみであるが、本経とほぼ同時代の『注維摩』を見ると、「(什曰)復次帝釈得道迹、梵王得不還」(大正三八・三三一中)、「(肇曰)因悟無常故得法眼浄、法眼浄須陀洹道也。始見道跡《ママ》故得法眼名」(同・三三八下)、「(什曰)道迹七生」(同・四〇三下)とあり、第二例は「道跡」=「須陀洹」とはならないが、いずれにしても「道迹」が「須陀洹」を指している。また、この偈の直前の散文部分で、帝釈が須陀洹を得ていることが叙述されていることから、やはりこの「道迹」も「須陀洹」と見るべきか。文脈からしてもそれが自然であるが、ただし、パーリ文、漢訳諸本とは意がまったく異なってくること、「道迹」だけで「須陀洹=預流」と当時の中国人が理解したか疑問であることなどから、有力ではあるが訳文には採用しない。

143——今日無等尊　是我久所求　已観察已行　心已正思惟

「等」には「級、差」の訓と、「斉《ひとしい》、輩《たぐい》」もしくは「比《くらべる》」の訓とがある。前者の場合だと等級、差別のないこと(『礼記』内則「自諸侯以下至於庶人無等」)だが、ここは後者、すなわち「等《ひと》しきなきほど、くらべることのできぬほど」の意。中国古典では「無比」を用いるが、この意味での「無等」は未検出。やはり六朝時代からの用語であろう。

144——唯聖先已知　我心之所行　長夜所修業　願浄眼記之

「聖」は聖人、すなわち仏をいう。「先已」は二語で「すでに」の意、やはりこの時代までには見られぬ語。「修業」は「修行」と共に中国古典ですでに見られる。「浄眼」はここではパーリ本に相応せぬが、S. cakṣus-mat(眼《まなこ》をもった)などの訳語である。必ずしも常に仏を意味するわけではないが、ここでは文脈から仏と考えられる。「記」は「記別」の意で、注139を参照せよ。

なお、「唯聖先已知」に関連した定型句「唯聖知時」(『沙門果経』注106)に関して、入矢義高京都大学名誉教授より左記のような貴重な御教示を頂いた。

(前略)「唯聖知時」の主語は世尊であり、唯は強辞。「さてこそ神通もてその時を知りぬ」の意。聖とは神通、霊感、自然本能などのことで、唐代の口語「聖得知」もその意(張相『詩詞曲語辞匯釈』参照)。或は「さてこそ世尊は、……その時を知りたもうべし」と王は予想したと読めぬこともないでしょう。使いをやって

告げるまでもなく、という含みであることは同じです。（後略）

確かに入矢教授の御指摘のように読めば、『沙門果経』の当該箇処は文脈も自然になり、筆者が訳したような補足的説明は不要となる。また、ここの「唯聖」も同様に解釈できる。ただし、特にこの『長阿含経』には「唯聖知時」の句が頻出し、それが『沙門果経』注45「唯願知時」で述べたようにパーリ文「どうぞ（世尊よ）、御都合のよろしいときに」の意で用いられていることから、筆者の訳のように考えた。現在、類似表現を集め検討中である。なお「唯聖知時」は漢訳仏典でも重要な語であることより、私信ではあるがここに入矢教授に謝意を示しつつ、その御意見を掲載させていただいた。

145——帰命人中上　三界無極尊　能断恩愛刺　今礼日光尊　「帰」は原本に「雖」とあるが、三本、磧砂蔵本により改める。「帰命」は S. namas/namas√kṛ（南無と音写され、挨拶、礼拝するの意）の訳語。漢語「帰命」は翻訳に際して造られた語であろうが、その語義は中国、日本でさまざまに解釈された。その例は、たとえば法蔵『大乗起信論義記』巻上（大正四四・二四六下～二四七上）などを参照せよ。「人中尊」は「両足尊」「人最上」ともいい、生きもののうちで最も尊い者、すなわち仏の意。「無極」は『老子』の哲学概念用語でもあるが、ここでは「限りない」の意。「恩愛刺」はパーリ本 taṇhāsalla（渇愛の箭）に相応する。漢語「恩愛」は「いつくしみ」の意で価値的にはプラスの方向で使われていた。しかし漢訳仏典では否定さるべきものを示す語。『長阿含経』所収の『大本経』にも「離於恩愛獄、無有衆結縛」（本シリーズ第1巻、一六三頁）と見える。「日光尊」はパーリ本 ādicca-bandhu（太陽の親族、太陽の末裔）に相応する語で、やはり仏をさす。『漢一』には「日之親」、『漢三』には「大日尊」。

146——得喜楽念楽　パーリ本は vedapaṭilābhaṃ somanassa-paṭilābham（p. 284）とあり、前者にはあまり明確でない注釈があり、vedapaṭilābhan ti tuṭṭhi-patilābhaṃ（vedapaṭilābhan とは満足した喜び〈tuṭṭhi〉を得ること［DA. vol. Ⅲ, p. 284］）と言う。ところでここの箇処は梵本断片が残っており、vivekapratilābhaḥ saumanas(yapratilā)bha(aḥ)［W本 p. 297］という。『漢一』の「得如是離、得如是歓喜」、『漢三』の「分別利及適悦利」は、viveka（区別、識別するの意、離とも漢訳される）の意味に対応する。本経の「喜怒念楽」も、その語順は異なるが同一の意ともとれる。すなわち感性的喜び（喜楽）と知的喜び（念楽）とである。

147——如是　ここは地位の下の者が上の者へ答えている。注13を参照。ただし、パーリ本、梵本、漢訳三本、ともにこの語はないことから、恐らく訳者の補い。

148——計此歓喜念楽唯有穢悪……　「計」は単に「考える」ではなく、比較考察すること（『広雅』釈言に「計、校也」）。「唯」は原本には「離」とあるが、三本、磧砂蔵本により改める。

149——喜念楽　明本の校閲者がいうように、また字数からしても「喜怒哀楽」とあるべきだが、意は変わらない。

150——五功徳果　パーリ本の cha atthavasa（六つの原因、もしくは結果）に相応するが、数は異なる。本経後続の偈は六つであるから「六功徳果」方が通じるが、他の漢訳諸本は対応しないため、決められない。さらに以下の六偈は内容的にはパーリ本とも対応しない。なお、ここより本経末に至るまで漢訳諸本はそれぞれ表現の差が著しく、パーリ本はこの偈でもってほぼ経は終わる。

151——我後若命終　捨於天上寿　処胎不懐患　使我心歓喜　「命終」は注131参照。「天上寿」は天に住む者（神）としての寿命。「捨寿」という言い方も「命終」と同様に中国古典には見られない。「処胎」は母胎に宿ること、転じて人間としての（?）生を授かるの意となる。また「入胎」「托胎」とも言うが、いずれも漢訳仏典の造語。「処胎不懐患」は憂いのない望ましい生を受けるの意で、『漢一』の長行（散文）によれば大富豪に生れたい、との意。

152——仏度未度者　能説正真道　於三仏法中　我要修梵行　「度」は「渡」に通じ、「わたる」「わたす」の意。漢訳仏典ではそれより「（自分が）さとり超越する」「（他人を）救済する」の意となる。しかし、自己がこの世を超越する意では、中国古典にもその用例が見られる。『楚辞』遠遊「欲度世以忘帰兮」、王逸の注に「遂済于世、追先祖也」（ただし遠遊は司馬相如、ないしはさらに後の賦人の作と推定されている。その他、後漢の王充『論衡』道虚篇にも「度世」という語で神仏思想が表現されている）。仏教伝来以前にも救済思想は見られるが（麦谷邦夫「初期道教における救済思想」『東洋文化』第五七号所収）、それを「度」「度人」の語で表現したのは漢訳仏典に始まるようである（『無量寿経』の最古訳で、二世紀後半から三世紀前半に訳された経を『仏説阿弥陀三耶三仏薩楼檀過度人道経』という。さらに、三国呉、支謙訳『維摩詰経』にも頻出する）。そして仏教に対抗して道教でも多数の「度人経」「度世経」が作られた。「正真道」は S. samyaksaṃbodhi（正しきさとり）などに相応する訳語。「正真」という語も漢訳仏典より始まる語。「三仏法」の「三仏」は見慣れぬ語であるが、S. samyaksaṃbuddha を「三耶三仏」などと訳す例からして、訳者は saṃbuddha もしくは、saṃbodhi, すなわち「さとり、めざめ」もしくは「さとれる者」の意でこの語を用いたと知られる。梵行は注46を見よ。

153——以智慧自居　心自見正諦　得達本所趣　於是長解説

「智慧」は仏教（漢訳仏典）でも例えば S. prajñā の訳語として極めて重要な概念語であるが、『荘子』『韓非子』など中国古典に広く使われていた語を借用した語。「自居」は原本には「身居」とあるが三本、磧砂蔵本により改める。西晋・木玄虚の『海賦』に「曠哉坎徳《みず》、卑以自居」とあるが、「自居」は恐らくは「独居」に近い言い方で、「独処山林、静黙修道（『小縁経』）や、「専念不忘、楽独閑静」（『沙門果経』）などに通じる考えであろう。「正諦」の「諦」を「真理」という意味で使い出すのを漢訳仏典に始まる。（例えば三国呉・支謙訳『維摩詰経』など。大正一五・五二二中）。「得達本所趣」の「趣」は原本には「起」とあり、三本、磧砂蔵本により「趣」とするが、いずれにしても意味は明確でない。一応、文脈から意の向かう所という意で訳出した。「解脱」は『史記』『漢書』などの中国古典で刑法に関連した言葉で釈放、脱走などの意で使われていた。仏典漢訳に際して借用し、vimokṣa などに相応させたもの。しかし、六朝時代にはすっかり仏教の用語として定着していたことが僧肇らの『注維摩』からも知られる。

154——但当勤修行　習仏真実智　設不獲道証　功徳猶勝天

「修行」は仏教の専門語のように見えるが、これも『淮南子』詮言訓、『史記』宋世家などの中国古典にすでに見える語。「習」は『説文解字』に「習、数飛也」とあるように雛が翼を動かして飛びかたを繰り返し練習することを原義とすることから知られるように「繰り返して学ぶ」を意味する。「真実」も、「真、実也」（『淮南子』高誘注）の訓詁から、同義の二字を重ねた造語で漢代以前には見られない六朝語。「道証」は漢訳仏典の造語で、「証」を「さとり」の意に使うのもちろん漢訳仏典から始まる。ただし、ここでは「さとりのあかし」とも読める。

155——諸有神妙天　阿迦尼吒等　下至末後身　必当生彼処

「諸有」は「所有」などと同じく「あらゆる」の意、やはり六朝時代の造語である。「神妙」も漢訳仏典造語ではないが、同じ六朝造語で、人知では測り知れないほど神秘な、の意。「阿迦尼吒」は P. devā Akaniṭṭhā, S. akaniṣṭha-deva に相応する音写語で、色究竟天と意訳される（音写の問題に関しては、宇井伯寿『訳経史研究』四六九頁以下を参照）。色界に属する四つの天（四禅天）のうちの最上に位置する天。「下」は時間的には将来を示す（『詩経』小雅・下武に対する鄭箋に「下、猶後也」）。「末後身」はパーリ本には antime vattamānamhi（最後の存在において）とある。『法華経』には「最末後身」（大正九・一一下）などともあり、梵本（Saddharma-p., K.N.ed., p. 68）にも paścimake samucchraye（最後の身体のときに）とある。最後身、antima-deha, antima-śarīra ともいう。意味は天界をも含めて輪廻の世界に流転する最終の身体、姿。「必当」も二字で「かならず、きっと」を意味する六朝の語彙（森野繁夫「六朝訳経の語彙」『広島大学文学部経要』第三十六牧所収、ただし「必当」は訳経にはなく古小説などに用いられている、としている）。「彼処」は次偈の「此処」と同じ句造りであり、「彼」も「此」も本来「処」をつけないで、「あそこ」「ここ」を表わせるのに「処」をつけて場所であることをより明確にする。やはり漢代以前の中国古典には見られぬ語。簡略な表現を尊ぶ中国人にとってはくどい表現であり、やはり漢訳仏典から現われたものであろう。

156――我今於此処　受天清浄身　復得増寿命　浄眼我自知

「此処」は前注。「清浄」は六朝時代に非常に重んじられた言葉で、すでに前漢の『淮南子』（原道訓「是故達於道岩反《カエル》於清浄」）あたりから見られ、かつやはり最高概念（すなわち「道」）として用いられている。仏典もそれを借用してわけだが、たとえば『妙法蓮華経』に六七回、『維摩経』に二七回、『無量寿経』に二四回と極めて頻繁に用いられ、さらには「自性清浄（心）」などの語として中国、日本の仏教史のなかでも非常に重要な語としてその語義を展開させてゆく。「受身」もしくは「受……身」という言い方、考え方が中国においていかなる系列をもつ言葉なのかは未詳。「寿命」は『荘子』『淮南子』などにすでに見られる語。「浄眼」は注86を参照、ここでも「浄らかな眼によって」の意でなく、「浄眼よ」すなわち「世尊よ」という呼びかけであろう。

157――梵童子　「梵童子」は梵天（S. brahman, 仏教で色界の初禅天に位置づけられる）が化して童子となったもの。この話は『長阿含経』所収の『典尊経』（本シリーズ第2巻四七頁以下）に詳しい。

158――恭敬礼事　「礼事」はあまり見かけぬ語であるが、「事」も用語で「つかえる」の意。

159――今於仏前復設此敬者　「設」は注53で指摘した「但設欲楽」と同じ用法であり、ほぼ「致」と同じ作用と考えられる。

160――不亦善哉　『論語』学而の「学而時習之、不亦説乎」と同じ用法。「亦」の字は普通の意とはやや異なり、語調を緩やかにするために加えられたごく軽い助字。より詳しくは清の王引之『経伝釈詞』巻三の「亦」の項など、また吉川幸次郎訳『論語』（全集第四巻一九頁）を参照。

161――其語未久　『沙門果経』の「其去未久」（大正一・一〇九中）。同じ用法で、「其」は「彼」ほど明確ではないがやはり軽い意の指示代名詞とも考えられる。「語」は本経の「我時与一言之後、不復与語」（本文三九頁）や『沙門果経』の用例から用言ととれる。「未久」は現在中国の「不久」と同じで「まもなく、すぐ」の意。ただし『長阿含経』の用例からすると、同じく「まもなく」の意味でありながら、「未久」は過去に関して、「不久」は未来に関して使われている。「不久」の用例は『阿摩昼経』「我等将入地獄不久」（大正一・八七下）など。「未久」は頻出する。

162――虚空中天衆　「虚空」は『荘子』徐無鬼にすでに見える語の借用。「衆」を体言のあとにつけて複数標示をするのは漢訳仏典からの用法。

163――天王清浄行　多利益衆生　摩竭帝釈主　能問如来義　「天王」は中国古典によく使われていた語で天子の称。仏教では欲界の六天、須弥山の中腹にある四天王のことをいうことが多いが、ここでは文脈からして帝釈の意である。諸本すべて「天王」にするが、「天主」（諸天の主、すなわち帝釈）であったとも考えられる。「利益」は同義の二字を重ねた六朝の造語で恐らくは漢訳仏典から始まる語。「摩竭」は『漢一』は「摩竭国（マガダ国）」にし、国訳一切経もそのように読むが（二一〇頁）、これは『漢二』が「磨伽婆」と音写するようにS. maghavatに相応する語で、帝釈天の別称である。

164――我今以汝補汝父位　「以」は原本に「知」とあるが三本、磧砂蔵本により改める。「補」は「任じる」の意。『漢二』の「復当使卿代其父処作乾闥婆王」ということ。

165――於乾沓和中最為上首　『漢二』にあわせて前の句につけて読むことも可能である。しかし『漢二』とは前後の文脈が異なるので、それには従わない。「最為上首」

の「最為」は『小縁経』注22を参照。ただし、二字で「もっとも、一番」の意を表わす慣用句とも考えられる。また「最極為殊妙」（大正二・七八八上）という用例も見られる。「上首」は漢訳仏典では一座の中の主位のもの、上座たるものを意味する。この意味での用例は中国古典には見られない。

166――八万四千　『注維摩』巻第九に鳩摩羅什が「今言八万四千則摂無量」というように「八万四千」は無数を意味するいい方。

167――遠塵離垢諸法法眼生　これは遠離塵垢に修辞を加えたもので同義。「遠」は上声の「とおく、とおい」ではなく、去声の「離れる、去《す》てる」の意。「遠離」も六朝語。「塵垢」は『荘子』斉物論の「遊乎塵垢之外」や『楚辞』哀時命の「不獲世之塵垢」の言葉を漢訳仏典に借用したもの。S. upakleśa などの訳語に用いられ、『注維摩』巻第一に僧肇が「塵垢、八十八結也」（大正三八・三三八下）というように煩悩のこと。この語は『維摩経』「客塵煩悩」として見え、羅什が「心本清浄無有塵垢。塵垢事会而生、於心為客塵也」（大正三八・三七八中）と解説しているが、後の中国禅宗にも非常に重要な影響を与えてゆく語である。「遠塵離垢、諸法法眼生」は漢訳仏典の慣用句で、『三明経』（大正一・一〇七上）にも見え（ただし、明本は意をとりやすく後半を「於諸法中得法眼浄」と変える）、鳩摩羅什訳『維摩経』仏国品にも「遠塵離垢得法眼浄」とある。「法眼浄」は S. dharma-cakṣus / dharmacakṣur-visuddha の訳語で、はっきりと真理を見る眼の意。「諸法法眼」は、「諸法」に関する「法眼」なのか、「法法」（さまざまな法）に対する「眼」なのか断定はできない。語法的には難もあるが、恐らくは前者の意味。

分担・初出一覧

掲載誌は『月刊アーガマ』（阿含宗出版局）、シリーズ名は「『阿含経』現代語訳」。なお、各連載に、それぞれ解題・訳本文・訳注を含む。なお、通巻号数の下の数字は、シリーズの回数をあらわす。

◎――十上経――――辛嶋静志　通巻76号　30「十上経」① pp.30–49（1987.1.1）
通巻77号　31「十上経」② pp.27–45（1987.2.1）
通巻78号　32「十上経」③ pp.27–51（1987.3.1）
通巻79号　33「十上経」④ pp.30–44（1987.4.1）

◎――増一経――――辛嶋静志　通巻66号　20「増一経」pp.54–85（1986.11）

◎――三聚経――――末木文美士　通巻95号　49「三聚経」pp.11–17（1988.8.1）

◎――大縁方便経――――丘山　新　通巻64号　18「大縁方便経」pp.51–84（1985.11.1）

◎――釈提桓因問経――――丘山　新　通巻52号　6「釈提桓因問経」pp.66–114（1984.10.1）

『長阿含経』構成表

長阿含経（三〇経）	分冊
長阿含経序	1
一　大本経	1
二　遊行経	1
三　典尊経	2
四　闍尼沙経	2
五　小縁経	2
六　転輪聖王修行経	2
七　弊宿経	2
八　散陀那経	2
九　衆集経	2
一〇　十上経	3
一一　増一経	3
一二　三聚経	3
一三　大縁方便経	3
一四　釈提桓因問経	3
一五　阿㝹夷経	4
一六　善生経	4
一七　清浄経	4
一八　自歓喜経	4
一九　大会経	4
二〇　阿摩昼経	4
二一　梵動経	5
二二　種徳経	5
二三　究羅檀頭経	5
二四　堅固経	5
二五　倮形梵志経	5
二六　三明経	5
二七　沙門果経	5
二八　布吒婆楼経	5
二九　露遮経	5
三〇　世記経	6

訳注者一覧

丘山　新（おかやまはじめ）
一九四八年、東京都生れ。
東京大学教授、仏教学・中国仏教史。
共訳『定本　中国仏教史Ⅰ』（柏書房）ほか。

神塚淑子（かみつかよしこ）
一九五三年、兵庫県生れ。
名古屋大学教授、中国思想史。
著書『六朝道教思想の研究』（創文社）ほか。

辛嶋静志（からしませいし）
一九五七年、大分県生れ。
創価大学教授、仏教学。
著書『「長阿含経」の原語の研究』（平河出版社）ほか。

菅野博史（かんのひろし）
一九五二年、福島県生れ。
創価大学教授、仏教学。
著書『中国法華思想の研究』（春秋社）ほか。

末木文美士（すえきふみひこ）
一九四九年、山梨県生れ。
東京大学教授、仏教学。
著書『日本仏教史』（新潮社）ほか。

引田弘道（ひきたひろみち）
一九五三年、鳥取県生れ。
愛知学院大学教授、インド学・仏教学。
著書『ヒンドゥータントリズムの研究』（山喜房仏書林）ほか。

松村　巧（まつむらたくみ）
一九五〇年、山口県生れ。
和歌山大学教授、中国思想史。
共著『中国宗教思想Ⅱ』（岩波書店）ほか。

現代語訳「阿含経典」──長阿含経　第3巻

第1刷発行──二〇〇〇年一月五日

著者──丘山新、神塚淑子、辛嶋静志、
菅野博史、末木文美士、
引田弘道、松村巧

発行者──堤たち
発行所──株式会社平河出版社
〒108－0073東京都港区三田三－一－五
電話・（〇三）三四五四－四八八五
振替・〇〇一一〇－四－一一七三二四
装丁──中垣信夫
印刷所──凸版印刷株式会社

ISBN4-89203-306-5